编　委　会

全面建成小康社会丛书
QUANMIAN JIANCHENG XIAOKANG SHEHUI CONGSHU

中国小康之路

——乡村振兴与农业农村热点问题探研

ZHONGGUO XIAOKANG ZHILU

XIANGCUN ZHENXING YU NONGYE NONGCUN REDIAN WENTI TANYAN

中国小康建设研究会 编

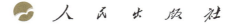

人民出版社

序 言

　　《中国小康之路——乡村振兴与农业农村热点问题探研》一书，是中国小康建设研究会 2019 年举办的 12 场专题论坛的演讲选编，是围绕实施乡村振兴战略、助推脱贫攻坚，破解"三农"问题的新探索、新成果。在该书出版之际，谨向中国小康建设研究会表示祝贺，向从事专题研究的专家学者表示敬意，并向广大读者朋友们郑重推荐。

　　实施乡村振兴战略，是以习近平同志为核心的党中央对"三农"工作作出的重大决策部署，是做好新时代"三农"工作的总抓手、总纲领、总遵循。2019 年，中国小康建设研究会围绕乡村振兴战略实施开展的一系列工作，远见卓识，富有成效。

　　这部书稿，涵盖了现代农业发展、粮食安全体系构建、乡村文化振兴、乡村治理体系建设、新型经营主体培育、农村脱贫攻坚、农村人才培养、乡村交通建设、社会化养老、食品安全等内容，主题突出、观点鲜明、学术价值很高、实用性强。既有对高端政策的精准解读，又有结合地域实情提出的对应措施；既有对乡村振兴中热点难点问题的积极探索，又有乡村振兴成效显著的实例列举；既有较系统的理论支撑，又有真实的第一手数据分析；既有理论上的指导性，又有实践上的借鉴性，还有学习上的参考性，很值得一读。

一年来，中国小康建设研究会紧紧围绕农业农村热点难点问题举办了多次研讨峰会等活动，特别是围绕着乡村振兴的五个方面，从乡村产业兴旺发展、生态建设、文化振兴、组织振兴以及人才培养等，举办了系列化的研讨论坛。论坛、峰会场次之多，质量之高，影响之广，对接落实项目之实，得到了一致肯定和好评。专家、学者以及业内工作者紧贴实际，从不同的侧面、视角，为乡村振兴叩诊把脉，为农业农村发展献计献策，深邃的分析、鲜明的观点、精彩的演讲，令人耳目一新、印象深刻。这些观点不仅给人以启迪，而且对推进农业农村发展，实现乡村的全面振兴都有不可多得的学习和借鉴作用。

2020 年是全面建成小康社会和"十三五"规划圆满收官之年，是全面脱贫攻坚任务完成之年，也是农业补短板、强弱项、稳基础、加快发展的重要一年，更是推进乡村振兴战略实施的关键之年，任重而道远。我们欣慰地看到，中国小康建设研究会依然把乡村振兴战略的实施、把促进农业农村热点难点问题的解决作为今年重点工作奋力推进，继续围绕乡村振兴，农业农村发展举办具有社会影响力的研讨论坛、峰会等活动，致力于为农业农村发展、助推乡村全面振兴，推进社会主义现代化强国建设作出新的贡献。

在此衷心地祝愿中国小康建设研究会不辱使命，再创辉煌。

（第十三届全国人大农业与农村委员会副主任）

2020 年 3 月

目 录 CONTENTS

第三部分　消费扶贫与乡村振兴

第四部分　现代农业产业化发展

第五部分　保障粮食安全

第六部分　乡村文化振兴

第七部分　乡村振兴与交通产业发展

第八部分　乡村人才振兴战略

第九部分　食品安全与健康中国

第十部分　社会养老的创新发展

第十一部分　乡村全域治理体系建设
试点（鄞州）经验案例

附录：中国小康建设研究会 2019 年工作实录

第一部分
乡村振兴战略

加大乡村振兴战略的实施力度 *

很高兴来到美丽富饶的宁波，跟大家一起交流有关乡村振兴政策的学习体会。

乡村振兴战略涉及的内容很多，2018 年"中央一号文件"、中共中央国务院发布的乡村振兴战略规划，都进行了全面系统的阐述。乡村振兴战略，是以习近平同志为核心的党中央着眼于党和国家事业的全局，顺应亿万人民群众对美好生活的向往，对"三农"工作作出的重大决策部署，也是决胜全面建成小康社会、开启社会主义现代化国家建设的重大历史任务。乡村振兴战略既是党和国家的重大决策，是一项重大的历史任务，同时也是做好"三农"工作的总抓手。所以，实施乡村振兴战略具有划时代的里程碑意义。

今天，我从四个方面与大家分享学习心得体会。一是深入学习领会习近平总书记有关乡村振兴战略的系列重要论述；二是对实施乡村振兴战略重要意义的理解；三是实施乡村振兴战略应着力解决的三个重要问题；四是乡村振兴战略实施的制度保障。

---

* 王乐君，农业农村部农村合作经济指导司巡视员。

一、深入学习领会习近平总书记有关乡村振兴战略的系列重要论述

习近平总书记亲自谋划、亲自部署、亲自推动乡村振兴战略。2017 年底召开的中央农村工作会议上，习近平总书记进行了全面、系统、深入的阐述，提出中国特色社会主义乡村振兴的"七条道路"；2018 年 9 月中央政治局集体学习乡村振兴战略，习近平总书记阐述了实施乡村振兴战略的总目标总方针总要求和制度保障，强调要处理好"四个关系"；2018 年 3 月"两会"期间，习近平总书记在参加山东代表团审议时提出"五个振兴"；2019 年"两会"期间参加河南代表团审议时对实施乡村振兴战略提出"六个要"。

第一，中国特色社会主义乡村振兴的"七条道路"。在 2017 年底中央农村工作会议上，习近平总书记系统阐述了实现中国特色社会主义乡村振兴的"七条道路"：重塑城乡关系，走城乡融合发展之路；巩固和完善农村基本经营制度，走共同富裕之路；深化农业供给侧结构性改革，走质量兴农之路；坚持人与自然和谐共生，走乡村绿色发展之路；传承发展提升农耕文明，走乡村文化兴盛之路；创新乡村治理体系，走乡村善治之路；打好精准脱贫攻坚战，走中国特色减贫之路。

第二，实施乡村振兴战略的总目标总方针总要求和制度保障。在中央政治局集体学习乡村振兴战略时，习近平总书记指出，农业农村现代化是实施乡村振兴战略的总目标，坚持农业农村优先发展是总方针，产业兴旺、生态宜居、乡风文明、治理有效、生活富裕是总要求，建立健全城乡融合发展体制机制和政策体系是制度保障。要坚持农业现代化和农村现代化一体设计、一并推进，实现农业大国向农业

强国跨越。要在资金投入、要素配置、公共服务、干部配备等方面采取有力举措，加快补齐农业农村发展短板，不断缩小城乡差距，让农业成为有奔头的产业，让农民成为有吸引力的职业，让农村成为安居乐业的家园。

第三，实施乡村振兴战略要处理好"四个关系"。在中央政治局集体学习乡村振兴战略时，习近平总书记指出，一要处理好长远目标和短期目标的关系。乡村振兴战略是一个长期任务，是一个历史任务，要遵循乡村建设规律，要坚持科学规划，要注意乡村振兴建设的质量。二要处理好顶层设计和基层探索的关系。现在顶层设计的目标、方向、措施、路径都很清楚，关键是各地要结合本地实际，科学把握各地乡村发展的差异性，因地制宜，落到实处。三要处理好充分发挥市场的决定性作用和更好发挥政府作用的关系。政府应该在规划引导、政策支持、市场监管和法制保障等方面发挥积极的作用，政府要利用市场的手段，尊重市场规律。四要处理好增强群众获得感和适应发展阶段的关系。要让亿万农民有更多实实在在的获得感、幸福感和安全感，同时又要探索形成可持续发展的长效机制，各地要根据情况，不能提出脱离实际的目标，更不能搞形式主义，搞"形象工程"。

第四，统筹推进"五个振兴"。2018年"两会"期间，习近平总书记在参加山东代表团审议时提出"五个振兴"的科学论断，强调实施乡村振兴战略要统筹谋划、科学推进，推动乡村产业振兴、人才振兴、文化振兴、生态振兴、组织振兴。

第五，实施乡村振兴战略坚持"六个要"。在2019年人大政协"两会"期间参加河南代表团审议时，习近平总书记对推动乡村振兴战略落地进一步提出明确要求："六个要"。要扛稳粮食安全这个重任，这是实施乡村振兴战略的首要任务，习近平总书记多次要求："中国人的饭碗任何时候都要牢牢端在自己手上，我们的饭碗应该主要装中国粮。"要推进农业供给侧结构性改革，现在农业的问题主要在品质、结构、个性化等供给侧方面，随着消费升级和新阶段的到来，农业也要转型升级。要树牢绿色发展理念，绿色发展是新时代农业的发展观。要补齐农村基础设施这个短板，要真金白银地投入，要夯实乡村治理这个根基，要用好深化改革这个法宝。

二、对实施乡村振兴战略重要意义的理解

第一，适应城乡关系发展的要求。城乡关系、工农关系是我国现代化进程中的基本关系。习近平总书记指出，在现代化进程中，如何处理好工农关系、城乡关系，在一定程度上决定着现代化的成败。新中国成立以来，我国经历了由城乡二元结构导致的城乡分割，到21世纪初开始的城乡统筹一体化发展，再到党的十九大提出重塑城乡关系实现城乡融合发展。不过当前城乡差距大仍是社会主要矛盾的突出表现。1978年至2018年农民年均收入从134元增长到14617元，城镇居民年均收入则从343元增长到39251元，绝对差距从209元扩大到24634元，相对差距从2.56∶1扩大到2.69∶1。

另外，农村基础设施和公共服务与城市的差距还很突出，农村空心化、边缘化、老龄化问题凸显。我国是一个人口大国，不管工业化、城镇化发展到哪一步，都会有相当规模的人口生活在农村，即使城镇化率达到70%以上，仍有4亿多人生活在农村，城乡将长期共生并存。如果一边是越来越发达的城市，一边是越来越萧条的乡村，那绝对不能算是实现了中华民族的伟大复兴。

40年前，农村拉开了改革开放的大幕，逐步理顺城乡关系、工

农关系；40 年后，要通过振兴乡村，开启城乡融合发展和现代化建设新局面。改革开放之初，实行家庭联产承包责任制，理顺了农民和集体的关系，建立了承包经营、统分结合的双层经营体制；21 世纪之初，取消了延续 2600 多年的"皇粮国税"，理顺了农民与国家的关系，实现了对农民从"取"到"予"的历史性转变。进入新时代，实施乡村振兴战略，重塑工农城乡关系，推动城乡融合发展，将成为建设社会主义现代化国家和实现中华民族伟大复兴的重大举措。

第二，立足实现"两个一百年"奋斗目标的要求。党的十九大提出了分阶段实现"两个一百年"奋斗目标的战略安排，到 2020 年全面建成小康社会，到 2035 年基本实现社会主义现代化，到 21 世纪中叶，把我国建成富强民主文明和谐美丽的社会主义现代化强国。习近平总书记强调，全面建成小康社会和全面建设社会主义现代化强国，最艰巨最繁重的任务在农村，最广泛最深厚的基础在农村，最大的潜力和后劲也在农村。到 2020 年全面建成小康社会，最突出的短板在"三农"，到 2035 年基本实现社会主义现代化，大头重头在"三农"，到 2050 年把我国建成富强民主文明和谐美丽的社会主义现代化强国，基础在"三农"。

第三，立足解决社会主要矛盾实现农业农村现代化的要求。进入新时代，我国社会的主要矛盾发生了根本变化，党的十九大提出当前最主要的矛盾是"人民日益增长的美好生活需要和不平衡不充分发展之间的矛盾"，最大的不平衡是城乡发展不平衡，最大的发展不充分是农村发展不充分。改革开放 40 年来，特别是党的十八大以来，农业农村发展取得历史性成就。我国粮食供给总体充裕，肉蛋奶、果菜鱼产量稳居世界第一，"过去是 8 亿人吃不饱，现在是 14 亿人吃不完"；农业物质技术装备水平有了大幅提升，农业科技进步贡献率 58.3%，主要农作物耕种收综合机械化水平超过 67%。但问题也不少，"中央一号文件"概括为"五个亟待提升"。具体表现在：农产品阶段性供过于求和供给不足并存，农业供给质量亟待提高；农民适应生产力发展和市场竞争的能力不足，新型职业农民队伍建设亟待加强；农村基础设施和民生领域欠账较多，农村环境和生态问题比较突出，乡村发展整体水平亟待提升；国家支农体系相对薄弱，农村金融改革任务繁重，城乡之间要素合理流动机制亟待健全；农村基层党建存在薄弱环节，乡村治理体系和治理能力亟待强化。农业强不强、农村美不美、农民富不富，决定着亿万农民的获得感和幸福感，决定着全面小康社会的成色和社会主义现代化的质量。

三、实施乡村振兴战略应着力解决的三个重要问题

乡村振兴，靠什么振兴、谁来振兴、如何振兴？要抓产业、主体和机制。

第一，乡村产业培育和发展问题。靠什么振兴？产业是基础。产业兴旺、产业振兴是乡村振兴的物质基础，是解决农村一切问题的前提。产业兴，百业兴。没有产业，就没有源头活水；没有产业的农村，必然是空心、缺乏生机的农村。过去多年来，农村等同于农业，工业、市场、服务业基本围绕城市布局。我国乡村产业问题，一是农业自身的问题，农业基础薄弱，现代化水平不高，国际竞争力不强；二是农村二、三产业发展极不充分，农产品加工业是一条短腿，农村市场、流通、服务业小而散，没有成体系；三是民间传统农村手工业、手工工艺被削弱，有些手工工艺已失传，缺乏传承人；四是适应城乡发展新要求的农村现代服务业还没有引起足够的重视。当然，这绝不

是说农村产业要搞小而全，更不是照搬、移植城市二、三产业，而是要根据农村的特点，因地制宜发展主导产业、优势产业、特色产业。近年来一个普遍存在的问题是产业同构现象日益突出，东西南北都生产同一个产品，如热带水果，已不再是热带地区的专利，亚热带甚至其他地区也生产，产品趋同，产能过剩，缺乏特色。

如何抓产业，必须强化农业，做优一产，做强二产，做活三产。如何抓产业，不仅要补农业的短板，更要填补农村二、三产业的空白。要根据农村资源特点，因地制宜，做好加减乘除法：要推进质量兴农，绿色发展，做好加法；要降成本、调结构、补短板，做好减法；要通过延伸产业链，提升农产品附加值，推进农村产业的融合发展，做好乘法；同时要注意保护生态环境，以最少的物质投入获取最大的经济效益、社会效益、生态效益，做好除法。具体要在强化、提升、巩固、拓展等方面做好乡村产业发展这篇大文章。一是强化发展现代农业，发展现代种养业，构建现代农业产业体系、生产体系、经营体系，这是发展乡村产业的前提和基础。二是提升发展农产品加工、市场、农业生产性服务业，延长产业链，把农业以及加工、服务等产业链布局在农村，让就业和收益留在农村，增强农村人才吸引力，留住人才、留住利润、留住人气。三是巩固发展乡村特色产业，发掘、培养农村铁匠、银匠、酿酒师等能工巧匠，打造手工作坊、家庭工厂，传承、创新发展具有民族和地域特色的传统手工业，打响"土字号""乡字号""特字号"品牌；开发民间艺术、民俗表演项目，发展乡村特色文化产业和创意产品。四是拓展发展农村的新产业、新业态、新模式，比如休闲农业、智慧农业、电子商务、康养农业，还有共享经济的发展。

第二，人才问题，主体问题。谁来种地？这是乡村产业发展的关键。发展产业，人才是根本。干农业和做企业是一样的，人才很关键。火车跑得快，全靠车头带，现在乡村搞得好的，都有一个好的带头人，有个好的支部书记，合作社搞得好的，一定有一个好的理事长。小规模、兼业化、老龄化已成为我国农业生产的主要特点，但我们与国外发达国家的差距，主要在劳动者的学历和知识结构。发达国家的农民基本都是大学生，而我们农业劳动者基本上是小学水平，或初中未毕业。有一个调查表明，我国农业的劳动力与城市的工人相比，大概农业劳动者的学历教育水平要比城市工人学历教育少4年半，一般城里面是大专，农村是初中未毕业，普遍是这样的水平。

目前，农业主体有2.6亿农户、2.3亿承包户，家庭农场、合作社、龙头企业等农业新主体突破300万家，新型职业农民超过1400万人，各类返乡下乡创业人员超过700万人，还有115万个各类服务组织。但不管如何，"大国小农"是基本国情农情，解决乡村产业人才问题，也要立足农村这一实际。最根本的有两条：一是留住和培养现有农村人才。远水不解近渴，现在国家在实施新型职业农民培育工程，培育了一批"土专家"、"田秀才"，扶持了一批职业经理人。培育职业经理人，培育新型职业农民，不要忘记了就地取材，把现有的农村人才留住，他们对当地有感情，老百姓也信任。二是鼓励支持农民工、大学生、退伍军人返乡创业。我们追踪了很多案例，包括退伍军人、大学生，还有大家现在探索的乡贤，他们是当地出来的，对当地有感情，再加上老百姓了解，都很信任他们，各种摩擦纠纷少，靠得住。因此，要优化创业环境，吸引大学生、农民工、退伍军人回乡创新创业。

第三，机制问题。如何振兴？机制是保障。解决人、地、钱的问题，还是要深化改革，通过农村改革，激活主体、激活要素、激活市场，培育产业发展新动能。

一是构建城乡融合发展的体制机制。真正实现资源要素在城乡之间自由、合理流动，公共服务均衡配置。近年来，各地推行的公共服务下沉，一些基本服务在村里就能办，还有饮水、道路、人居环境的整治等，农村面貌有了明显改善。

二是深化农村土地制度改革。要保持农村土地承包关系稳定并长久不变，落实好第二轮土地承包到期后再延长 30 年的政策。要落实好承包地"三权"分置政策，不仅要保护所有权和承包权，而且要依法保障经营权的稳定，保护投资者依法享有的经营权。总结农村集体经营性建设用地入市、征地、宅基地制度改革成果，加快建立城乡统一的建设用地市场。要允许在县域内开展全域乡村闲置的校舍、厂房、废弃地的整治盘活，建设用地用于支持乡村的新产业、新业态。有些地方，比如通过合作社开展旅游合作，把农民空闲的房屋利用起来，进行设计、规划、装修，开展乡村旅游和文化建设，取得了很好的效果。

三是完善农业经营体系。发展多种形式农业适度规模经营，突出抓好家庭农场和农民合作社两类经营主体发展，要通过发展农业的生产性服务业，建立健全"合作社＋农户""公司＋基地＋农户"等多种连接方式，构建合作制、股份制、契约式等多种利益联结机制，发展农业产业化联合体。实践证明，发展农业产业化联合体，是培育打造主导产业、带动小农发展现代农业的有效探索。河北有个县依托产业化联合体种植小辣椒五六十万亩，不仅把产业做大了，把整个产业链也建起来了，还把广大的小农户组织起来，让小农户分享到了二、三产业的收益。

四是全面推进农村集体产权制度改革。中央已专门发文部署，包括清产核资，摸清家底，经营性资产股份制改造，具体时间进度都有明确的要求。通过改革激活农村大量沉睡的资产，实现资源变资产、资金变股金、农民变股东，不断增加农民的财产性收入。

五是完善农村金融保险制度。加大金融保险支农力度，解决制约乡村产业发展的资金"瓶颈"问题。近年来，一些地方开展的资金互助、信用合作，比如家庭农场信用评级，四星家庭农场可以贷款五六百万元，不需要抵押物，这些都值得探索。有些地方兴办农业产业化联合体，探索通过人的保证制度来担保，也满足了联合体内部农民、合作社的信贷需求。我认为，要解决农村的金融问题，除了"国家队"外，还要支持农民的信用合作，包括农民的资金互助。一方面，农村农业缺乏抵押物，或者资产不值钱；另一方面，农业信贷运作成本很高。房地产，一般贷几十个亿甚至几百个亿；但农业贷一两个亿都很少见，要与农民打交道，成本很高，商业银行一般都不愿意做。

四、乡村振兴战略实施的制度保障

第一，健全工作机制，落实责任。2018年"中央一号文件"提出，中央统筹、省负总责、市县抓落实的工作机制，党政一把手是第一责任人，县委书记要当好乡村振兴的一线指挥。加强乡村振兴实绩考核。要把实施乡村振兴战略摆在优先位置，确保"四个优先"：在干部配备上优先考虑，在要素配置上优先满足，在资金投入上优先保障，在公共服务上优先安排。既要积极作为，又要有"历史耐心"。

第二，抓好规划，画好施工图。省一级基本上都出台了规划，地市一级大概过半，县级接近40%，而村庄一半还没有。要求到2020年底，有条件的村都要实现村庄规划的应编尽编。要施工、要推进，村一级层面必须要有规划引领。要按照先规划后建设的原则，通盘考虑土地利用、产业发展、居民点布局、人居环境整治、生态保护、历史文化传承，编制一个多规合一、实用的村庄规划。要培养乡村规划师。

第三，坚持从农村实际出发。我国城乡发展不平衡，农村发展也不平衡，东部、中部、西部差别大，因此，乡村振兴也要从农村实际出发，坚持分类指导、一村一策。要守住粮食安全的底线和耕地保护、生态保护的红线，维护农民群众的合法权益。浙江是全国学习的榜样，有很多方面走在了前列。

第四，尊重农民的主体地位。一切为了人民、一切依靠人民，是我们党的群众路线，也是改革开放40多年的基本经验。要发挥好农民的主体作用，充分调动农民的积极性，同时政府要在农村基础设施、公共服务方面加大支持力度，不断完善农村公益事业、环境治理等财政支持政策，大力改善农民的生产生活条件。

第五，强化乡村振兴的法治保障。习近平总书记在主持召开中央全面依法治国委员会第二次会议上强调："改革开放40年的经验告诉我们，做好改革发展稳定各项工作离不开法治，改革开放越深入越要强调法治。"法治具有固根本、稳预期、利长远的保障作用，没有法治就谈不上市场经济。工商资本投资农业，往往五六年后才有收益，必须加强法治，稳定投资预期，让企业家放心投资农业。从国家层面看，近期将以推进《乡村振兴促进法》为主线，以强化农村土地制度、农业产业促进、农业绿色发展、农产品质量安全、乡村建设管理等重要领域立法为重点，加快完善农业立法。同时将深化农业综合执法体制改革。法律法规的实施也存在"最后一公里"执行不到位的问题，要压实县级农业农村部门的执法责任，落实农业农村部印发的《关于加快推进农业综合行政执法改革工作的通知》要求，在县市级组建农业综合执法队伍的基础上，探索实行"局队合一"体制，以强化基层农业执法力量。

第六，强化农村基层党组织的领导作用。中央多次强调，乡村振兴要发挥基层党组织的核心领导作用。基层党组织如何更好地发挥作用？一是要选好带头人、选好书记。要整顿软弱、涣散的基层党组织。二是要增强农村基层党组织的凝聚力、向心力，党支部要能够凝聚人心，凝聚老百姓，把老百姓团结在周围。三是把方向，符合中央文件精神，不偏离发展路线和轨道。四是议大事、办大事，解决老百姓关心、期望的事情。推进乡村善治，构建党委领导、政府负责、社会协同、公众参与、法治保障的现代乡村社会治理体系。浙江不少县市有许多很好的经验和做法，值得总结和借鉴。

——在乡村振兴百县巡回大讲堂上的发言

乡村振兴的几个关键问题 *

我准备了大概五六个问题，做了一些功课，最后一部分，针对宁波的实际说一些我的看法。

"乡村振兴"是两年前党的十九大报告中提出来的，党中央、国务院对"三农"问题高度重视，自 2004 年以来发了 16 个"中央一号文件"，都是聚焦"三农"的。乡村振兴与"三农"工作是什么关系？其实是一回事，乡村振兴是新时代"三农"工作的总抓手，目标就是要解决好"三农"问题。2019 年的"中央一号文件"有 8 个方面，前 4 个方面讲主要任务：第一个方面就是脱贫攻坚。宁波自己没有贫困户，但有对口扶贫的任务，这也很重要。第二个方面是农产品的供给问题。第三个方面是农村的问题，农村人居环境、公共服务等等。第四个方面是农民的收入问题。后面的四个方面，包括改革、基层组织建设等等，讲的是主要的措施，通过这些措施，不断推进实现乡村振兴的目标。

---

* 柯炳生，农业农村部乡村振兴专家咨询委员会委员、中国农业大学原校长。

一、全局问题

党中央、国务院如此重视乡村振兴，在文件和领导的讲话中，都从不同的角度强调了乡村振兴的重大意义。我个人认为，其中最主要的是三个字"全局性"。也就是说，"三农"问题，绝不仅仅是农业本身、农村内部和农民自己的事，而是影响到整个国家和社会的发展稳定的问题。对于"三农"问题的重要性，习近平总书记一再在不同的场合加以高度强调。早在2002年，他的一部著作《中国农村市场化建设研究》中，开篇第一句话就是："百业农为本，农兴百业兴，世界各国，皆同此理。"正确理解乡村振兴和"三农"工作的重大意义，就在于理解其"全局性"。否则，就不能准确理解"三农"问题的重大意义。理解这一点，对所有的人都很重要。我当了10年的中国农大校长，农大的老师和同学们都很有使命感，常常说要献身农业，服务农民。这是很对的，但是我觉得还不够到位。农业大学的主要使命，是要通过培养人才和科学研究，去解决好吃饭问题；吃饭问题不仅仅是农民的问题，而是整个国家和全体人民的问题。中国要强，农业必须强；中国要美，农村必须美；中国要富，农民必须富。这讲的就是全局性。我国的发展目标是，2035年要基本实现社会主义现代化，2050年全面实现社会主义现代化，如果农业、农村和农民跟不上的话，那整个国家的目标就很难实现。2020年要全面建成小康社会和打赢脱贫攻坚战，最难的地方，也是农村。

乡村振兴就是要解决"三农"问题，就是要实现农业农村现代化，这是总目标。总方针是坚持农业农村优先发展。总要求讲的五句话：产业兴旺、生态宜居、乡风文明、治理有效和生活富裕，对应的是五大建设：经济建设、生态建设、文化建设、政治建设和社会建设。讲生活富裕，除了农民自己的收入之外，主要讲的是农村的一些公共服务，包括水电路这些生活设施的建设和教育卫生社会保障等，这是构成农民富裕的一个关键部分。所以，乡村振兴就是要全面推进乡村的五大建设，是一个全面的振兴。

但是从学术的看，也可以从另外一个角度进行分析，就是从解决"三农"问题的角度。

我们需要把"三农"问题进行细分。"三农"问题不是一个问题，而是一系列彼此高度密切相关，但是很不相同的问题，成因不同，解决的方法也很不相同，并且有的时候问题还是相互矛盾的，不是说解决一个问题，另外一个问题就自动解决，不是的，有时候还是有矛盾，所以复杂就复杂在这里。什么是农业问题、什么是农村问题、什么是农民问题？农业问题、农村问题、农民问题太多了，我试图概括了一下，十几年前，我就把"三农"问题中最主要的问题概括为六个大方面。

农业问题，就是产业发展问题，这是发展农业这个产业所要解决的问题。这方面问题很多，但是归根到底，也就两个问题，就是农产品的数量问题和质量问题。如果这两个问题解决好了，农业问题基本上就算解决好了。

农村问题，也有很多，可以归纳为两个主要方面，一是公共服务设施，这就是那些主要需要政府拿钱来建的设施，包括水电路医院学校等，这些设施，光靠市场机制，靠农民自己或私人企业，是不行的。二是生态环境，包括大尺度的生态环境问题，如沙尘暴、空气污染、水土流失等，小尺度的生态环境问题，如村容村貌、生活环境的治理问题等。

农民问题，就是与农民这个社会群体的利益息息相关的问题，也可以分为两大部分：经济问题和非经济问题。经济问题就是收入问题，非经济问题就是就业问题、子女上学的问题、社会保障问题（养老、医疗、低保）等。社会保障问题，难度可能是最大的。这一点宁波做得很好，我听说最低生活保障城乡都已经统一了，这很不容易。对整个国家来讲，不仅有城乡差别，还有城城差别，这个仍然是比较突出的问题。

"三农"这六个大方面的问题，每个问题的解决，都很复杂，都不太容易。

二、产业兴旺

习近平总书记有两句非常重要的讲话，一句话是"确保重要农产品特别是粮食供给，是实施乡村振兴战略的首要任务"；另外一句话是"解决好吃饭问题始终是治国理政的头等大事"。理解了这两句话，就理解了产业兴旺的重要意义。

产业兴旺，核心是农业产业兴旺。产业兴旺的核心目标，就是要解决好吃饭问题。吃饭问题很重要，也很复杂。至少可以分为五个层次。

第一个层次是吃得饱。这个现在没有问题了。第二个层次是要吃得好，水果要甜，大米要香，要吃更多的肉禽蛋奶，等等。第三个层次要吃得安全，不能有禽流感、疯牛病、农药超标。这三个层次，主要是跟生产有关。第四个层次，是要吃得健康。这主要是消费者自己的事，要有好的食品消费习惯。医学上已经很明确，人类疾病中的三大杀手（心脑血管疾病、癌症、糖尿病），都和吃的有关，都和不健康的饮食习惯有很大关系。通常科学家们讲吃饭问题，就这四条。我是搞经济研究的，研究市场消费，从经济的角度看，吃饭的问题还有第五个层次，就是吃得愉悦。就是说，同样的菜、同样的饭、同样的酒，在不同的地方吃喝，和不同的人吃喝，心理感受是很不一样的。这包括要吃得方便，例如方便面、外卖等，是满足这个方面的需要。更重要的，是餐饮业、旅游业、酒店业，这三个产业，都离不开吃的要素，经济水平越发达，人民生活水平越高，对这方面的要求就越高。根据统计，美国家庭食品消费的将近一半，是用于在外就餐。以上五个层次，对国家来说是挑战，而对生产者经营来说，对商家来说就是商机，所有消费者的需要，都是商机。

下面，我们主要分析一下吃得饱的问题。

从总体上看，在解决"吃得饱"上，我们取得了巨大成就。改革开放 40 多年，我们的粮食总产量增加了一倍还多，原来是 3 亿吨，现在是 6.5 亿吨。当然人口也增加了，从 8 亿人增长到 14 亿人。人均粮食生产增加了 50%，原来是 320 公斤左右，现在是 480 公斤左右。这是改革开放 40 多年农业取得巨大成就的一个最主要的标志，就是人均粮食生产水平增加 50%，这是一个巨大的成就。增产这么多粮食，不是都直接吃了。人均的水稻消费、小麦消费的数量都减少了，但是肉禽蛋奶的消费都增长了，多出来的粮食都是喂鸡了、喂猪了、养鱼了，等等。这是一个最主要的指标。所以现在的"饭碗"问题，比改革开放前有巨大的改善，首先是体现在人均粮食的生产量有了大幅度的提升，这是我们的底气所在，值得为我们农业发展的成就感到骄傲和自豪。

但是，也还要看到，从 2004 年开始，我国由农产品净出口国变成了农产品的净进口国，并且净进口的数额逐年加大，2018 年达到了 574 亿美元，现在是世界上最大的农产品净进口国。这说明什么问题呢，说明尽管我们的生产增加了，但是我们消费需求的增加幅度更大，超出了生产的增长幅度。

都进口了些什么东西呢？几乎所有的大宗农产品，都是净进口。所有的粮食，包括小麦、玉米、大米、高粱、大豆等，都是净进口；棉花、食用油、食糖，都是净进口；肉类，包括猪肉、牛肉、羊肉，以及奶制品，都是净进口；水果，以前是净出口，从2018年开始，也是净进口。大宗农产品中，我国净出口的就是两种：一个是水产品，一个是蔬菜产品。

净进口的原因主要有两个：第一个原因是土地少，2018年中美贸易摩擦，我们搞制裁反制，首先就是大豆。现在要恢复大豆进口，其实是我们需要大豆，大豆除了要榨油之外，剩下80%左右是作为饲料，喂猪喂鸡。有人说我们自己种行不行？我们自己种可以，但是我们没有地。2017年进口了9553万吨，2018年进口了8803万吨，如果我们不进口，用我们自己的土地来生产的话，把整个华北的土地和东北的土地加在一块都生产大豆，也生产不出这个量，那不进口能行吗？不进口大豆就少吃牛肉、少吃猪肉、少吃鸡肉、少喝牛奶，就是这样，没有别的出路。

第二个原因可能更重要，就是成本高。刚才讲的主要农产品，主要的植物性产品，到岸的价格，都相当于国内生产价格的一半或者2/3左右，远远低于国内生产的成本。主要的原因是，这些年土地地租涨了，更重要的是劳动力成本大幅度增加。农业劳动力成本增加是进城务工的农民的工资收入增加所拉动的。据统计，2004年到2013年，每年农民工月工资的增长幅度超过10%。近两年来增长相对比例降低了，是增长6%到9%，但是绝对值每年超过2000元。2018年，据国家有关部门的调查统计，农民工平均月薪为3721元。华北地区种小麦、种玉米，每年两季生产，农民赚多少收入呢，500元到1000元，一户是6亩地，撑死了，靠种棉花、种玉米一年收入6000元，出去打工两个月就挣回来了。就这样，小麦价格还是远远高于美国、加拿大、欧洲。现在有关税的保护，否则的话，进口还要多，冲击还要大。而劳动力成本是没法降下来的。当然，农民工工资增加也是好事，意味着农民收入增加。农民家庭人均可支配收入中，务工收入占到41%，农业和牧业、养殖业收入只占到了26%。农民工工资增加，对农民家庭收入是好事，而对农业生产，则是不利影响因素。

以上讲的是历史发展和现状。未来的挑战是什么呢？肯定是需求不断增加，人口不断增加，收入不断增加，城市化不断发展，工业的需求不断增加，对粮食等农产品的需求每一天都在增长，农产品的市场每一天都在增长，这个增长幅度是超过人口增长的比例的。农产品市场每时每刻都在增长，这是一个商机，但是对国家来说是一个挑战。

生产方面，土地肯定会越来越少。比如对大棚的整治，如此严厉，就是要保护耕地，保护18亿亩土地的红线。还有水资源及生态环境恶化。所以，总挑战就是一句话，如何用越来越少的土地、越来越少的水资源、越来越少并越来越贵的劳动力，生产出更多、更好、更安全的农产品。这是一个天平的两端，一边是要求越来越高，一边是资源越来越紧缺。

要平衡这个天平的两端，需要奇迹的发生。而奇迹的发生，只能是通过创新，促进现代农业的发展。习近平总书记说，发展是第一要务，科技是第一动力，人才是第一资源。农业的发展，最终只能是发展现代农业。什么叫现代农业？就是单产水平高，产品质量好，生产效率高，资源利用率高，生态保护好，多功能发挥好的农业。

未来的农业应该是什么样子，各个地方不一样。由于自然条件、经济条件等不同，各个地方的农业发展模式肯定不同。我归纳了一下，大概可分为五大类：

第一类是规模化的大田种植业。集中在平原地区。主要是大宗作物，以粮食为主。现在劳动力越来越贵，所以在大型作业上用机器来替代劳动力已经成为一个不可避免的趋势，整个平原地区一定是这样。由于劳动力成本的变化，使得我国棉花区域分布结构发生了很大变化。十几年前，棉花生产绝大部分是东部地区，山东、河南都是最大的种棉省。现在最新的数据是什么呢？河南的棉花在20世纪90年代初达到1800万亩，现在只有50万亩左右。那现在棉花生产在哪里呢？都跑到新疆去了；东部传统的棉花种植区，大部分萎缩了，为什么呢，种棉花太费工了，没法机械化，新疆可以机械化。人工采摘棉花的成本，已经占到棉花销售价格的40%，新疆的机械化采摘棉花发展非常快。广西人工割甘蔗的成本也占到食糖价格的30%，所以劳动力成本占的比例很大。因此，机械化是不可阻挡的趋势。这意味着山区没有实现机械化的地方，要种粮食、种小麦，可能很快会萎缩，种一亩地收入三四百元，外出打工能顶种多少亩地？

第二类是设施园艺业。蔬菜为主，少量水果，个别花卉，主要是温室和大棚等。这是个集成技术，从整治、土壤、温控等，是一个集成的技术，发展得很快。还会继续发展扩大。

第三类是集约化的养殖业，发展也很快。大概十几年前，很多村庄里还有自养自食，有猪有鸡，现在浙江肯定基本上没有了，很多地方也没有了，除了山区。这是很大的变化，喂猪太费力气了，还不如买，有那工夫打工去。最大的问题是环保问题，听说浙江关了很多养猪场，这个没有办法，现在大型的养殖场已经向中西部地区转移了。因为畜牧业的发展，鸡和牛的粪便好处理一点，最难处理的是猪，但是也有办法，不管怎么处理，沼气的办法、发酵的办法，最终的出路都要放到地里去，如果浙江的地都没有了，养这么多猪，往哪里放呢？

第四类是特色种养业。山区丘陵区，难以机械化，劳动力成本高。那里的地里种药材、茶叶、油茶、橄榄果等，平均一亩地，山地，产值都是1万元乃至于2万元、3万元，粮食根本不可能。早先种粮食不行，现在种水果、种这些特殊作物，都很好。让农民种粮食，收益不高，另外也是对生态环境的破坏，种果树很好。

在四川的凉山州会理县，漫山遍野都是软籽石榴，我们以前吃石榴要吐籽，它是软籽石榴，销路很好。成熟的时候，全国的经销商都跑到那里去收购，农民们在山上就把石榴卖了，2元到3元一斤，收购商都给包了。一亩地产值1万元以上。广西隆安县也是贫困县，种火龙果。福建的一个老板去，种6000亩火龙果，高度现代化，投资一亩地3万元，产值一亩地达2万元，除掉费用八九千元，一亩地净挣1万元以上。地里晚上还有灯光照着，非常好看的。为什么搞灯光呢？因为种植户发现，路灯底下能多开花一两个月。他不懂具体是什么道理，但是知道补光管用，就在所有的土地上都架上了电线，安上了小灯泡，晚上整夜开着补光。效果很好，周边的农民也都学习仿效了。

第五类是休闲度假农业。浙江搞得很好，全国都来学习。2018年我到浙大讲了4次课，是福建、四川等地的干部到这里来办班，一半是听讲理论课，一半是到周边地区考察，主要就是到安吉等地学习考察。安吉县的鲁家村短短几年发生了很大的变化，就是搞旅游，有小火车。

三、组织创新

我们最大的问题是农村人多，规模小，文化程度低，这是人的问题。各省的农户平均占地规模，浙江是 4.4 亩左右，看国外是多少？这个相差太大了，是我们的几百倍。我们怎么竞争呢？按亩的农业补贴，比美国、欧盟的都高，这我算过账。但是我们就这几亩地不管用，人家是上千亩地，所以一比就很少。小农户就有很多的不利之处。

农民的文化程度，2016 年普查的数据，90% 以上是初中以下文化程度。解决的途径，就是一定要组织起来，采取各种方式，包括"合作社 + 农户""公司 + 合作社""公司 + 农户"等等。

很多办得好的合作社，实际上牵头的是公司，公司的作用是不可替代的，是有非常大的作用的。合作社也很重要，因为让公司跟千家万户签约是没有办法的。我到河南去调查小麦，河南的规模是七八亩地，让公司一家一户去签，没有办法签的，必须要统一的品种才行，必须批量，一家一户没有办法，只能通过合作社，合作社种植统一的品种，合作社再和公司签合同。所以，一定要组织起来。

还有一个农村专业技术协会，我不当校长之后，主要的兼职就是中国农村专业技术协会理事长。主要是为基层的农村专业技术协会服务，包括稻米协会、苹果协会、茶叶协会等。我们是联合会，把农业高校和科研机构的师生们组织起来，为这些基层的协会提供技术支撑。我们正在推动建立全国的农业科技小院联盟，组织各地高校的老师和研究生到农业生产一线，老师指导，研究生常年驻守在那里，现场发现问题、研究问题、解决问题。

办得好的合作社，通常一定是有一个好的企业牵头，所以企业或者是企业家非常重要。我们和鄞州区领导交流过，调查发现，一个好的村庄的带头人，通常是一个党性强的企业家，是好人加能人。是好人，就是有奉献精神、有情怀，办事公道；是能人，不是一般的"能"，应具有优秀的企业家的素质。他要带领农民致富，自己没有致富的本领能行吗？好人好找，绝大部分都可以达标，但是能人太少。所以要到企业家中去选能人回来当书记。你们浙江有一个案例，2011年，有一个企业家回到村里当书记，他把资源整合起来，知道从哪找钱，怎么搞规划，拉项目，如何组织起来，等等。他能够整合资源，自己力量不够，就把乡贤召集起来，让他们献计献策献钱。自己当书记，乡贤支持。他到当地的农业局、水利局、国土局，去什么部门要什么项目的钱。比如说搞小火车，小火车企业可以提供，但路要自己修。那从哪里来的钱？所以，要善于整合资源，光靠自己的力量不够。然后动员招商引资，有了基础设施，拿出300万元搞规划，请专业公司来做。所以，村子规划设计得很好，现在做的不是招商引资了，坐在那里，很多投资的人就来了。

企业的带领也很重要。例如，在水稻生产方面。湖南益阳有一个加工稻米的企业牵头，组织农民搞了一个稻谷合作社，规模有上万亩，种高品质的水稻，给农民提供全程服务，工厂化育秧，机械插秧，无人机植保，机械化收割，等等，农民坐享服务，每亩还能多挣200元到300元。那么，合作社靠什么赚钱？很简单，原来农民是种普通杂交稻品种的，所加工的大米每斤只能卖两元，现在种的是优质的品种，产量虽然减少20%到30%，但价格翻着番往上涨，每斤大米可卖5元、6元，甚至十几元一斤，合作社和企业挣的，就是增值的部分。

我们宁波也有稻田，我问了一下，还是为了国家生产，按照国家的收购价来种，那能赚多少钱啊？要种优质的稻米，现在的优质稻米，全国各地都有好的品种，像江苏农民生产的优质大米，可能名气没有那么响，但我尝过，口感很不错，不比五常大米差。只是加工不太好，外观差一些，改善一下，可以卖出很高的价钱。一定要出优质精品才行。现在，农民工也想要吃点好的稻米，他们吃得不好，有时候是没得选择。因为现在人均稻米比以前吃得少了，粮食的人均消费量越来越少，但是要吃得更好。

畜牧业也有组织创新问题。也有各种不同的方式。其中，"公司＋农户"／养殖场，是个比较好的方式。

养殖场获益也大。像温氏集团，其采取的是"公司＋农户／养殖场"的模式，公司向农户／养殖场提供的指导服务，涵盖了整个生猪生产的全过程，包括猪场建设方案标准、粪污处理、仔猪提供、饲料提供、药物保健、饲养技术、肥猪回收等。这实际上是一种封闭式委托养殖方式，公司根据合同向农户／养殖场支付养殖费用。农户／养殖场每养一头猪，通常可以获得稳定的养殖费用。早前办的养猪场，100头、200头的规模，现在最低的达500头、900头的规模，投资大概50万元到七八十万元，两年就可以把成本赚回来。规模很大，然后粪便也处理得很好，建发酵床，利用微生物技术，都做得很好。农民收入也很稳定，养一头猪大概可以净赚200元到300元。近5年，全国养猪减少了4000万头，而温氏集团通过"公司＋农户／养殖场"模式养的猪，从1000万头增加到1900万头，是全国规模最大的养猪企业。

四、土地问题

我们国家从来对土地、对耕地控制严，主要的原因是人多地少。因此，需要研究，怎么样处理好保证粮食安全和非农业建设两个方面的关系。其实，浙江出了很多经验，2018年《农民日报》搞了"三农"十大创新榜样，把我们浙江的探索经验评上了，叫"坡地村镇"，就是在坡地上建一些旅游的村庄，不占耕地，批了100多个项目，效果非常好。我觉得这个做法，应该给予肯定和推广。这样，既可以保护好现有的耕地，也可以把非耕地土地资源利用得更好。

五、科技创新

农业科技是非常重要的，机械技术、装备技术都很重要。2018年国务院参事室派了一个调查组，到重庆去调查山区丘陵地区的小型农机化问题，调研结果出来后，有一个非常有意思的结论，调查组认为，有些地方不是小型农机化的问题，小型农机化不能很好解决问题。更好的思路，是把钱拿出来，用于平整土地，把土地推平，需要投入几千元，尽管看起来投入比较多，但那是一次性的投入，可长期受益，比小型农机化更有发展前途。我觉得他们的建议很好。

农业科技问题，一个是研发，一个是推广，都很复杂。仅就推广来说，尽管有各种不同的体系，但是，要满足农民的需求，很是不容易的。面对千家万户的农民，原有的农业技术推广体系有很多局限性。现在的农民对技术的要求，已经不是某一个专项技术，而是要生产全过程的。比如种水稻，从品种的选育、施肥、灌溉、植保、虫害等，生产全过程中的每一个环节，都很重要。以前的推广体系，只是推广一个单项技术，现在越来越需要一个全过程的技术服务。中国农村专业技术协会，正联合各地农业高校，推广"科技小院"模式，就是针对这样的农业科技需求特点，让老师指导研究生，常年住在村里边或者龙头企业的基地里，聚焦一种作物，从种到收，提供整个生产过程的技术服务。现在已经在四川和福建两个省进行了试点，很受欢迎。今后还要推广到浙江和其他省份去。

六、宁波实践

浙江有一些特殊的情况，在其他地方很迫切的问题，可能在我们浙江不是问题，可能在其他地方不是很突出的问题，在我们浙江却是突出问题。

浙江省粮食播种面积下降幅度比较大，与20年前比，粮食的播种面积差不多下降了一半，稻谷的面积也下降了很多，养猪近5年大幅度下降。我听说宁波减少得就更多了。这个是正常的，耕地面积减少了，养这么多猪，粪便往哪里运？也不能运到河南去、江苏去，怎么办呢？养猪企业向农业大县聚集，向中西部土地多的地方转移，是合理的布局调整。

宁波与全国比较，GDP不用说了，占的比重很大。人均GDP，全国是6万多元，宁波是全国的2倍，浙江是全国的1.5倍。农业占的比重，宁波只有2.8%，与典型的发达国家的情况相近。农业占劳动力比重，只有3.1%。农民人均收入，全国是1.46万元，浙江是全国的2倍左右，宁波是全国的2.5倍，甚至3倍。城镇人均收入，全国是3.93万元，浙江是5.56万元，宁波是6.01万元。看劳动力，你们浙江年轻的从事务农的很少，老龄化问题更明显一些，宁波农民中，55岁以上的占到50%以上，全国是20%。总体看，宁波市的农业条件，与日韩等发达国家的情况更相近，农业和农村的发展，也就更有特殊性了。从另外一个角度看，宁波市的农业和农村，属于都市圈中的农业和农村。

对于大城市都市圈中的农村，我认为有三大职能：生态职能、生活职能和生产职能。这三个方面，都很重要。但是，从整个地区的全局发展看，也应该是这样一个排序。首先是生态，其次是生活，最后是生产，而生产，也与生态和生活有着密切的关系。

生态方面，都市圈中的良好的生态，主要是两条：一是植被，二是水体。宁波的生态好，第一是植被好。植被是什么，就是林草和庄稼；水体是河流、湖泊、水塘。衡量一个国家或地区的发达程度，最简单的生态环境指标，就是看水质。所有的发达国家，水体的质量都比较好，好的衡量标准，就是可以洗手、可以洗脸。能够达到这一点，最低要达到Ⅲ类水的标准。浙江杭州以西的水质，应该都达到了这个标准。

生活方面，宁波这样的地方，城乡生活之间，已经很难分了，现在，主要就是户籍的分类。宁波这个地方和欧洲的地方已经高度相似，如果没有户籍的话，估计很难分哪是城哪是乡了。将来，宁波的农村，也绝不是农民自己住的。企业都可以办在这里，农民自己的企业、国有企业，都可以办在这里。欧洲国家中，很多著名的企业、很大的工厂，都是办在小城镇里的。生活环境包括什么呢？主要是三条：基础设施要便利，自然景观要好看，建筑景观也要好看。要有干净的水，建筑要好，其他的应该都会很好看。这样，农村人愿意住，城里人也喜欢来，城乡融合，这样的环境才是最好的融合。

村镇建设规划要统一，这一点浙江已经做到了。城乡的低保都一样了之后，最主要的障碍之一已经破除了，所以住在什么地方，商品房到哪里买，都日益多样化。农村人可能愿意在自己村里盖房子，也有可能，尤其是"90后""00后"的新一代农民工会更愿意在城里买，城乡之间的界限，会越来越模糊。农村的建筑是个大问题，一定要好看又节约，省地省钱，要实用，不需要太大。总体而言，浙江的建筑，尤其是近年来新建的，在这些方面较好。

生产方面，具体种什么养什么，都要考虑对生态和生活的影响。

主要特点应该是生态环境友好、经济效益高。都市圈中的农业项目选择不能以损害生态环境为代价。生产优质稻米、水果蔬菜，发展设施农业、水产养殖和休闲农业等是主要的方向。

——在乡村振兴百县巡回大讲堂上的发言

促进乡村振兴战略的深入实施 *

在这桃红柳绿、春光明媚的美好季节，很高兴和大家一起共商扶贫协作的良策，共促乡村的振兴发展。

实施乡村振兴战略，打赢脱贫攻坚战，是中央的重大战略部署，也是决胜全面建成小康社会的重要支撑。近年来，我们宁波市坚持以习近平新时代中国特色社会主义思想为指导，全面贯彻中央和浙江省委、省政府的决策部署，深入实施扶贫攻坚行动，经济社会发展迈上了高质量发展的快车道。2018 年，全市的经济总量超过万亿元，达到了 10746 亿元，财政总收入达到了 2655.3 亿元，宁波舟山港集装箱的吞吐量跃居全球第三，货物吞吐量连续 10 年位居全球第一。

同时，在乡村振兴和扶贫协作方面，也取得了有效的进展，我们认真学习贯彻习近平总书记给宁波余姚横坎头村全体党员的重要回信精神，大力推进乡村振兴，积极创建城乡融合发展的先行示范区，被列入省部共建乡村振兴示范创建城市的名单，成为全国农村集体产权制度改革试点市、国家农产品质量安全市、国家平安农机示范市。我

＊ 裘东耀，宁波市委副书记、市长。

们认真完成了中央和省委、省政府赋予的重大任务，大力推进扶贫协作工作，坚决与对口地区携手同奔小康，2018 年落实了援助资金 5.9 亿元，比 2017 年增加了 6.1 倍，实施了精准脱贫项目 242 个，惠及了贫困人口 13.2 万人，帮助了贵州、黔西南州和吉林延边州，减少农村贫困人口 3.4 万人，摘帽的各地贫困县 3 个，有力地推动了对口地区脱贫奔小康的步伐。

本次论坛以"创新实践与发展思路"为主题，举办主旨演讲、圆桌对话、中国小康建设研究会乡村振兴研究院的揭牌、乡村振兴百县巡回大讲堂启动仪式等活动。我们相信，这必将有力地促进乡村振兴战略的深入实施和扶贫协作的深入开展。希望大家对宁波的工作多提宝贵意见，我们将深入学习贯彻习近平总书记关于实施乡村振兴战略和脱贫攻坚的重要论述，按照中央和浙江省委、省政府的决策部署，吸纳本次论坛的成果，加快创建城乡融合先行示范区，全力打造东西部扶贫协作的宁波样板，为全国的乡村振兴和打赢脱贫攻坚战作出宁波的积极贡献。

——在全国乡村振兴与扶贫协作（宁波）论坛上的致辞
（根据录音整理）

党组织是农村工作的核心 *

　　党的十九大提出乡村振兴五个方面的目标工作，这五个方面的工作要做好，不容易。我认为，我们各级领导和政府，要对农村基层村一级大力支持，特别是每一个村的党组织。

　　农村工作要做好，基层党组织是核心、是堡垒。我从小是看牛出身，2019 年已经 74 岁，村干部做了 40 年，村支部书记当了 37 年。我体会特别深，一个村的工作要做好，要靠加强党的领导，特别是农村的基层党组织，这个是最关键的。

　　我们村改革开放初期非常穷，穷则思变，1979 年，我们党组织发动广大的党员群众寻求脱贫之路。到 1993 年的时候，我们提出了"创业万岁"，就是说要加强村级集体经济的发展。到 2001 年的时候，我们提出了"人民第一"。这个时候，各方面的实体经济也有了，我们计划拆掉原来破破烂烂的自然村，搞一个中心村。开始搞新农村建设的时候，我们提出来"人民第一"。我们认为，要把老百姓的大大小小的事放在第一位。

---

*　吴祖楣，宁波市鄞州区湾底村党委书记。

农村基层工作，特别是这次提出来的乡村振兴战略的五个目标任务很艰巨。要去完成，一定要抓党员的思想，要靠党员的先锋模范作用的发挥来带动群众。所以，我对我们村的党员有三句话，也是要求：第一句是作为党员干部，力气要吃亏得起，要多做实干；第二句是话要吃亏得起，要大度；第三句是钱要吃亏得起，要先公后私。我们要求党员干部这三方面必须要做到。

我当了这么多年的支部书记，体会有三个方面，一是党员本人的信念，还有理想，党组织的作用非常重要；二是要一直抓党建；三是抓经济。到现在为止，我们的一二三产业都是集体的，村级实体经济的发展非常重要。

——在产业扶贫和乡村品牌建设圆桌论坛上的发言

（根据录音整理）

融合发展助力乡村振兴 *

大家都知道，到 2020 年要全面建成小康社会，这是我们第一个百年的奋斗目标。今年和明年是全面建成小康社会的决胜期和关键期。按照我们当初提出全面小康的要求和国家统计局的全面建成小康社会的监测指标，我们对标对表，我觉得今明两年主要有这样四个方面的任务需要我们完成。

第一个任务是要保证粮食安全和重要农产品供给。正因为有这样的要求，2019 年的"中央一号文件"特别明确，提出粮食的播种面积要稳定在 16.5 亿亩，粮食的产量要稳定在 6 亿吨以上。除了粮食安全要保障之外，棉、油、糖、肉、蛋、奶这些产品也要保证供给。那怎么样保证供给呢？我认为有三个方面需要我们做：一是要加强高标准农田建设。二是要加快科技创新，没有技术没有产品，既不会增产也不会提质。实际上这两个方面就是一句话，要"藏粮于地、藏粮于技"。三是我们要调整农产品结构，发展绿色农产品和优质农产品。

---

* 宋洪远，农业农村部乡村振兴专家咨询委员会副秘书长，农业农村部农村经济研究中心主任。

第二个任务是要实现农民收入翻番，缩小城乡差距。我们当初提出农民收入要翻一番，现在看这个翻一番问题不大，核心任务是城乡居民收入差距要缩小。既要翻番又要缩小差距，这就要求农民收入增长要实现"两个高于"，一是农民收入的增长速度要高于 GDP 的增长速度，这是分配效益；二是农民收入的增长速度要高于城镇居民收入的增长速度，这是增长效益。要实现这"两个高于"，主要有以下四个重点：一是要发展农业的特色产业，特别是"土字号"的、"乡字号"的；二是要发展农产品加工业，光种粮，不加工不转化，产业链不能延长，价值链不能提升，也不会实现增产、增值、增效、增收；三是要促进农村劳动力转移就业，工资性收入是收入的主要来源，所以要促进转移就业；四是要促进创新创业。这些发展都需要新产业新业态，需要一个平台。所以今年提出，要实施"数字乡村振兴战略"。怎么样发展数字经济，就是四个字——"物、云、大、智"，即物联网、云计算、大数据、人工智能，这是第二个主要任务。

第三个任务是要决战决胜脱贫攻坚。脱贫攻坚是全面小康的基础，也是全面小康的前提。怎么样决战决胜脱贫攻坚呢？一是要咬定目标不放松，按照不愁吃、不愁穿，义务教育、基本医疗、住房安全有保障的要求，到 2020 年，要实现现行标准下贫困人口全部脱贫，贫困县全部摘帽。二是要聚焦深度贫困地区脱贫攻坚。三是要解决脱贫攻坚中的突出问题。比方说产业扶贫方面，现在有产销脱节的问题、风险保障不足的问题、扶贫和扶智相结合的问题等都需要解决。四是要实现脱贫攻坚和乡村振兴的有机衔接。因为我们正处在历史交汇期，在空间上，贫困地区努力打赢脱贫攻坚战时，非贫困地区已经在实施乡村振兴战略。脱贫攻坚完成了，接着就是乡村振兴，要解决好衔接问题。有些地方脱贫了，但是还会返贫，怎么样帮助减少返贫，这是要研究的，还要研究 2020 年脱贫后的战略思路等问题。

第四个任务是要补齐农村人居环境和公共服务的短板。这个问题主要有三个方面：一是人居环境整治，你说都全面小康了，垃圾乱堆、污水横流，能叫全面小康吗？所以要围绕垃圾、污水治理和厕所革命，搞好人居环境整治；二是要对村庄的基础设施建设提挡升级，比方说水、电、路、气、房，还有互联网；三是要提升公共服务水平，比方说科、教、文、卫、保，加上医院和学校，这7件事也要做好。

这些建设要搞好，还是要做好规划，规划要引领、规划要先行。目前来看，做规划要注意三个问题：一是在县级层面主要是做布局规划。布局要有一个好的安排，要注意今后还有变化；二是要做好村庄内部规划，一个村定下来，一段时间要稳定，把内部规划做好；三是要把农房设计搞好，到底盖什么样的房子，能够把当地的风俗、风土、习惯体现出来，保护好文化。

借此机会，我就对标全面建成小康社会的目标，对我们"三农"工作提出的四个硬任务：保安全、保供给、促增收、促缩差以及补齐人居环境和公共服务短板，打赢脱贫攻坚战等谈以上几点意见。

——在全国乡村振兴与扶贫协作（宁波）论坛上的主旨演讲（根据录音整理）

做好农业农村优先发展的五篇文章*

非常高兴再次来到美丽的宁波。浙江年年来，宁波今年也已经是第二次来了，刚才听了各位领导和嘉宾的演讲，很受启发。2019 年的"中央一号文件"主题就是实现农业农村优先发展，农业农村优先发展内涵深刻，怎么样理解把握农业农村优先发展？我想从五个方面来谈相关看法。

一、把握农业农村优先发展的深刻内涵

乡村振兴是一篇大文章，2017 年，习近平总书记在党的十九大报告中第一次提出了乡村振兴战略，乡村振兴载入史册。十九大报告中又明确提出坚持农业农村优先发展。2018 年"中央一号文件"明确提出，优先发展，要在人才、要素投入、公共服务和基础设

---

* 张红宇，清华大学中国农村研究院副院长，农业农村部乡村振兴专家咨询委员会委员，原农业部农村经营体制与经营管理司司长。

施四个方面着力。2019 年"中央一号文件"，主题就是聚焦"优先"两个字。我理解"优先"有四个方面的含义。

第一，理念要优先。农业农村优先发展，内涵主要体现在理念上。改革开放 40 多年，新中国成立 70 年，我们做了很多工作。但是重城轻乡、重工轻农的格局没有得到大的改观，这方面我们还有很多需要改革的工作要做。针对城乡发展不平衡、农村发展不充分的问题，在考虑我们党的方针政策的时候，要把农业农村摆到优先的位置，理念是第一个层面的东西，只有理念坚定了，我们的工作才能落到实处。共产主义目标一定要实现，这是理念；创新、协调、绿色、开放、共享，这是理念；到 2050 年我们要全面实现中国梦，这是理念。那么农业农村优先的理念，就是把重城轻乡、重工轻农的理念转变成城乡融合发展的理念。这是第一个大的层面。

第二，制度要优先。所谓制度优先就是要制定相应的法律法规，把城乡一体、城乡融合融入我们的血液中去，特别是在城乡要素交换平等上、土地资源等一系列问题都要做到城乡平等对待，要实现农业农村跨越式发展、超常规增长。比如在我们宁波，2018 年城镇人均可支配收入是 6.5 万元，大大超过全国的平均数，宁波农民收入 2018 年也实现了 3.7 万元可支配收入，城乡之比 1∶1.7，大大低于全国的平均水平。那什么时候能实现 1∶1，这就是我们的体制要求解决的问题。

第三，政策要优先。在理念确定以后，有了相关的法律，我们还要有优先的政策。很简单，宁波市招募了 100 个公务员，这 100 个公务员怎么安排，其中 50 个报到第一天、第二天，下到基层，或者援疆援藏，剩下 50 个分到各个机关去。5 年以后，援藏援疆的，到第一线乡村工作的，优先提拔重用，而在机关工作的可以暂时不考虑，这才叫优先，不然优先就是空话。我们讲城乡居民收入都要增长，什么叫农民收入超常规，什么叫农民收入跨越式？农民收入增长 10%，城镇居民收入增长 5%，才是优先。我坚定地相信，唯有如此，经过 10 年、20 年、30 年，中国的城乡居民收入一定会实现平等增长。

第四，保障措施优先。乡村振兴是中央提出的具有历史性的、革命性的战略举措。习近平总书记讲，乡村振兴要落到实处，必须成为一把手工程。"五级书记"亲自抓、亲自管。特别是县乡两级党委主要负责同志要亲自抓乡村振兴，要抓农业农村农民工作，并将其作为重要考核指标。从这个角度来讲，优先表现在理念、表现在制度、表现在政策、表现在保障措施上。这是我讲的农业农村优先发展的第一篇大文章。

二、粮食安全事关大局

2019 年"中央一号文件"提了 8 个方面的任务，习近平总书记在"两会"期间，在河南代表团座谈的时候提到河南的乡村振兴，有五个方面的重大任务，第一个大的任务叫"扛稳粮食安全"这个重任。粮食安全事关重大。如果去年这个时候讨论这个问题，大家没有什么感觉，但是今年大家感觉就很不一样，粮食安全如此重要，在国际局势风云变幻的复杂背景之下，中国搞好粮食安全事关重大。我们讲手机的芯片是大国重器，那我今天更要讲，粮食安全更是大国重器。手机芯片事关我们的发展问题，粮食安全事关我们的生存问题，发展很重要，但是发展和生存摆在一块，生存最重要。所以习近平总书记讲，"悠悠万事，吃饭为大"。在今年再次强调，要扛稳粮食安全这个大旗。

在粮食问题上，我们第一要有足够的底气，第二要有足够的底线。所谓的底气就是严格按照中央的要求，谷物基本自给，口粮绝对安全。我们是当今世界第一农产品产出大国，在座的各位也知道中国是当今世界最大规模的农产品进口大国。我们去年进口的全部农产品占到全部农产品供给的 30% 以上。令人庆幸的是，第一点，谷物基本自给我们是做到了。第二点，口粮绝对安全。我们宁波的口粮是什么？水稻，北方的口粮是小麦，我们口粮进口从来没有超过 1000 万吨。2018 年，在国际形势变化很大的情况下，我们小麦和水稻仅仅进口了 610 万吨左右，610 万吨是什么概念，是 2018 年粮食总量 6.58 亿吨的 1%。从这个角度来讲，口粮绝对安全，我们也做到了，中国人用自己的能力解决了吃饭问题，中国饭碗端在中国人自己的手里，中国饭碗里装的是中国自己产的粮食，这叫底气。但是底气来自我们的底线思维，底线思维就是习近平总书记一再强调的，"藏粮于地、藏粮于技"。第一点，"藏粮于地"，我们有了 18 亿亩耕地，那么中国人要产出自己的粮食，这个前提必须存在。在宁波这样的地方，包括在浙江、在江苏、在广东这样的地方，你说粮食不挣钱，能不能种点蔬菜？可以，蔬菜也不挣钱，能不能搞点房产？不可以，这叫底线。只有保证了 18 亿亩耕地的底线，我们的粮食基础才有保障。第二点，"藏粮于技"，什么叫"技"？科学技术。正因为我们有强大的农业科学技术，40 年前，我们的耕地产出的总量是 3.04 亿吨粮食，40 年过去了，我们的耕地在不断减少，但是粮食总量达到了 6.58 亿吨，所以我们中国需要袁隆平这样的农业科学家们。正是因为他们，支持了中国在农业科技方面足够的进步，使粮食单产水平不断提升，确保了总量不断增加，从而确保了国家粮食安全。这是我想讲的农业农村优先发展的第二篇大文章，要放到粮食安全的保障上。

三、决战决胜精准脱贫

2019 年"中央一号文件"第一个任务，决战决胜精准脱贫问题，刚才很多专家和领导都讲了聚焦决战决胜脱贫攻坚的问题。我们现在还剩下 1660 万的贫困人口，主要集中在高寒地区、高海拔地区、丘陵山区，我们在解决了"两不愁三保障"的前提之下。我认为精准脱贫有三个问题需要解决：

第一，产业脱贫。最近几年，很多贫困地区纷纷脱贫出列，贫困县摘掉了贫困帽子，靠什么？靠产业。江西的赣南，陕西的延安，靠什么？靠柑橘、靠苹果，发展这些特色产业，在农民收入增长中和脱贫致富中发挥了很好的作用。解决脱贫攻坚以后后续可持续发展，产业脱贫仍然是一篇大文章。

第二，生态脱贫。绿色发展是理念，绿色发展在贫困地区怎么体现，我以为要因地制宜。内蒙古、新疆，有的地方要禁牧限养、少养，做到草畜平衡；湖南、湖北，退出一部分低端水稻种植，实行休耕轮作。河北 5 年前种小麦，一亩地国家补助 100 元。现在不种小麦，一亩地国家补助 500 元，目的就是要解决生态问题，实现可持续发展。解决生态脱贫问题，实际上我们得到的生态效益和社会效益，远远高于在这些局部地区生产部分粮食所带来的经济效益。

第三，瞄准精准脱贫一定要瞄准收入增长的后续问题。2010 年的脱贫标准是人均收入 2300 元。现在的标准可能是 3000 元，这个标准也是偏低的。怎么让贫困地区乃至全国农民的收入跟上城镇居民收入增长的节拍，要做长远考虑。在收入增长上要有一个约束性的指标，而不是预期性指标。有关部门要牵头制定农民收入增长计划，致力于在较短时间内，消除城乡收入差距，致力于解决贫困地区包括更广大的农民收入长效增长问题，这是第三篇大文章。

四、补齐农村公共服务短板

我最近到浙江看了很多好的样板，深以为然，我们浙江人民、宁波人民，在绿色发展理念方面比全国超前了 10 年以上，浙江的行动，现阶段已经成为全国共同发展的理念。怎么样做好人居环境整治三年行动，这就是补短板的一篇大文章。从去年开始，今年再到明年，一定要为人居环境改善创造一个坚实的基础。要致力于解决三个问题，厕所问题、垃圾问题和村容村貌问题。我以为，浙江、宁波已经为我们创造了好的经验和做法，就是因地制宜。在浙江、在我的老家四川，用水冲厕所没有问题。但是在西北，在甘肃、在宁夏、在青海，要打造卫生厕所，就应根据当地资源条件，特别是要充分考虑到经济社会发展的水平，结合实际情况，把这项工作引向深入。

与此同时，继续抓紧补齐农村社会事业，包括乡村基础设施建设所面临的短板问题，如教育问题、医疗救助问题、社会保障问题。基本设施建设要着重解决老百姓的饮用水安全问题、乡村道路修建问题、农村电网改造升级问题，特别是最近几年网络建设问题。此外，要搞好乡村规划。工业化、城镇化带给我们的大背景是，数以亿计的农村劳动力要转移进城，确确实实很多村庄面临着要么被拆，要么被合并。我过去对这件事有些不同的看法，我是主张农民为先，但是现在认真观察，随着现代化的不断进步，广大乡村确确实实有需要保留的村庄，也有需要拆并的村庄，但是拆并的前提，乡村规划非常重要。在宁波，我们看到的先进的村庄当然很美好，包括前两天我看到奉化的滕头村，就是非常先进的典型。但是一般的农村地区，给我留下的印象也非常好，原因是这些地区非常注重规划，注重历史传承，而不是搞大一统，我认为这是一个很值得观察、很值得研究的大事，这是第四篇大文章。

五、把农村改革引向深入

宁波召开这个论坛，更多谈到的是发展问题。但是别忘了，宁波农村改革方面一直走在全国的前列。改革有三件大事：第一，是土地制度改革。在农村承包地确权登记颁证完成以后，进一步推进农村承包地所有权、承包权、经营权"三权"分置的实践。2019年"中央一号文件"释放了利好的消息，一是坚持农村土地集体所有，不搞私有化。二是坚持农地农用，不搞非农化。三是坚持保护农民的承包地和宅基地权益，不得以退出承包地和宅基地权益作为农民进城落户的条件。在这三个坚持的前提之下，我们要把宅基地的"三权"分置落实到位，扩大试点，补充改革内容，完善相关制度设计，在县域范围内把闲置的废弃地、闲置的厂房用地包括校舍用地盘活用好，用于农业观光旅游休闲等新产业、新业态，包括返乡创业的用地。这是第一件大事。

第二，是发展壮大各类新型经营主体，加强农民合作社、家庭农场建设，鼓励支持各种各样的工商资本进入农业。这几年在这方面的发展势头很好，下一步要着重抓家庭农场和合作社的提升发展。家庭农场怎么样树立典范，合作社怎么样规范化，我们树立全国性的合作社示范县，通过合作社和家庭农场在组织农民、带动农民、服务农民、实现小农户和现代农业有机衔接方面，发挥最大的功能效益，这两类新型经济主体，制度是最健全的，运行机制是最符合中央要求的。这是第二件大事。

第三，是农村产权制度改革。这在宁波有很深入的实践。中央要求，在今年全部完成农村集体经营性资产的清产核资工作，在这个基础上，盘活用好农村集体经营性资产，组织发展股份合作制经济，壮大集体经济。我注意到宁波不少的区县，农民收入三四万元，但是在农民收入占比里面，财产性收入达到了15%，甚至20%，这在全国其他地方是难以想象的。财产性收入绝对数在宁波达到5000—8000元。2017年、2018年，全国的农民收入构成里面，财产性收入只占2.3%左右，而宁波竟占到15%到20%，很了不起。我认为改革永远是推动发展不懈的动力，这是第三件大事。

实现农业农村优先发展，内涵深刻，外延宽广。要做好每一项工作，一件一件地抓落实，使各项工作务必抓出成效来，这是第五篇大文章。

——在全国乡村振兴与扶贫协作（宁波）论坛上的主旨演讲

浙江乡村振兴的制度和体系建设 *

　　乡村振兴提出来以后，我们全省上下认真学习了习近平总书记关于"三农"工作的重要论述，按照"八八战略"指引的路子，高起点谋划，高站位部署，高标准推进，一批框架制度和体系都已经形成，可以用五个数字来做一个简单汇报介绍。

　　一是一个总目标。浙江要高水平地推进农业农村现代化，争当全国乡村振兴的排头兵。浙江无论是生态农业的发展，还是高标准消除绝对贫困、城乡统筹，都走在了全国前列，打下了很好的基础。2018 年，浙江是唯一一个共享共建乡村振兴的示范省。这项工作也得到了农业农村部的大力支持。在省委、省政府的重视下，2018 年两个纲领性的文件，一个是乡村振兴的五年规划，还有一个是农业农村现代化的五年行动计划，都已经绘就，纲领性阐述了这方面下一步工作的蓝图和作战图。

　　二是两条产业。一个是融合发展的主线，还有共建共享的主线。融合发展还包括乡村振兴自身一二三产业融合，还包括生产、生活、生态的融合，浙江在设计这些制度中不仅包括这些融合，还把制度建设、长三角一体化、"一带一路"的融合发展理念都融合到

这个理念中。共建共享也是浙江一直以来以农民建设为主题，把乡村振兴的红利分享给农民，都体现在一些制度和政策的安排上。

三是三大体系。因为大家都知道乡村振兴是一个系统性的战略，务必要体系化、系统化推进，我们最近构建了三大体系。第一个是"五级书记"抓乡村振兴，各级党委政府一把手做组长的领导小组，横向到边，纵向到底，能动推进。第二个是务实的管用的政策体系，我们围绕两个规划，梳理了80多个政策，这样一个政策配套体系，为下一步的乡村振兴政策保障立起了"四梁八柱"。还有一个是科学的评价体系。我们最近新出了发展指标，完善了评价体系，还进行了实际考核。最近，还要发布2018年浙江省乡村振兴的年度发展报告，出台浙江省乡村振兴的发展指数报告，我想这些体系肯定会对下一步工作有个很好的推进。

四是四个优先。浙江最近提出"两回两进"，号召鼓励亲缘回乡村、乡贤回乡村、资本进乡村、科技进乡村，无论是资源要素配置也好，公共服务配套安排也好，都做了一些优先的安排。

五是开展"五万工程"。即万家新型农业主体的提升工程，万家文化礼堂的引领工程，万村善治的示范引领工程，万元农民收入的新增工程，万个景区村庄的创建工程。这"五万工程"也是下一步新农村建设的主载体和主抓手。最近，省委、省政府提出要创建新一轮的新时代美丽乡村，研讨怎么样将标杆拉高、区域扩大。我相信，随着这些载体和措施的落实，尽管过程中有问题和困难，在中央和省委、省政府的正确领导下，社会各界和在座嘉宾的支持关注下，依靠我们浙江省人民群众的主体作用的发挥，浙江的乡村振兴宏伟蓝图一定会得到有效实施，落地开花！

——在产业扶贫和乡村品牌建设圆桌论坛上的发言

（根据录音整理）

高质量打造乡村振兴的"宁波样板"[*]

　　我们省里提出全国学浙江，浙江怎么办？宁波市在浙江省的经济社会发展中具有举足轻重的地位，宁波该怎么做？经过前几年的改革，宁波经济社会发展，尤其是农村社会经济发展取得了很大的进步。去年我们的农民人均收入就有 33633 元，城乡居民的收入差比是 1.79∶1。率先进入了基本实现农业现代化的阶段，应该说基础非常扎实。我们的"小微权力清单""村民说事"，都写入了"中央一号文件"。新型主体培育、家庭农场、农民专业合作社，入选全国的六大样本，这些都为下一步高质量推进乡村振兴战略打下了扎实的基础。

　　2018 年 2 月 28 日，习近平总书记给横坎头村全体党员写来了回信，为下一步高质量实施乡村振兴战略指明了方向。市委、市政府高度重视，认真贯彻落实回信的精神，明确提出了要坚持农业农村优先发展，高质量打造乡村振兴的"宁波样板"，其实就是要求我们以更高的标准和要求把中央乡村振兴战略 20 字方针的总目标在宁波的大

---

* 李强，宁波市农业农村局局长。

地上诠释好、发展好。

根据中央的总目标要求，结合宁波的实际，我们也提出了"六个有"，即融合深度有序、产业绿色有质、村居生态有韵、生活幸福有味、治理规范有效、改革创新有劲。围绕这六个方面的目标，我们高质量推进"六大行动"，以实际行动回答好宁波该怎么做的问题。

第一个是高质量推进城乡融合发展行动。通过体制机制、政策、理念的融合，大力推进农村的三产融合、三生融合、三智融合，进一步推进城乡融合发展。通过规划引领、制度供给、制度要素的保障，实现公共基础设施的共享化、公共服务的均等化、社会保障的一体化，加快推进创建城乡融合发展的先行示范区。

第二个是高质量推进乡村产业的发展行动。就是以"12521"工程为抓手，深入实施绿色兴农、科技兴农、质量兴农、品牌强农的战略，大力发展特色产业，以园区建设为平台、发展特色产业、发展农产品加工业、发展乡村服务业、发展数字乡村等，进一步打造优质高效、特色精品、绿色生态、田园美丽、产业融合、健康养生的绿色特色农业。

第三个是高质量推进美丽乡村的建设行动。以整镇示范、整县提升为载体，通过县乡村的三级联动，梯度推进山、水、林、田、路、房整体提升，让村庄既有颜值又有韵味，3年内实现新时代美丽乡村达标村全覆盖。

第四个是高质量推进富民强村行动。通过进一步健全促进完善富民强村的政策体系，创新发展壮大村级集体经济，进一步提升农民的财产性收入比例，让农民共享产业链的各个增值效益，实现农民的增收。

第五个是高质量推进乡村的"三治"行动。全面加强基层党组织的建设，以党建为引领，进一步推进善治融合以及法治、德治、自治的融合，打造"村民说事"和村级小微权力的升级版，打造法治乡村。

第六个是高质量推进改革创新行动。向改革要动能，扎实开展全国农村集体产权制度改革的试点、农村金融体制、政策性的农业保险等改革。在我们这里进行了几年，尤其是重点深化承包地、宅基地的"三权"分置，得到了省、部领导和中央领导的充分肯定。

同时，我们还要完善乡村人才的培育机制，为乡村振兴解决突出的人、钱、地三大问题，这是制约乡村振兴进一步发展的突出问题。为乡村振兴战略提供更强烈的支撑，实现我市农业更强、农村更美、农民更富。

——在产业扶贫和乡村品牌建设圆桌论坛上的发言

（根据录音整理）

第二部分
乡村振兴与扶贫协作

切实把握脱贫攻坚与乡村振兴的结合点[*]

全国乡村振兴与扶贫协作，我认为有六大共同点。所谓共同点，脱贫攻坚与乡村振兴是同根同源、同步同路。就这两个方面的问题来说，出发点都是在改革开放之前实际上就已启动，所以出发点是相同的，追求的目标都是共同富裕，共同点是比较明确的。

既然有共同点，这两个问题放在一块来谈，关键是要找出它的区别点和结合点。我感到，乡村振兴与脱贫攻坚有三大区别。

第一，脱贫攻坚是为实现第一个百年奋斗目标打下的坚实基础。大家知道，打赢脱贫攻坚战是 2020 年就要实现的目标。乡村振兴在这个时候开始启动，将为第二个百年奋斗目标打下坚实的基础，所以这个目标可能更远。

第二，乡村振兴重在顶层设计、整体规划。振兴是一个长远的目标，脱贫攻坚重在具体对待、微观实施、精准施策，在一个特殊时期完成一个特殊任务。

第三，这两者的区别点也有局部和全局的区别。找出它的共同点

* 袁文先，中国扶贫开发协会会长。

和区别点才能深刻认识到如何把握结合点，我感到有五个结合点，是需要紧紧把握的。

一是要抓住产业扶贫与产业兴旺的有机结合点。产业扶贫是以市场为导向、以经济效益为中心、以产业发展为杠杆的扶贫开发过程，是促进贫困地区发展，增加贫困户收入的有效途径。随着脱贫攻坚不断向纵深发展，各贫困地区把发展增收致富产业作为稳定脱贫的根本出路，可以说取得了巨大的成果，为产业兴旺夯实了基础。在脱贫攻坚中，通过壮大集体经济、深化农村土地制度的改革、深化农村集体产权制度的改革等手段，促进农村一二三产业融合发展，构建现代农业产业的生产体系、经营体系等。贫困地区产业要不断发展，提高可持续发展能力十分关键。所以实现产业扶贫和产业兴旺的有机结合，是今后一个时期需要关注的问题。

二是要紧紧抓住旅游扶贫与生态宜居的有机结合点。很多贫困地区具有丰富的旅游资源，脱贫攻坚工作中要根据地方的实际大力发展旅游扶贫，实现贫困地区居民或者地方财政双脱贫致富，旅游脱贫可以带动当地生活的改善。宁波与延边的扶贫就是抓住了这个结合点。第一个是要加快构建农业农村生态环境的保护，包括农业绿色发展、农村污染环境的治理、多元保护等等。第二个是要着力实施好农业的绿色发展。第三个是稳步推进农村人居环境的改善。

三是要把握好精神扶贫与乡村文明的结合点。脱贫攻坚可以说到了关键时期，政府对扶贫越来越重视，各项优惠政策不断落地，部分农民群众脱贫致富，但是他们的主动性会降低、依赖性会增强。为了激发广大群众的主动性、积极性和创造性，现在提出精神扶贫，这个问题也是我们今后特别需要关注的问题。

四是要紧紧抓住东西部协作驻村帮扶和有效治理的结合点。乡村的有效治理是乡村振兴的一个重要方面。从 2018 年开始，东西部对口支援已经提上日程。为了打赢脱贫攻坚战，全国各级政府、事业单位一共抽调了 200 多万驻村干部，深入到农村，与村民同住同劳动，帮助建立致富的计划，为农村带来了人力、物力、财力，在帮扶贫困人口的同时，也帮扶了基层的党组织建设，组织建设的观念得到了一定的增强。所以，在这方面要把东西部扶贫和驻村帮扶及治理有效紧密结合起来。

五是要紧紧抓住高质量脱贫与生活富裕的有机结合点。习近平总书记反复强调，扶贫工作必须务实，脱贫必须扎实，脱贫结果必须真实，使脱贫攻坚成效获得群众的认可，经得起历史的检验。只有真扶贫、高质量脱贫，才能真正达到"两不愁三保障"的基本目标，经济宽裕，衣食无忧，生活便利，这是高质量脱贫的具体体现。

党的十九大报告把乡村振兴战略作为党和国家的一个重大战略提出来，是基于我国社会现阶段发展的实际需要确定的，是符合我国全面实现小康迈向社会主义现代化强国的需要的，是中国特色社会主义建设进入新时代的一个客观要求。中国扶贫开发协会作为一个全国性的专职扶贫的社会团体，在脱贫攻坚和乡村振兴方面，愿意与广大企业一起投入脱贫攻坚的伟大事业，积极探索脱贫攻坚与乡村振兴的有机结合，为乡村振兴作出应有的贡献，为实现中华民族伟大复兴的中国梦作出贡献。

——在全国乡村振兴与扶贫协作（宁波）论坛上的主旨演讲（根据录音整理）

扶贫协作与全面小康无缝对接 *

　　党的十八大以来，习近平总书记特别关注扶贫工作，把扶贫工作摆到了一个更重要的位置上，指出要"举全国全党之力，打赢脱贫攻坚战"。党的十九大报告列了三大战役，其中一个战役就是要打赢脱贫攻坚战。习近平总书记对扶贫工作特别重视，体现在他亲自谋划、亲自挂帅、亲自出征、亲自督战。他每次到地方去视察、去考察，都有一项安排，就是考察脱贫攻坚。

　　2016 年 7 月 20 日，习近平总书记在宁夏主持召开了东西部扶贫协作座谈会。这是一个时间节点，就是东西部扶贫协作正好 20 年了。会上进一步明确了今后东西部扶贫协作和对口支援的方向和任务，对一些对口支援的关系作出了一些微调。

　　新形势下对口支援工作的意义，一是第一个百年奋斗目标的必然要求，是推动我国区域协调发展的大战略，对外开放的新空间，是共同富裕的大举措。很多贫困地区都是边境地区，而且是民族地区，把这个地区的扶贫工作搞好了，对我国的民族团结、边疆稳定都是有非

＊　邹勇，国家发展和改革委员会地区经济司巡视员。

常重大意义的。

东西部之间各有优势，东部地区率先发展了，西部地区相对落后，但是西部地区有后发的优势，而且有一些比较优势和资源，所以东西部扶贫不是单方面的资源扶持，而是一个互赢互利的新局面。

1996 年确定了东西部扶贫协作的结对关系。2016 年进行了一些新的调整，把原来的辽宁对口支援青海给拿出去了。因为东北地区还是比较困难的，辽宁就退出了，其他的地区也进行了新的调整。比如，宁波对口支援增加了吉林省的延边州，还有贵州省的黔西南州。有些发达地区增加了扶贫的任务。

对口支援搞了 20 多年了，主要是以下几个方面。

一是对口支援西藏、新疆、青海等省区的藏区，这个结对关系大家一目了然。还有这几年新搞起来的与东北地区的对口合作，大家知道东北地区是我国的老工业地区，这些年比较落后了。经党中央、国务院研究决定，长三角包括北京、天津、广东都对口支援东北地区，浙江支援吉林，其中宁波对口支援延边朝鲜族自治州。

新时期脱贫工作的目标是 2020 年一定要全面建成小康社会，这个目标实现以后，扶贫要达到全面脱贫，所有的贫困县都摘帽，所有的贫困人员都脱贫，任务比较重，但是我们有信心能如期完成。

现在有一个误区认为脱贫就是达到小康。"脱贫"和"小康"是两个概念，小康有更高的要求，脱贫只是奔小康的第一步。

二是贫困线过了，就算是脱贫了。我们现在是按人均 3200 元定的贫困线，过了这个线，基本算脱贫。但是脱贫了还需要巩固，后续产业必须跟上，不能一过了贫困线就算脱贫了，以后的工作就靠老百姓自己做了，那是巩固不了的。

2000 年搞了一个扶贫规划，当时有 8000 万的扶贫人口。为什么越扶人口越多？就是因为这个线越抬越高，所以还是按照合适的贫困线来实现扶贫目标，然后再朝着小康一步一步走。

贫困有相对贫困和绝对贫困，2020 年只能说消灭了绝对贫困，但是相对贫困还是存在的，所以 2020 年结合乡村振兴，我们还有一些相对贫困的扶贫工作要做。

扶贫主要是在三大领域，第一个是深度贫困地区，目前全国 199 个深度贫困县，除了 30 个"三区三州"的贫困地区以外，还有 160 多个深度贫困县，这是最难啃的硬骨头。第二个是革命老区，严格来说不是都穷得不行的，像延安、井冈山、韶山等一些地方还是发展得不错的。但是这里有一个政治因素，革命老区为新中国的成立作出了牺牲和贡献，不能忘了这些地区。第三个就是边境地区，像新疆、西藏，还存在边境安全的问题。这三大领域是重点。

要采取一些措施，有一个办法是消费扶贫，大家也讲到了。消费扶贫是要积极主动购买贫困地区优质的绿色产品，还有多到贫困地区旅游，把那儿的旅游事业发展起来。还有就是农村的危房改造，农民自己盖房、翻修是很困难的。再就是易地扶贫搬迁，"十三五"已经搬了 1000 万人口，今年全部搬完，完全改善老百姓的居住条件。

农村的扶贫工作能够巩固，除了东西部扶贫协作，给西部创造务工条件到东部地区打工以外，更主要的是在农村搞一些符合实际的产业，首先是发展村集体经济，实际上脱贫的一个标志还是要求有集体经济，集体经济也不是新鲜事物，原来就搞过，包括浙江的"温州模式"、江苏的"苏州模式"，乡镇企业都有。搞了这么多年，乡镇企业有点走下坡路，或者叫作以另一种形态出现，我觉得乡镇企业有条件的还是要发展壮大。

乡镇企业要因地制宜，不能"一刀切"。要重视五个方面：一是领导班子。致富带头人里头就包括领导班子，基层政权要能够把集体经济办好。二是摸清家底，心里有数，不能乱搞。三是因地制宜，摸准市场。四是规范民主管理，让广大群众都能够参与。五是把所有的资源能够重新整合。

我们搞扶贫若干年，有这么几方面体会。

第一，习近平总书记强调，没有农村的小康，特别是没有贫困地区的小康，就没有全面建成小康社会。我们的体会是，脱贫攻坚不仅仅是一项经济任务、增加老百姓的收入，更重要的是一项政治任务，是只能成功不能失败、没有任何退路和弹性的，这是党赋予我们的责任。

第二，习近平总书记也说了，脱贫攻坚是第一个百年奋斗目标的重点工作，是最艰巨的任务，是党和政府义不容辞的历史责任，我们必须肩负起这个责任，要有政治担当。

第三，习近平总书记也讲过，小康不小康，关键看老乡。关键是老百姓的感受，收入上没上来，获得感有没有，参与感有没有。所以我们只有对基层干部群众怀着深厚的感情去做、认真地去做，把群众的事当成自己的事，放在心上，才能把脱贫攻坚这个工作做细做实。

希望我们今后能共同交流、共同努力，打赢 2020 年的脱贫攻坚战，实现脱贫攻坚的目标。

——在全国乡村振兴与扶贫协作（宁波）论坛上的主旨演讲

（根据录音整理）

用心当好特殊的"宁波帮"
助力结对地区的脱贫攻坚 *

　　非常荣幸有机会向各位领导汇报我们宁波市在对口支援帮扶工作当中的一些做法和想法。

　　宁波是心学创始人王阳明先生的故乡。我在陪同黔西南州刘文新书记考察王阳明故居的时候，刘书记颇有感触地说，阳明先生龙场悟道之后，在贵州开展讲学活动，移风易俗，文明开化，培养了大批的人才。他说："阳明先生可以说是宁波对贵州教育扶贫的先行者。"他又说："你们现在对我们贵州进行帮扶，你们就是当代的王阳明。"我觉得阳明先生是圣人，我们是无法企及的，不敢比拟。但是刘书记跨越时空的思路却给我以启发，我觉得我们成不了当代的王阳明，但是我们可以做当代特殊的"宁波帮"。

　　"宁波帮"这个词，主要就是指帮宁波的宁波人。邓小平同志当年在会见宁波人"世界船王"包玉刚先生的时候说过一句著名的话："把全天下的全世界的宁波帮都动员起来建设宁波。"今天，我把这个概念延展一下，我们今天的"宁波帮"，指的是特殊的"宁波帮"，就

---

　　* 何国强，宁波市对口支援和区域合作局局长。

是指宁波人怎么样帮好人家，是一个这样的"宁波帮"。

从 1992 年开始，宁波先后与重庆、贵州、新疆、西藏、青海、宁夏、四川、吉林的有关地区建立了对口支援关系，20 多年了，弹指一挥间。回看来时路，总结起来就是这项工作有所成效，就是从王阳明先生那里拿了一个"心"字，从"宁波帮"那里拿了一个"帮"字，就构成了今天谈的主题，"用心当好特殊的'宁波帮'"。

回首 20 多年的扶贫之路，宁波始终坚持高位推进，自开展对口帮扶工作以来，宁波始终坚决落实党中央、国务院和省委、省政府的决策部署，着眼大局、服务大局，坚定不移地把"先富带后富"作为义不容辞的重大责任。我们开展这项工作以来，宁波也获得很多含金量很高的荣誉，比如先后被国务院表彰为"全国民族团结进步模范集体"、"全国东西部扶贫协作先进集体"、"全国扶贫开发先进集体"等。可以说历届市委、市政府都高度重视。攻坚战打响以来，特别是 2018 年以来，我们市委、市政府书记和市长都高度重视，扶贫亲自担任领导小组的组长，我觉得做到了顶格的重视、顶格的要求。我们现在每个月常委会和常务会都要听取、研究扶贫工作。

回首 20 多年的扶贫之路，宁波始终坚持精准的方略。我举一个例子。贵州有一个很热门的景点叫西江千户苗寨，其实这个景区里面就凝聚着宁波帮扶的智慧和汗水。回想当年，进寨的道路就是用我们宁波的资金维修的。从此开始，到带领寨里的一些同志来宁波考察乡村旅游的经验，宁波为此倾注了大量的心血。所以在座的宁波同志如果去西江千户苗寨，细细观察一下，进寨的道路，还有 8 座风雨桥，都是用我们宁波的资金修建的。

2018 年以来，我们帮扶的力度更大，光财政这一块的资金就达到了 5.89 亿元，增长了 6.1 倍，无论是总量还是平均皆居全国前列。我们实施精准脱贫的项目 242 个，惠及贫困人口 13.21 万人。达成的产业合作项目，2018 年实际到位资金达 39.06 亿元。我们还组织教师、医生等专业人才 837 名赴对口地区挂职，还组织 87 家医院、130 所学校、116 个乡镇、121 个村与对口地区结对共建。

回首 20 多年的扶贫之路，我们宁波还有一条经验，就是始终坚持全员发动，把动员全社会的力量参与也作为一项重要的措施坚持不懈。2018 年，社会层面的捐资捐物达到 1.2 亿元。比如说鄞州区的"支教奶奶"，现在宁波人都知道。这里我还想回忆一下，我们有一批海外的"宁波帮"也参与到东西部扶贫协作当中，比如说朱玉龙（音）先生当年个人累计捐资 2.7 亿元，帮助建造了 1000 多幢教学楼和校舍，资助了 7600 多名学生。

回首 20 多年的扶贫之路，我们宁波还始终坚持互促互进。我始终坚信，扶贫协作不是单向的，应该是双向共赢的。通过对口合作交流，对口地区得到发展的同时，我们宁波也是受益的。在工作当中，我们学习到了对口地区不怕困难、艰苦奋斗、攻坚克难、永不退缩的宝贵精神。我们在组织发动资助困难群众、贫困孩子的过程当中，培育了市民的爱心；我们前方这支工作队伍在对口地区也得到了宝贵的锻炼。同时，通过经济合作、劳务协作，我们也带动了宁波自身企业的向外拓展和产业的转型升级。

在刚刚结束的全国"两会"当中，习近平总书记又发出了闯关冲刺的最后号令，我觉得 2019 年是决战当中的决战。今后两年怎么做，围绕目标标准，我觉得要抓住三个关键词：分内事、体系化、主战场，来做好我们的对口帮扶工作。

所谓"分内事"，就是对口地区的发展也是我们宁波自身的事，用这样的真情实意来服务扶贫的战略大局，当好"宁波帮"。可以说党中央、国务院和省委、省政府把这么重大的政治任务交给宁波，是对我们的高度信任，也是对我们的重大考验。我们要把对口地区的脱贫致富奔小康与宁波自身的发展看得同等重要，同步谋划、同步布局、同步安排、同步推进，不分你我，真正用心用力，把对口地区的所需当成宁波自身发展的所需，责无旁贷、义无反顾，抓紧抓好，抓出成效。

所谓"体系化"，就是我们要凭真抓实干，来决战决胜脱贫攻坚，来当好"宁波帮"。习近平总书记多次提到的知行合一，也是来自王阳明的浙东学派。改革开放以来，宁波人以"走遍千山万水、道遍千言万语、想尽千方百计、吃尽千辛万苦"的"四千"精神，在改革开放当中书写了壮丽的宁波篇章。如今面对脱贫攻坚这场硬仗和苦仗，更加需要我们的新作为和新担当。

宁波市对口支援和区域合作局是市委、市政府在机构改革过程当中专门成立起来开展从事对口支援的部门，这在全国也是少见的。我们局作为牵头部门，正在全力打造"四个四"体系。

第一个"四"，我们要注重构建四轮驱动的工作体系，包括市委、市政府的领导决策体系，对口支援局的强力协调体系，区县市政部门和前方工作队的职能体系，以及社会力量全力的参与体系，形成全市一盘棋、一条心的工作格局。

第二个"四"，我们局作为牵头部门和核心的发动机，要发挥好四个"部"的枢纽和平台作用，也就是我们要当好市委、市政府的参谋部，市政各部门的指挥部，前方工作队的保障部和对口地区的协调部，努力在规范管理机制创新上下功夫。

第三个"四"，我们要注重四大制度的运行机制。也就是说我们设计了标准化的台账制度，工作的交办督办制度，"最多跑一次"的前方后方的响应制度，扶贫工作品牌化的交流推广制度。通过统筹整合资源、夯实工作基础，来营造良好的氛围。

第四个"四"，是用好四时评价，也就是年度考核、季度点评、月度排名、每天通报，把上级的要求变为可量化可考评的刚性指标，挂图作战。

"四个四"体系，两个是静态的体制层面的、两个是动态的机制层面的，相互咬合、严密无缝，通过体制的构建和机制的运行，力争各项工作能够走在全国的前列。

我们要用真刀真枪，共同打好攻坚战，当好"宁波帮"。有的同志可能会认为，脱贫攻坚的主战场，或者说一线战场，应该在我们对口帮扶的地区，我们这里是后方，是二线战场。但是我觉得在帮扶工作的内容当中，有些内容特别是产业和消费扶贫，在这些内容上我们就是主战场。打个比方，消费扶贫，怎么样帮助对口帮扶地区把产品运出来，怎么样扩大宁波市民对对口帮扶地区的产品消费，这些都是我们重点要做的，产品在对口帮扶地区，消费在宁波，这样我们这个后方就成为前方，成为主战场，我觉得这是我们帮扶理念的一个重大转变和提升。所以立足主战场的理念，产业上再深化。我们要充分发挥宁波的先进制造业、块状特色产业、现代农业等优势，出台专门的、专项的激励政策，鼓励大家到对口帮扶地区投资兴业，加快建立一批对口帮扶地区的合作示范城园区。在消费扶贫方面我们有一系列的动作，建立健全消费的协作机制，拓展线上线下两个渠道，利用好我市组织开展的消博会、食博会等各类展会平台，持续推进前货出山、北粮南运等。同时我们要打造全国第一个在鄞州消费扶贫的产业综合体等等。

在社会帮扶方面，我们的善园，给在座很多领导留下深刻的印象。社会帮扶要重点做好各方面的宣传，加大中国社会网的推广力度，完善社会的参与方式，广泛动员社会各界来积极开展捐资助学、慈善公益、资源服务等相关活动。

脱贫攻坚事关人民的福祉，也事关区域的协调发展，更事关国家的强盛和民族的复兴。宁波将用心当好"宁波帮",贡献更多的宁波智慧、宁波经验、宁波做法和宁波模式。在这场波澜壮阔、史无前例的伟大事业当中,勇当排头兵、生力军!

——在全国乡村振兴与扶贫协作(宁波)论坛上的主旨演讲(根据录音整理)

充分利用乡村振兴的政策
夯实扶贫攻坚的基础 *

我原来在国家发展和改革委员会农村经济司工作，主要从事农村发展中长期规划制定，安排中央财政预算内支农投资，参与党中央、国务院"三农"问题重要文件的调研、起草等工作。现在在中国投资协会农业和农村投资专业委员会，主要任务是以农业农村投融资创新为主线，致力于推动乡村振兴，推动农业和农村产业转型升级，推动落实精准扶贫，推动特色小城镇发展，积极为各级政府和会员企业提供政策咨询、决策咨询、项目落地、培训交流、投融资服务等。我们也和地方政府和企业联合举办论坛、研讨和培训活动，我本人也参加了很多地方政府制定的乡村振兴规划的评审工作。

乡村振兴战略是党中央提出的全面建成小康社会的七大战略之一，其中又把脱贫攻坚作为一个硬任务。我体会，实现乡村振兴和脱贫攻坚目标，就大部分地区来看，一个重要的方面，就是怎么样利用好国家支持农业农村发展政策，夯实乡村振兴和脱贫攻坚的基础。

党的十八大提出一个要求，国家的基础设施建设和社会事业发展

---

* 胡恒洋，国家发展和改革委员会农村经济司原巡视员。

重点要放到农村去。根据这个要求，从中央到地方各级政府积极调整财政的支出结构，加大对农业农村的支持。"十二五"期间，中央预算内投资用于农业农村的支出超过 1 万亿元，目前，中央预算的投资用于农业农村投资的支出超过 50%。

在国家制定的乡村振兴战略规划中，提出了 80 多项重大工程、重大行动、重大计划。其中有些是近些年来已经进行的，有的是根据需要开展的。这些重大工程、重大行动、重大计划都是有具体的政策跟进的。这些重大工程、重大行动和重大计划关系到农村长远发展的基础，各级地方政府特别是贫困地区政府，要利用好这些政策把乡村振兴和脱贫攻坚的基础打好。具体来说，有以下几个重点。

第一，是利用好国家支持现代农业发展政策，夯实乡村产业发展的基础。近年来，按照党中央提出实施好"藏粮于地、藏粮于技"的战略要求，提高农业综合生产能力，保障国家粮食安全和重要农产品有效供给，把中国人的饭碗牢牢端在自己手中。中央预算内投资重点支持高标准农田建设、农田水利建设、农业技术推广体系、动植物疫病防控体系和农产品质量检验检测体系建设，实施现代种业工程，加大现代仓储设施建设、农产品物流体系建设等，这些都是关系乡村产业发展的基础建设，这些工程都有专项规划，有具体的支持政策。例如，高标准农田建设，2011—2014 年，中央预算内资金、国土整治资金和农业综合开发资金等共安排资金 2290 亿元，建成高标准农田 4 亿多亩。"十三五"期间要继续整合相关方面的资金，再安排一部分专项建设基金，提高建设标准，充实建设内容，完善配套设施，推进高标准农田建设，到 2020 年确保建成 8 亿亩、力争建成 10 亿亩集中连片、旱涝保收、稳产高产、生态友好的高标准农田，并且优先在粮食主产区建设确保口粮安全的高标准农田。《乡村振兴战略规划（2018—2022 年）》再次明确提出，到 2022 年确保建成 10 亿亩高标准农田。各地要利用好国家支持现代农业发展政策，夯实乡村产业发展基础。

第二，要利用好国家支持农村民生发展的各项政策，加快农村民生的改善。"十二五"期间，累计安排中央预算内投资 2560 亿元用于农村民生工程。集中抓了农村饮水安全、农村公路建设、农村电网改造、农村能源建设以及各种房屋改造。比如说饮水安全，"十二五"期间，解决了 3 亿多人的饮水安全，下一步重点是提高农村的集中供水水平。到 2020 年，农村自来水的普及率要达到 80%，要利用现有的县城和重点乡镇管网向农村延伸。农村公路建设，"十二五"期间改扩建农村公路 100 万公里，"十三五"期间，要继续改扩建农村公路 100 万公里。还有农村的电网改造、农村房屋改造等，也都有专项规划。各地要利用好这些政策，夯实农村民生的基础。

第三，要利用好国家加强农村社会事业的发展政策，进一步提升农村的公共服务水平。"十二五"期间，中央预算内投资累计安排 1400 亿元用于农村社会事业基础设施建设。重点支持农村中小学危房改造，解决农民子女上学难的问题。在农村进行大规模的县综合医院、乡镇医院、中医院、妇幼保健医院、疾控中心等的改造，解决农民看病难的问题。在农村进行大规模的养老设施的建设和改造，解决养老难的问题。对农村的党支部、村委会、村级办事中心进行大规模改造，解决农民办事难的问题。各地要利用好这些方面的政策，继续提升农村公共服务水平。

第四，要利用好国家支持生态环境建设和保护的政策，继续建设美丽乡村。这几年我们重点抓了天然林资源保护、退耕还林、退牧还草，防护林体系建设、防沙治沙、水土保持、石漠化治理等工程，这些工程要继续向前推进。

第五，要利用好国家支持贫困地区发展的特殊政策，加快脱贫步伐。中央预算内投资重点支持，一是以工代赈。重点在以集中连片特困地区的县和国家扶贫开发重点县为主体的农村贫困地区，支持建设基本农田、农田水利、乡村公路、独立桥涵、人畜饮水、水土流失治理、草场建设等中小型基础设施工程。以工代赈工程建设还为贫困地区提供了大量的临时就业机会，有效解决了贫困地区的农村劳动力剩余问题，激发了贫困群众自力更生、艰苦奋斗的精神，摆脱"等、靠、要"思想。当地贫困群众通过参加以工代赈工程建设直接获得就业机会和劳务报酬。二是易地扶贫搬迁。通过对生存环境恶劣地区的农村贫困人口实施易地搬迁，根本改善其生存和发展环境。还通过引导、带动其他相关支农投资和出台配套政策，加强了住房、农田水利、乡村道路、人畜饮水、农村能源、教育卫生等设施建设，大幅提高了搬迁群众的生产条件和生活质量。同时，统筹解决了劳动力外出务工和特色产业发展问题，有效拓宽了增收渠道和致富空间，缓解了迁出区的人口压力，有效恢复和保护了生态环境。除了这些政策之外，有关部门配合国家的脱贫攻坚计划，出台了专门为贫困地区量身定做的扶持政策，这些政策有很强的指向性，含金量非常高，各地应当把这些政策用好，把贫困地区发展的基础打牢。

总之，各地要从实际出发，抓紧做好乡村振兴战略规划，做好农村基础设施建设规划，和国家的规划对接，和国家的支持政策对接，争取更多的政策支持，加快乡村振兴和脱贫攻坚步伐。

——在全国乡村振兴与扶贫协作（宁波）论坛上的主旨演讲

努力提供全方位服务　助推脱贫攻坚[*]

　　京东集团从 2015 年开始在国务院扶贫办的领导下，在各级政府的指导下，开展了扶贫工作。从最开始到现在，我们分了三个阶段，2015 年到 2017 年，当时是 1.0 版本，结合京东自己的特色，从经营扶贫、电商扶贫、人工扶贫和培训扶贫 4 个方面开展。2018 年开始，我们深入贯彻国务院扶贫办消费扶贫的倡议和指导意见，重点从 8 个方面开始了电商的消费扶贫，在这个领域做了很多探索。我简单介绍一下。

　　第一，拓宽了贫困地区农产品的销售渠道。2018 年，我们在京东专门开设了消费扶贫的频道，专门销售贫困地区的农产品，同时也对这些贫困地区的农产品进行了搜索的加强和进一步的达标。京东还把线下的渠道、零售店的渠道开放给贫困地区的农产品和特色产品。

　　第二，打造贫困地区农产品的消费品牌。我们联合地方政府一直在挖掘贫困地区农产品的消费品牌，在河北的贫困地区进行了一些品牌的打造，进一步把京东的能力进行系统化的输出。2019 年开始，

＊　王涛，京东集团京东云农业云总经理。

我们打造了自己的《村长来了》这个栏目，让贫困地区的村主任代言他们当地的农产品或者品牌。同时和相关单位举办了扶贫的活动。京东众筹也和红十字会启动了针对贫困地区的扶贫行动，把京东的优势利用起来，助力贫困地区农产品品牌的打造。

第三，发挥优势促进贫困地区物流服务体系的升级。农产品能不能走出去，能不能卖得好，物流是非常关键的环节，这正是京东全自营体系、物流体系的优势。我们不断把技术、标准、设施进一步下沉，帮助贫困地区打造产、地、仓这样的物流方式。

第四，加大对贫困地区技术赋能和人才培养。我们在贫困地区不断帮助当地的龙头企业老板，包括在地方主抓这一块的政府干部，让他们不断走进京东进行培训。

第五，加快农产品标准化体系建设。联合很多行业专家，不断把我们农产品的品牌体系建立起来。

第六，促进贫困地区的乡村旅游发展。京东也有旅游板块，我们在不断开发"乡村游"，促进整个产业调整。

第七，加大贫困地区产业和服务的消费力度。京东把更多帮扶的贫困地区的农特产品进行定点采购，供给食堂。

第八，牢牢把握消费扶贫的精准性。2019年，我们重点打造在"三区三州"的贫困地区的产品品牌体系，提高消费扶贫的精准性。

今后，我们会向3.0版本发展，围绕联合地方政府打造深度产业平衡，为乡村振兴赋能和服务。

——在全国乡村振兴与扶贫协作（宁波）论坛上的发言
（根据录音整理）

"五位一体"打造乡村品牌*

　　乡村振兴，产业兴旺是重点。产业兴旺，农民增收才有根基，消除贫困才有保障。而品牌是农业竞争力的核心标志，是现代农业的重要引擎，更是乡村振兴的关键支撑。农产品品牌是一种宝贵的无形资产，"品牌强农"是加快脱贫攻坚、转变农业发展方式、实现乡村振兴的必然选择。习近平总书记指出，要"推动中国制造向中国创造转变、中国速度向中国质量转变、中国产品向中国品牌转变"，为"品牌强农"工作指明了战略方向。品牌强农要实施"五位一体"。

一、产品要特色化

　　根据品牌相关理论，一个成熟的品牌必然包含着消费者在搜寻同等商品时感兴趣的元素。区域农产品是具有地理标志保护的产品，其

---

* 赵强社，西北农林科技大学乡村振兴研究中心主任，咸阳市乡村振兴研究院院长。

特色完全或大部分取决于当地的地理环境，包括自然和人文因素。如洛川苹果、西湖龙井茶、赣南脐橙、五常大米等。一个区域的特优农产品很多，打造品牌不能贪多求洋，要坚持"优生优育"，把最有特色的产品作为主导产业来做，做出亮点、做出成效，切忌全面出击，平均用力。我们常说的"一村一品"，是一村做好一个产品，不是一村做一个品牌。要认证一批"三品一标"产品，即无公害农产品、绿色食品、有机农产品和农产品地理标志，从中选择最有特色的安全优质农产品作为公共品牌培育。如陕西的洛川县数十年如一日地做强苹果产业，使"洛川苹果"这个公共品牌全国驰名。

二、特色要产业化

塑造一个农产品品牌，不仅需要靠生产环节保障，还需要流通和消费环节共同配合和努力，这是农产品品牌塑造的独特之处。产业化并不是要盲目地上规模、一味地求做大，许多农业产业都死在规模化上。而是要拉长产业链，"一产接二连三"。仅靠传统的种植、养殖，产业做不强，农民增收也无法保证，甚至"多收了三五斗"反而收入减少。因此，特色农产品产业化，必须种养加、产供销、农工商、农旅文、一二三产业一体发展，促进产业链相加、价值链相乘、供应链相通"三链重构"，构建全环节提升、全链条增值、全产业配合的农业产业体系、生产体系、经营体系。实现从田间到餐桌、从初级产品到终端消费的无缝对接。把农产品价值链上的每一段利润都吃干榨净，增值收益都留在农业、留给农村、反馈农民。如陕西省咸阳市袁家村十多年来围绕创建乡村旅游"第一目的地"目标，实施品牌化的营销策略，从发展民俗旅游开始，从弱到强，推动了第三产业的快速发展，第三产业发展又反推手工作坊，相继扩张成立"前店后厂"和加工企业，加工业的升级推动了第二产业的发展壮大，从而对优质农副产品的需求快速增大，倒逼出遍布各地的种植养殖基地和订单农业，推动了第一产业规模的不断扩大，最终形成了"三产带二产促一产"的三产融合发展的"袁家村模式"，实现了年吸引游客600万人次，销售收入10亿元的成绩。

三、产业要企业化

区域农产品品牌塑造、产业的壮大，靠小农户是不行的，必须有强大的企业法人式的市场经营主体，以及有担当、善经营、会管理的企业家作为产业发展的载体和支点。这里的企业法人式的市场经营主体就是职业农民、农民专业合作组织、家庭农场、农业产业化龙头企业等新型农业经营主体。要把小农户镶嵌在产业链上，利用新型农业经营主体把农户组织起来、发动起来、带动起来。六盘水创造的"资源变资产、资金变股金、农民变股东"的"三变"改革，离开了新型经营主体，"三变"就无法实现。因此要通过市场手段，以农产品为中心，以特色产业为纽带，把农产品品牌培育与招商引资结合起来，引进一批知名度高、影响带动能力强的农产品生产、加工、销售等名牌企业，通过扶持龙头企业，支持发展社会化服务组织，拓展拉长品牌农业产业链，引导龙头企业与小农户和现代农业有效对接，提升产品品质和影响力。如作为陕西省重点产业化龙头企业和现代化乳品企业，泾阳县陕西雅泰乳业有限公司创新"五连四统两保护"（"五连"即村企联合、产业链接、基地连户、股份连心、责任连体，"四统"即统一标准、统一技术、统一收购、统一管理，"两保护"即保护价全部收购、农业保险兜底）方式，带领广大农户"抱团"闯市场、合作促共赢，走出了一条企业带动精准扶贫、精准脱贫的"羊产业"致富之路，"羊产业"带给贫困户户均年收入 6000 元以上。

四、企业要品牌化

没有特定的符号和特色的内容，就只能叫产品；不能刺激消费者的消费欲望，就只能叫牌子；不能给消费者带来丰富的联想，就没有增值的空间，所以品牌就是以特定的符号、特色的内容能给消费者带来无穷无尽的联想的产品。所以新型农业经营主体要从生产产品、销售产品的产品观念中走出来，用品牌战略、手段和方法塑造农产品的形象，提升农产品价值。企业品牌化重在标准化，要以农民专业合作组织为依托，根据组织章程和规定来指导所有的成员按照标准化流程进行生产活动，为创建农产品品牌提供技术支撑。农业企业要加大对品牌创建、品牌认证、质量提升、技术创新、品牌宣传推广的扶持，通过品牌注册、培育、拓展、保护等手段，创建自身品牌。品牌化不是给农产品搞一个华丽的包装，而是农产品本身的品质认证，绿色生态有机安全农产品就是卖点，地理标志和特色的风味就是卖点，品质是农产品品牌的核心价值所在。给大家介绍一个成功的品牌策划案例：陕西咸阳红太阳现代农业有限公司的"1216 苹果"。大家知道，陕西是苹果生长的优生区，陕西淳化县是优生区中的特优区。抓住这个特点，西北农林科技大学王征兵教授和陕西咸阳红太阳现代农业有限公司策划出具有淳化地域品牌的"1216 苹果"。"1"表示苹果生长在海拔 1 千米的高度，所以色红、味美。"2"表示黄土层厚度 200 米，土层厚，果树根系能充分伸展，营养丰富。"16"表示昼夜温差 16 摄氏度，温差大，苹果就甜。"1216"概况了苹果的特质。生长在海拔 1 千米以上、黄土层厚度 200 米、昼夜温差 16 摄氏度地域的苹果是很少的，"1216 苹果"每盒装有 12 个苹果，在许多城市一盒卖到了 300 元。

五、品牌要市场化

品牌建设要坚持管理与保护并重，发挥政府与市场两个作用，但要以市场作用为主。品牌靠政府不行，政府打造农产品品牌，受地方主义限制，立足地域，目的是给当地产业打造知名度，给政府打造美誉度，其用意不是打造商业品牌、企业品牌，所以经不起考验。农产品品牌要适应市场需要，经得起市场检验，以消费者为中心，以市场为导向，培育具有自主造血功能的农产品经营主体品牌和产品品牌，这样才能长久。所以品牌塑造只靠政府扶持、政府补贴不行，要信市场而不是市长。

——在全国乡村振兴与扶贫协作（宁波）论坛上的发言

培育脱贫致富带头人
聚集乡村振兴新动能 *

　　很高兴能在百花绽放的春季来到美丽的宁波，很高兴能在中华民族即将迎来实现第一个百年奋斗目标之际，与各位领导专家研讨事关国家兴旺、民族复兴的话题：乡村振兴与扶贫协作。

　　自古以来，消除贫困就是人类梦寐以求的理想，是各国人民追求幸福生活的基本权利。消除贫困，改善民生，逐步实现共同富裕是社会主义的本质要求，是中国共产党的使命追求。消除贫困不仅是我国全面建成小康社会的底线目标，也是当今世界面临的最大的全球性挑战，是国际社会面对的重大理论和实践难题。党的十八大以来，以习近平同志为核心的党中央，把脱贫攻坚摆到了治国理政的重要位置，动员全党全社会力量打响了脱贫攻坚战，取得了举世瞩目的成就，展现了中华民族优秀的品质，诠释了中国特色社会主义制度的优越性，为人类发展进步和反贫困事业积累了宝贵经验，受到国际社会一致好评。脱贫攻坚已经向世界证明了中国道路的优势，证明了中华

---

* 刘晓山，国务院扶贫办全国扶贫宣传教育中心副主任，国务院扶贫办贫困村创业致富带头人工作组组长，国务院扶贫办扶贫工作培训师资库成员，民进中央参政议政特邀研究员。

文化蕴藏着的智慧之光和强大生命力，为我国在国际社会提升了形象、聚集了中国新动能。同时，脱贫攻坚极大地激发了中国人民的创造力和建设热情，为党增添了凝心、聚力、汇智，团结人民砥砺前行的磅礴力量，成为一道亮丽的中国风景，一曲新时代的《东方红》。

习近平总书记在党的十九大报告中首次提出乡村振兴战略，并将它列为决战全面建成小康社会需要坚定实施的"七大战略"之一，这是新时代农村工作的总纲领，是中心任务，也是解决"三农"问题、全面激发农村活力的重大行动。习近平总书记指出，农村、农民、农业问题是关系国计民生的根本问题，必须始终把"三农"问题作为全党的重中之重，作为国家战略关系全局长远前瞻的总布局，它是国家发展的核心和关键。乡村振兴关系到我国是否从根本上解决城乡差别、乡村发展不平衡不充分的问题，也关系到可持续发展问题。中国是一个典型的农业国，中国社会是一个乡土社会，承载着中国人千回百转的乡愁。中国文化本质是乡土文化，乡村振兴既开拓中华民族的复兴之路，又重塑中华传统文化之魂，没有乡村振兴，就不可能有中华民族的伟大复兴。

目前，我国还有 1660 万贫困人口，到 2018 年底还有 2.6 万个贫困村，近 400 个贫困县，中西部贫困农村基础设施还很薄弱，整体发展滞后，尤其在深度贫困地区攻克贫困、巩固成果、防止返贫的任务依然艰巨，乡村与城镇差距较大的局面没有得到根本改变。农业现代化仍是同步发展的短板，现在距决胜脱贫攻坚战还有一年多的时间，要实现全面建成小康社会的底线目标，补齐这个短板，任务十分艰巨。

习近平总书记指出，农村要发展，农民要致富，关键靠支部。并指出，乡村振兴，人才是关键。为保障乡村振兴的顺利实施，就需要造就一批懂农业、爱农村、爱农民、会干事、能干成事的"三农"工作队伍，健全基层战斗堡垒。乡村振兴，"五个振兴"是基础，人才振兴和产业振兴是基础当中很重要的一环。要打赢脱贫攻坚战，为乡村振兴奠定基础，以优秀人才充实健全基层组织，是一个重要途径和法宝，而致富带头人是乡村优秀人才的重要组成部分，是实现乡村振兴战略的重要力量。国务院扶贫办将培育贫困村创业致富带头人列入10项重点工作并分成了10个工作组，我在其中的贫困村创业致富带头人工作组担任组长，所以，今天就这个话题谈一谈我的一些体会和认识。浙江省及其宁波市作为发达地区，在脱贫攻坚和东西部扶贫协作上投入了大量的物质和人力。我了解到，这几年宁波投入的人力，光援建的干部就有80多人，还有一部分志愿者，总计有800多人，这是每年的数据。政府投入达到6个多亿，还有社会资金和产业发展资金，将近40个亿。为脱贫攻坚和东西部扶贫协作做了大量工作，发挥了重要作用。其中，在培育贫困村创业致富带头人工作中也进行了积极探索和实践。当前，虽然贫困地区还有一部分致富带头人的能力不强，还存在一些需要提炼、提升、总结和改进的问题，但是，我们能及时发现这些问题并努力加以解决，就为脱贫攻坚的决战决胜起到了重要作用，为乡村振兴、为实现农村"产业兴旺、生态宜居、乡风文明、治理有效、生活富裕"、让农业成为有奔头的产业、让农民成为有吸引力的职业、让农村成为安居乐业的美丽家园奠定了基础，为脱贫攻坚与乡村振兴有效衔接提供了有力的抓手，为东西协作的各项措施落实提供了有力保证。在此，我想从五个方面讲讲培育致富带头人在乡村振兴和脱贫攻坚相衔接的过程中所起到的作用。

一是成为发展本土产业的中坚力量。脱贫攻坚、乡村振兴，提升产业的附加值是根本措施。西部要发展产业，要实现在现有客观条件下，如何将东部发达的人才、资金、技术、管理等优势与西部的自然资源、相对廉价或者低价的劳动力，以及未开发的市场等优势资源禀赋相连接，这里面缺一个环节，最关键的环节就是致富带头人，也就是在发展产业的带头人上。在西部长期闭塞的自然条件下，人员的观念、素质本身在客观上就造成了差异化。改革开放以来，中西部的人大量外出打工，人才流失严重，现在有些贫困地区出现了一种现象——"386199现象"，"38"是妇女，"61"是儿童，"99"是老人，即剩下了妇女、儿童和老人，甚至还有的地方只剩下了一部分残疾人，这种现象在前几年的西部地区还是比较多的。西部的发展，人才是重要支撑，是关键中的关键，培育致富带头人就是要将具有带头兴办乡村产业项目实力和能力作为基本条件，从脱贫县的乡村干部负责人的素质来看，基本都是发展本土产业的行家里手，而且在产业发展上下的功夫最大，确确实实成为脱贫攻坚和乡村发展当中的中坚力量。我们今天看到的湾底村有三句话：第一句话叫"穷则思变"，第二句话叫"创业万岁"，第三句话叫"人民第一"。没有创业，产业不发展，"人民第一"的口号，"人民第一"的情怀是很难落到实处的，这也说明了产业的重要性。

二是成为引领群众在本乡参与生产或创业的"领头雁""压舱石"。近年来，农民工返乡创业数量大幅度增加，很大程度上是家乡吸引他们的产业兴旺起来了，家乡带领产业发展的带头人站起来了、领起来了。他们能在家乡通过劳动有稳定的收入，既能建设家乡，又不背井离乡。本土创业为稳定家庭、养老敬老、教育后代、支撑农村的兴旺稳定起到了"压舱石"的作用。

三是成为促进经济社会发展的新动能。经过对此项工作做得好的贫困村和向发达地区学习，我们感到，每个做得好的村基本上都有一个共同的特点，即有一个带头能力强、为民情怀深、听党话的好的致富带头人。我们看的湾底村，就是先进基层组织，他们综合实力明显增强，基础设施不断完善，生活环境质量不断改善，基本公共服务明显提升，人民生活水平显著提高，社会治理体系逐步健全，而且取得了非常大的成效。把有新思想、好模式和在强经济过程中有重要贡献的人作为带头人、引领者，是促进乡村经济社会全面发展的新动能或者是重要动能的关键。

四是成为提升乡村社会治理水平的重要力量。我国乡村社会治理千百年来，贯穿经济活动和道德伦理这两个基本方面，加上管理者的制度和法规，三方面构成了乡村治理的主体格局。治理水平高低取决于三方面的水平高低和协调发展，现在看依然如此。带头人是经济活动的主导者，自然也是道德伦理的重要影响者，三方面中，带头人在两个方面发挥着重要作用，自然也就成为乡村治理水平的重要力量。

五是成为健全基层组织的生力军。习近平总书记指出，人民对美好生活的向往是我们的奋斗目标。党只有代表人民、团结人民、依靠人民才有生命力、凝聚力、战斗力。我们在培育、支持致富带头人的全过程中始终不能忘记党性与人民性相统一，培育带头人就是要为我们党的事业培养人才、培养骨干力量，要将带头人培养成党员，培养成"村两委"成员、乡干部，培养成基层组织的生力军、骨干力量。我们基层党组织的主要建设任务就是打赢脱贫攻坚战，这是检验"村两委"是否落实党中央决策部署能力水平的"一把尺子"。致富带头人能否在打赢脱贫攻坚战中发挥重要作用，是检验其是否认真履行了对党对人民忠诚的一种标志。

为了开展培育好致富带头人工作，2018 年，国务院扶贫办、科学技术部、财政部、人力资源和社会保障部、农业部、中国人民银行、中国银监会、中国保监会 8 个部委下发了《关于培育贫困村创业致富带头人的指导意见》，在支持培育致富带头人的过程中，要求始终坚持带动贫困群众、科学选择产业、坚持生态发展理念、坚持群众满意的标准。

　　习近平总书记在出访欧洲的时候说：我将无我，不负人民。不忘初心，方得始终。中国共产党的使命和初心就是为人民谋幸福。让我们紧密团结在以习近平同志为核心的党中央周围，认真贯彻落实党中央和国务院的决策部署，心系群众，扎实工作，齐心协力，精准施政，聚天下英才，为脱贫攻坚、乡村振兴培育一批政治可靠、想干事、能干事、有为民情怀、有责任担当的致富带头人。这是脱贫攻坚的治本之策、乡村振兴的重要抓手。功在当代，利在千秋！

　　　　　　　——在全国乡村振兴与扶贫协作（宁波）论坛上的主旨演讲

鄞州的乡村振兴与产业扶贫之路 *

"越山长青水长白,越人长家山水国。"900 多年前,知鄞县 3 年的王安石,离任途中写下《登越州城楼》,这两句诗写出了他对鄞县山水田园的眷恋。今天,全国"两会"闭幕不久,大家伴着春风,来到古鄞大地,亲身感受山水之美、田园之美、乡村之美,共同探讨乡村振兴与扶贫协作,我觉得非常有意义、也非常荣幸。

习近平总书记多次提及王安石县域治理之策、名垂青史之功。如果说,王安石是过去鄞县乡村治理的奠基者、开拓者,那么习近平总书记就是当代鄞州乡村发展的擘画者、指引者。2003 年 6 月,在时任浙江省委书记的习近平同志亲自调研、亲自部署、亲自推动下,浙江全面启动以生产、生活、生态"三生"环境改善为重点的"千村示范、万村整治"工程。

同年 9 月,习近平同志就来到鄞州湾底村视察,殷切嘱托我们把村庄整治与发展经济结合起来,与治理保护农村生态环境结合起来,走出一条以城带乡、以工促农、城乡一体化发展的新路子。16 年来,

---

我们牢记习近平总书记的谆谆嘱托，坚持一张蓝图绘到底、一任接着一任干，大力激发"实干、担当、奋进"的新时代鄞州精神，把总书记的"湾底嘱托"干成了乡村振兴的"鄞州样板"，湾底村成为全国文明村、国家 4A 级旅游景区，鄞州获浙江新农村建设"九连冠"，成为中国美丽乡村建设示范区（县）；转化成了发展领跑领先的强大动力，2018 年 GDP 全市第一、全省第三，连续 4 年名列全国综合实力百强区第 4 名，位居全国中小城市绿色发展百强区第 2 名。回顾鄞州区的乡村振兴之路，我有五点感受和体会。

最根本的一条是坚持战略定力不动摇

乡村振兴，举什么旗、走什么路是最根本的问题。16 年来，我们始终把习近平总书记的谆谆嘱托牢记在心上、落实在行动上，坚持一个方向走到底，按照总书记指引的"两个结合、一条新路"，先后实施了新农村建设行动纲领、建设质量提升战略、乡村振兴战略；2018 年 9 月，重走总书记湾底考察之路、重温总书记亲切嘱托，提出实施"五大工程"、推进"三融五美"，即推进发展融合、形态融合、民生融合，促进产业美、镇村美、环境美、生活美、乡风美，打造浙江美丽乡村示范区、城乡融合发展先行区。我们坚持一套理论用到底，把习近平总书记提出的"两座山""两只鸟""两只手"等重要理念作为传家宝，运用到乡村振兴实践中，提出了"接二连三"的农业发展之路、全景打造的环境治理之路、统筹联动的镇村建设之路、"五金富民"的增收致富之路等，学出了鄞州感悟、用出了鄞州解法。

最核心的一条是坚持产业为基不动摇

习近平总书记来湾底村考察时，深有感触地说："'千万工程'只有以业为基，才有持久生命力"。我们始终抓牢产业这个根本，一是"接二连三"发展美丽经济，通过"服务＋""平台＋""数字＋"，大力发展田园综合体、民宿经济、全域旅游，促进了农业与工、商、文、体、旅的融合发展。像各位领导考察的湾底村，他们通过"农产品精加工＋乡村旅游"，15年间，村集体可用资金增长了5倍多，农民人均收入增长了4.5倍，正在努力创建5A级旅游景区。二是"化零为整"促进集聚集约，加大涉农资金、村级留用地等整合力度，土地流转率达84%，让农村散乱污小工厂走进了小微产业园。我们鄞州的民意社区与中信香港、中信泰富合作开发村级留用地，这个社区总资产达到了6.8亿元，村民分红最多可达到9万元。三是"多渠引水"拓宽致富路子，推行土地流转金、股金分红、养老金、经营租金、劳动薪金"五金富民"，农民的钱袋子一天天鼓起来，2018年人均可支配收入达3.6万元，城乡两个收入之比控制到了1.7以内。

最关键的一条是坚持统筹融合不动摇

我们牢记习近平总书记城乡一体融合发展的要求，主动针对鄞州半城半乡的现实，以"千万工程"为抓手，坚持城乡统一规划、统一建设、统一管理，2008年率先进入全面融合发展阶段。

一是一张图推进城乡全域统建。依托城市"六大新空间"开发建设，联动建设特色小镇、美丽乡村，近1/3的村创建成省级以上各类示范村，2019 年我们所有的行政村村庄规划实现全覆盖。特别是村级层面打造风景线，系统构建了十大风情镇、百个特色村、千里游步道、万里农业园，画好了鄞州的"富春山居图"。

二是一盘棋推进环境全域治理。持之以恒打好环境整治、治危拆违、散乱污治理、垃圾分类等一系列攻坚战。比如东吴镇三塘村，"三自"垃圾分类法比城市更规范，成为省卫生村，捧得浙江"五水共治"最高荣誉"大禹鼎"，创建为省级生态区。

三是一张网推进基础全域联通。统筹建好互联互通的基础设施网、共建共享的优质公共服务网，先行建设 5G 网络示范区，成为浙江省"四好农村路"示范县，公共服务水平走在全国前列。

最重要的一条是坚持治理创新不动摇

习近平总书记多次强调，依靠群众力量，推进基层治理创新。我们着眼把群众积极性最大限度调动起来，坚持共治共管、共建共享、共同缔造，以"最多跑一次"改革为牵引，落细落小"三治融合"。在自治上，建设说事长廊，推行"三民治村"，即村事民议、村务民定、村权民管，特别是发挥"老娘舅""老潘警调"的作用，我们有一个著名的品牌叫"老潘警调"，给出了 36 计调解民间的纠纷矛盾，也就是说做成了 36 种案例和方法，这样一个警调室一年就可以调解400 多起矛盾纠纷，而且成功率达到 100%，做到了村里的事情由群众商量着办，群众的矛盾由群众互相来解。在法治上，重点推进基层公权力"三清单一流程"城乡全覆盖，发挥好村监会"村级纪委"作用，让干部用好权、群众好监督。在德治上，创新文化礼堂市场化运作机制，强化文明乡风培育、最美系列创建，打响了"周日文化""义乡鄞州"等品牌，形成了崇德向善的淳美乡风。像邱隘镇回龙村，一个村级文化礼堂，每周有两三场演出，而且是市场化运作，每年给村级集体经济带来 16 万元的租金收入，这是市场的力量。

最基础的一条是坚持固本强基不动摇

习近平总书记指出，农村富不富，关键看支部；老百姓说，老乡富不富，关键靠干部。只有打牢基层基础，才有乡村振兴事业"万丈高楼平地起"。我们坚持一切工作抓到支部，区委建立村社书记交流例会制度、开展村社治理竞技赛，极大地激发了基层战斗力，涌现了湾底"幸福指数工作法"、云龙"书记一点通"等一批基层党建品牌，成为全省基层组织建设先进区。"书记一点通"就是老百姓只要手机按键按一按，就可以找到村社书记，由村社书记来解决村民反映的问题。我们坚持有生力量下到基层，大力实施基层党建"百千万"工程，创新"第一书记"全日制选派机制，引导乡贤能人返乡治村。在这里很高兴地跟大家报告一下，我们推出"第一书记"制度之后，有一位中国工程院的陈建平院士，主动请缨，来担任东吴镇南村的"第一书记"，热心反哺家乡，从而形成了"头雁领航，群雁高飞"的格局。我们坚持干部服务沉到一线，区委组织开展"三进三访"活动，实现走亲连心。4 个多月来，我们的干部走访村社 353 个，实现了全覆盖，收集群众反映的问题 3689 个，问题的解决率达到 73.9%。2018 年平安考核当中，我们比上个年度前移了四十多位。以"三亮三考"来倒逼担当作为，以"六赛六比"来激励比学赶超，全区广大干部群众一起，把总书记的"湾底嘱托"干成了 817 平方公里大地上乡村振兴的实景样板。

在推进鄞州乡村振兴的同时，我们始终认为，一地振兴不是全局振兴，共同振兴才是全面振兴。我们主动把习近平总书记的谆谆嘱托带到对口帮扶地区，把鄞州乡村振兴之路复制到扶贫协作中，让脱贫攻坚的过程变成了乡村振兴的过程，形成了一些"鄞州经验""鄞州解法"。

一是融合为先，变"对口协作"为"发展融合"。把对口扶贫协作放到区域融合发展、互促共进的高度来谋划、来推进，形成了"发展共谋、资源共享、产业共兴、协作共建、合作共赢"的总体思路和总体格局，得到吉林省委主要领导同志的批示和肯定。

二是产业为基，变"输血扶持"为"造血帮扶"。以产业链融合发展为牵引，走出了"鄞州总部＋衢江制造"园区共建之路、"商务飞地＋工业飞地"飞地经济发展之路；以产业模式创新为重点，创出了和龙"共享稻田"的解法，建成"共享稻田"705亩、市场收益376万元、带动农户致富858人，同时建立网上网下展销平台，延边农产品在鄞销售达1514万元。

三是以人为本，变"党政独舞"为"社会共舞"。30余家社会组织帮扶37个项目、受益近2万人次，获得中华慈善奖的善园发起100余个公益帮扶项目、募集善款500余万元，涌现了"造桥女孩"严意娜、"支教奶奶"周秀芳等一批全国先进。周秀芳老师退休后在湖南捐建希望小学27所，在吉林又设立周秀芳爱心驿站，让当地400名贫困生得到结对帮扶，她获得"全国脱贫攻坚奖奉献奖""中国好人"等荣誉。我觉得，共同推动对口地区从脱贫攻坚走向乡村振兴、从一时脱贫走向持续发展，这才是长效的东西部脱贫协作机制。

在不久前闭幕的全国"两会"上，习近平总书记指出，乡村振兴仍是"希望的田野"，脱贫攻坚正值最吃劲的时候。在这个关键时期，大家相约宁波、相聚鄞州、相互启迪，十分及时、十分必要。衷心希望本次论坛取得圆满成功，也诚挚欢迎各位贵宾多来鄞州指导把脉，一起谱写新时代"春天的故事"，一起唱响新时代"希望的田野"。

今天的发言是以《登越州城楼》开始的，最后，还是以《登越州城楼》结尾，在这里把王安石这首诗的尾联献给在座的各位，"人间未有归耕处，早晚重来此地游"，献给我们的乡村乡愁，献给我们乡村振兴的伟大事业。

——在全国乡村振兴与扶贫协作（宁波）论坛上的主旨演讲

第三部分

消费扶贫与乡村振兴

消费扶贫是社会力量参与
脱贫攻坚的重要途径 *

在这百花争艳、春意盎然的季节里，我们来到我国改革开放的窗口——深圳，共同为消费扶贫与乡村振兴集思广益、群策群力，我深感责任重大，使命光荣！

实施乡村振兴战略是党的十九大作出的重大决策部署，是决胜全面建成小康社会、全面建设社会主义现代化强国的重要历史任务，是中国特色社会主义进入新时代做好"三农"工作的总抓手。消费扶贫作为帮助贫困人口增收的一种方式，是社会力量参与脱贫攻坚的重要途径。大力实施消费扶贫，对于打赢脱贫攻坚战，全面推进乡村振兴具有重要的作用。

今年，是中华人民共和国成立 70 周年，也是决胜全面建成小康社会第一个百年奋斗目标的关键之年。今天，我们中国小康建设研究会在有关单位的支持下，在这里隆重举办"2019 消费扶贫与乡村振兴（深圳）大会"，以"实施消费扶贫，助力乡村振兴"为主题，共同探讨消费扶贫模式，研究消费扶贫良策，交流消费扶贫经验，引导

---

* 白长岗，中国小康建设研究会会长。

和激励全社会积极参与消费扶贫，全面构建大扶贫格局，为坚决打赢脱贫攻坚战，实施乡村振兴战略作出新贡献，具有重要的现实意义。

近两年，消费扶贫在经过探索实践后，进一步得到了社会的重视，也得到了社会各界的拥护，发展进程明显加快，呈现出范围更宽、方式更多、影响更大的新趋势。消费扶贫让扶贫思路有了新的变化、新的升华，帮扶有了新的载体，居民消费有了新的期待，乡村产品有了新的销路。消费扶贫最大的特点，在于不只是搞单向的帮扶，而是凭借市场机制、资源整合实现合作共赢、互惠互利，由简单的给钱给物，向深度资源开发演化，重点是提升贫困地区与贫困户的发展能力，体现了帮扶的道义，避免了依赖思想，有利于贫困户的稳定收入和自我发展。

2018 年 12 月 30 日，国务院办公厅印发了《关于深入开展消费扶贫助力打赢脱贫攻坚战的指导意见》（以下简称《意见》）指出，要坚持政府引导、社会参与、市场运作、创新机制，着力激发全社会参与消费扶贫的积极性。自此，消费扶贫纳入了国家脱贫攻坚政策体系，丰富了国家现有扶贫政策体系内容，提升了相关政策的可操作性。《意见》要求，各级机关和国有企事业单位等要带头参与消费扶贫，并引导全社会参与消费扶贫。这为消费扶贫的健康发展注入了强大信心和动力、提供了根本指引和遵循。可以预见，中央对消费扶贫的支持力度会更大，发展环境会更好。我们要抓住新机遇，带头参与到消费扶贫的行动中，丰富消费扶贫形式，推动消费扶贫向纵深发展，让消费扶贫在助力打赢脱贫攻坚战的过程中发挥越来越重要的作用。

中国小康建设研究会作为全国性社团组织，自成立以来，围绕"研究发展问题，促进经验交流，提供政策依据，推进小康进程，服务中央决策"的发展宗旨，积极开展工作，为国家关系国计民生重要决策提供参考，为地方脱贫致富奔小康提供智力支持，为全面建成小康社会作出了一些应有的努力和贡献。上个月，在宁波刚刚结束的全国乡村振兴与扶贫协作（宁波）论坛上，举行了中国小康建设研究会乡村振兴研究院成立揭牌仪式和乡村振兴百县巡回大讲堂启动仪式，可以说，为打赢脱贫攻坚战全面建成小康社会，我们一直在努力、在前行。中国小康建设研究会也期待与在座的各位朋友、各位领导一起，助力广大农民增收致富，积极为实施消费扶贫、脱贫攻坚建言献策，为决胜全面建成小康社会、同心共筑中国梦作出新贡献，以优异成绩庆祝中华人民共和国成立 70 周年。

——在 2019 消费扶贫与乡村振兴（深圳）大会上的发言

健全政策导向　有序健康发展 *

党的十九大提出了"五位一体"的乡村振兴战略。作为新时代"三农"工作的总抓手，统筹农业、农村各项事业的发展，同时，党中央又提出了精准扶贫任务，把扶贫攻坚作为建成小康社会三大攻坚战之一摆在了更高的位置。党中央对"乡村振兴"与"扶贫攻坚"作出了全面具体的部署，提出了明确的要求。有关部门也制定了相关的规划和方案，提出相应的政策和举措，几年来，各地按照既定规划方案在推进，在推进过程中，大家都有一个普遍的共识：要确保乡村振兴战略和脱贫攻坚任务顺利实施推进，离不开人、地、钱等相关要素的配置和合理使用，这方面有一个政策导向问题。我先谈几个现象。

第一，人才问题。目前，我国农村有劳动能力的人口约4.8亿人，其中小学及以下文化程度占40%，初中文化程度占48%，高中及以上文化程度仅占12%，受过职业培训的仅占5%，这是目前农民整体文化素质的状况。从人才培养来看，最近，四川农大校长介绍了一

＊　李春生，第十三届全国人大农业与农村委员会副主任。

组数字，四川农大在校生4万多人，其中只有20%学传统农业专业，其余80%是学近农业和非农业专业的，而就这20%学传统农业专业的学生毕业后，真正从事农业工作的也不多，到农业基层一线工作就更少，全国农业院校每年毕业生100多万人，加上农业职业院校毕业生数量是比较可观的，学生毕业后的去向与四川农大类似。这些年，尽管国家对农村人才培养很重视，也取得了比较大的进展，但人才短缺仍然是农业农村各项事业发展特别是推进脱贫攻坚的"瓶颈"。

第二，土地资源利用问题。目前，我国耕地大约有20亿亩，每年经济建设占用耕地1000万亩左右。现在一些地方发展相关产业，搞经济建设都有用地的冲动，特别是乡村旅游等，用起地来很是慷慨，少则几百亩，多则上千亩，还有二期、三期，但是却很少考虑土地的使用效率。前不久，我到西部一个贫困县看到，当地正在建设"万达小镇"，一期工程1500亩，二期工程2000亩，一期已开发完成，正着手准备搞二期，至于这个项目发展前景如何，考虑得并不多。西部地区的一个村，一位回乡企业家做的项目"柠檬小镇"，全村几百户宅基地部分集中盖起了楼房，其余的加上大部分村里土地建起了游乐场等设施，耕地已基本没有了。类似的现象还有不少，乡村振兴、脱贫攻坚要有基本资源要素等保障，这种不讲效益，盲目地利用资源使用资源是不可持续的。

第三，资金使用问题。目前，地方经济建设资金主要有两个来源：一个是土地出让金，另外一个是发债。2017年地方的土地出让金超过了5.2万亿元，去年达到6.5万亿元。过量发债现在也是普遍的现象，前不久我到中部地区一个贫困县，这个县财政收入1年不到2亿元，财政负债累计达16亿元，每年还新增1—2个亿的债务。

上述的这些现象不是孤立的、局部的，而是一个比较普遍的现象。说明我们政策配套不健全，现行的政策制度还有不完善的地方，部分地方在执行过程当中有不严谨的情况。应尽快健全我们的政策导向，完善相关制度设计，确保乡村振兴和脱贫攻坚能够有序健康发展。

大家知道，这些年我国脱贫攻坚很大程度上是自上而下由政府组织发动、增加投入推动实施的，这种模式的好处是在短时间内，使脱贫进程迅速缩短，立竿见影，效果明显，但这种模式也带来一些问题，就是容易形成贫困地区和贫困群体的内升动力不足，主动性、积极性不够，加上当前贫困地区产业发展，普遍存在产业链条短，相关产业衔接融合不够，产业发展的同质化现象比较严重，产业发展的后劲不足，很难形成脱贫致富的长效机制，很难保障明年脱贫攻坚任务完成后，贫困地区的稳定和可持续发展，这个问题要引起我们足够重视。那么，如何在脱贫后保障稳定可持续发展，有几点应注意解决好。

第一，现阶段政策、制度设计应重点向农业农村，特别是贫困地区倾斜。促进有关制度、政策有效引导人才、土地、资金等资源要素合理的流动配置。长期以来，农村特别是贫困地区的"人才、土地与资金"等相关要素都是单向地向城市流动，尽管这些年这种状况有些改变，但还远远不够。农村和贫困地区长期处于"失血、贫血"状态，很难保证乡村振兴和脱贫攻坚的顺利进行。因此，要促进农村和贫困地区相关条件的改善，为相关资源要素向农村流动打基础、创条件。

第二，从国家和省级层面应先做好顶层设计。从区域布局、产业发展、产业调整角度，都要有利于促进城乡融合发展，促进产业发展起来有效率、可持续，为我们乡村振兴、脱贫攻坚提供强有力的产业支撑。在实际工作当中，要注意横向、纵向的规划方案的衔接，强化相关部门的联动。效益形成公平合理，使相关政策导向真正发挥作用，使上上下下、方方面面的协同配合有效运作，高效发展。

第三，全方面动员社会力量参与农村产业发展，助力脱贫攻坚。应鼓励引导龙头企业参与和引领，形成有效的产业经营载体；引导合作社来参与，提供一个有效的产业组织载体，并注重形成"龙头企业家＋合作社＋农户"的产业组织经营模式，还有相关产业的融合发展，产业链条的延伸，努力形成全产业链条、复合型的产业，真正推动脱贫攻坚任务的完成。

第四，应建立有效的工作运行机制。如部门之间，有关方面的协调推进机制；各方参与的激励机制；贫困地区创业的激励机制；贫困群众主动作为的激励机制等。政府和有关部门应抓紧建立机制运行的配套政策，真正发挥导向和约束作用，使乡村振兴、脱贫攻坚按照既定的目标和方向去走，不跑偏、不走样，充分调动方方面面的力量，为乡村振兴战略的顺利实施、脱贫攻坚任务的顺利完成，进而为保障稳定可持续的发展奠定坚实的基础。

——在 2019 消费扶贫与乡村振兴（深圳）大会上的主旨演讲

建立"消费扶贫"的长效机制[*]

消费扶贫是贫困地区、贫困群体的一个痛点、难点，同时也是解决贫困问题很重要的切入点。消费扶贫不能仅停留在消费扶贫的层面，更要以此为切入点和契机，推动城乡二元化的破解，推进农村产业的调整和升级，推动农村改革。

我曾调研贵州六盘水的水城，这是一个贫困程度比较深的县。2018 年人均收入只有 9000 元，但当地资源条件很好。提到茶，大家就会想到浙江、安徽、福建和广东，其实贵州茶才是全国面积最大的，拥有 550 万亩，产量是最高的，品质也不差。我看了一个茶园，400 多项检测标准都合格，问题在于卖得不好。当地总是宣传茅台酒，但很少宣传贵州茶。

消费扶贫可以帮助把大山里面偏僻地区和贫困地区的土特产品、功能产品、优秀产品推向市场，同时，也要作为切入点，作为破除城乡二元结构的良好举措，可以推进一二三产业融合、实现城乡互动的一个契机。例如"品牌问题"，贫困地区的好产品最主要的问题不是

---

* 刘坚，国务院扶贫开发领导小组原副组长、办公室主任。

加工问题，不是交通问题，而是品牌和宣传不够的问题。英国品牌"绿灯茶"就是成功的案例。贵州茶面积大、产量高，大家都买贵州的茶，就会看到贵州贫困地区的脱贫希望。所以，要宣传贵州茶，产品、品牌一起抓。一个地方的品牌是政府、企业和个人共同维护起来的，要大力宣传，对消费者的具体选择也有帮助。比如"绿灯茶"是英国的品牌，"绿灯茶"进入国外五星级饭店，它其实是来自中国、来自贵州、来自浙江。中国农科院的茶叶研究所做了一个调查，10个城市1万名消费者认企业品牌的只占11%。我过去都是喝绿茶的，后来我搬到云南接触到普洱茶，觉得普洱茶不错。但是，我却不知道云南的普洱茶到底哪个企业的好，这个很难选。所以要做好品牌。贫困地区产品要搞品牌，只有这样才可以形成长效机制。

习近平总书记给东盟国家写信提到："脱贫是第一步，先让大家富起来。"脱贫攻坚难，形成扶贫的长效机制更是任重而道远。所以，我们的消费扶贫要为消除贫困的长效机制服务。

第一，树立品牌，建立有影响的产业。让老百姓有稳定、长久、有竞争力的产业。品牌是一个非常重要的切入点，而且现在是一个升级换代的有利时机。消费扶贫，讲环境问题，产业兴盛对贫困地区是一个很大的机会。我专门关注了一下统计学，例如家庭年收入在10万—50万元人民币的称为"中等收入"家庭，这种家庭愿意吃高品质的、安全的、功能性的土特产品，满足这种需求，就要以消费扶贫为切入点，塑造品牌，构建富饶的、长期的产业。通过消费扶贫推进城乡融合、推进一二三产业融合，破除城乡二元结构，是一个有效的好办法。

第二，互通有无，建立共享经济机制。我去东北调研大米，那里的大米在唐代就是贡米，是浙江宁波对口扶贫的。浙江宁波的同志购买了当地的农产品，也就是我们讲的消费扶贫。以此为契机搞"共享农田"、"共享农房",把浙江宁波和这个地区紧密结合起来了。

第三,要以消费扶贫为切入点,推进资源变资产、资金变股金、农民变股东。这是 2015 年习近平总书记在扶贫工作当中指出的。本人对这个问题学习以后,感受到这是继家庭联产承包责任制的又一个重大改革,希望大家可以共同深入思考。

消费扶贫一定要政府、企业、农民一起发力。消费扶贫要按照市场经济规律,为改革服务,不能保护落后产品,不能没有诚信。我去湖北调研,有一个同志告诉我,在推动消费扶贫进程中,地方给他们供应的马铃薯都是发芽的,这是不行的。总而言之,消费扶贫是解决贫困地区的痛点、难点,更是一个切入点,要以此为契机,推动产业振兴,进而推动农村改革,推动农村城乡二元化的破解。

——在 2019 消费扶贫与乡村振兴(深圳)大会上的主旨演讲

(根据录音整理)

消费扶贫是打赢脱贫攻坚战的重要手段 *

我就"消费扶贫"谈一点自己的看法，与大家分享国务院办公厅《关于深入开展消费扶贫助力打赢脱贫攻坚战的指导意见》的学习体会。

第一，要充分认识消费扶贫的重要意义和特点。国务院办公厅的文件作了一个定义，指出消费扶贫就是动员社会各界通过消费来帮助贫困地区的产品能够持续消费、助力扶贫。实际上，从经济学意义来讲，任何产品如果不能进入商品流通，不能最终消费出去，前期的生产综合成本都会沉淀，不仅不能盈利，还有可能负债。不管是工业也好，农业也好，产品和服务一定要进入市场，一定要卖得出去，而且要卖个好价钱，能够盈利，不能赔本赚吆喝。马克思讲从产品到商品有"惊险的一越"，如果产品不能成为商品卖出去，受到损害的不仅仅是产品，还有生产者。

现在农村农民的问题是有好产品和服务卖不出去，最终就脱不了贫。经济学讲生产、流通、消费，消费的关键是作为生产者、销售者

---

* 季晓南，国务院国有重点大型企业监事会原主席，中央第九巡视组副组长。

一定要把产品和服务卖出去，让消费者把资金给你，你把商品给消费者。做企业和产业的人一定要实现这个"惊险的一越"，否则就摔死了，如果这个问题不解决，乡村基本扶贫就很难完成。农业、农村和农民"三农"的问题，根本的问题是把产品变成商品。商品卖不出去，不可能成为产业，产品和产业是两个概念，产品上下游不打通就不能成为产业，就不能持续发展。前两年，美丽乡村、新型城镇化都讲"产业振兴和产业扶贫"，带来了一个同质化的问题。虽然有好产品，卖不出去也形成不了产业化，就是产能过剩，反而加剧了产业链上各种生产者、服务者的负担。

产业振兴扶贫，一定要结合消费者，最终要把产品和服务卖出去。国务院办公厅的文件关于扶贫讲了很多，不是过去简单地给钱给物，而是想通过消费转化，这是关于消费的意义和特点。我认为，关于消费扶贫，可以分为直接消费扶贫和间接消费扶贫。直接消费扶贫是动员个人来买贫困地区贫困人口的产品和服务，要提供一个合理的价钱。间接消费扶贫是通过我们的体系和平台，帮助其尽快实现产品销售。所以资金方面很重要。此外，社会各界参与消费扶贫，怎样把贫困地区的产品销售出去，帮助其提高品质和品牌，这就是社会各界的责任。要抓好直接消费扶贫，不可能人人都自己去买，肯定要通过中间的渠道。所以更重要的是建立社会间接消费扶贫体系，这对 2020 年打赢脱贫攻坚战很重要。

第二，要发挥国有企业特别是中央企业在消费扶贫中的带头和示范作用。国务院文件给我们的调研报告中，反复提到了中央企业，现在的国有企业有员工 4200 多万，这是在岗员工，如果把家属算起来，平均一家 3 个人或者 2 个人，是 1 亿人口。如果直接消费买贫困地区的产品，对拉动消费扶贫助力打赢脱贫攻坚战很重要。我们的员工和企业遍布全国，不管是发达地区还是贫困地区，问题是如何把这项工作做好。我们机关也有很多食堂，内部培训院校也有大量农产品需要，如何建立体系，怎么在同类商品当中选择购买，这个很重要。

这些年，国有企业和中央企业按照中央的要求在扶贫方面做了大量工作，包括援疆、援藏扶贫。"十二五"期间，中央企业参与定点扶贫 300 多家，中央事业单位占了 1/3，中央企业帮扶 240 多个国家开发重点项目，占到 42%。"十二五"期间扶贫资金直接援助 5 个亿，应该说已经做了大量工作。同时，国有企业和中央企业在消费扶贫方面还有很多潜力可挖。比如把贫困落后地区的产品融入企业的体系，对企业也很有帮助。现在全国加油站超过 10 万个，城市里面、城乡接合部包括比较大的乡村加油站，每个加油站不仅仅是加油，当中都有商品零售店，像中石化那样。在我监管期间，中石化 300 多个加油站非油产业，不是卖汽油、柴油，就是卖土豆、大米、矿泉水，每年以 35% 的速度递增。中石油的加油站有 5 万多个遍布全国的连锁店，如果贫困地区产品融入这个体系，可以带动一大片贫困地区脱贫，这方面潜力巨大。

此外，像中粮集团，是从田间地头到餐桌，全产业链粮油食品及各种消费品，例如金龙鱼食品油、德芙巧克力产品和奶制品等等，基本全覆盖。另外还有一些企业，例如中国农业发展集团，原来是"十大企业"划出来的，包括海洋捕捞。中央企业拥有 1100 万员工，是一个很大的消费体，加上家属 1 亿人口，再加上体系里面很多跟消费直接相关的，以及跟农产品直接相关的，对接起来应该说对消费扶贫可以发挥很重要的作用。

第三，要努力消除制约消费扶贫的痛点、难点和堵点。光有热情是不够的，因为市场竞争很惨烈，讲几个需要注意的问题，痛点、难点和堵点是农产品销售信息不对称，要大力发展电商平台促进农产品销售。就像电商平台，大家都已经关注到电商平台是未来创新创业的热门，这几年我看到至少有 10 家左右的电商在做农产品。据了解，做电商企业特别是做电商平台的，6 年到 8 年之内是不盈利的，不是说商家有热情建立个电商平台，消费者、生产者都到这个平台上交易，不是如此简单，现在也不可能做"垄断"，这当中的问题是，建立电商平台的同时，如何让广大农户和广大消费者知道平台交易，需要自身具有竞争力，还需要考虑到盈利。

电商平台要解决自身从生产者到消费者中间的痛点，而且要更便捷、更经济。通过平台有助于产品快速销售出去，壮大产业。我们看到，民营企业有人说平均超过 300 万，平均寿命是 2.97 年，3 年后就销声匿迹了，现在大家都想做马云，都有雄心壮志，但是我知道的大部分电商平台 8 年左右普遍都不盈利，这值得去思考。

如何提高"地区品牌、企业品牌、产品品牌"，可能有几个途径。

第一，做区域品牌。"上有天堂，下有苏杭"，这就是区域品牌。如虽然普洱茶都不错，但也有良莠之分。

第二，请企业做。根本是品质以及性价比。所以，要让大家知道"消费扶贫"能够为生产者、贫困农户找到可信赖的消费者，对消费者来讲是可以找到可信赖的农产品。同样，品牌中间还有性价比的问题。消费扶贫是系统的工程，好比深山老林，青山绿水，产品是很好，但是交通运输不便，信息不对称，也没有竞争力，所以这里面要有大的企业来做，另外国家要解决基础设施建设，还要解决诚信等问题。

第三，做大品牌要鼓励各类人才，特别是企业家积极投身消费扶贫当中。我最近连续几次去了浙江省，包括台州和湖州，当地的"美丽乡村"和"乡村振兴"最大的制约就是人才流失，年轻人都出去了，其中一个县长陪了我一整天，到 3 个镇去看，留守的都是老年人和小孩子，这样能作出著名品牌和产品竞争吗？显然不能。国家发改委刚刚发了督促城区常住人口 300 万以下的城市全面取消落户限制的文件通知，这方面是大趋势，另一方面是进一步吸引农村年轻优秀人才到城市，农村人才科技化。依靠农村本地留下来的人振兴消费扶贫是没有办法支撑的。要有有效的激励机制，吸引各类人才和企业家回来办企业和产业，帮助把家乡的产品卖出去，这个方面依旧存在很多问题。著名企业依文集团，把贵州的刺绣跟国际市场联系起来，研究国际上最前端的服装品牌、时髦的元素，同中国的元素结合起来，通过招聘八千多个绣娘进入人才部，多次在巴黎举办时装展。没有优秀的企业家，没有优秀的企业，我认为这种消费只能是直接消费，缺乏持续性。另外，陕西的苹果很有名，彬州市经济相对比较落后，企业家马军回来后租了 10 万亩苹果园，从研发到最后包装、加工，把法国的果酒著名品牌引进来，用他的苹果加工。这是农户变股东，土地变资产。农民不仅有土地补偿收入，进入合作社，还有打工挣的钱，就可以脱贫了。这就需要有更多的优秀企业家，除了做公益事业，还要有回报，改善营商环境，所以消费扶贫一定要可持续发展。

第四，要创新金融支持消费平台的途径和模式。现在都说融资贵、融资难，贫困户没有资金，资金从哪里来？传统的金融机构怎么支持贫困户生产？传统的金融机构必须创新。消费扶贫是打好脱贫攻坚战的重要手段，中间要做的工作还很多，只要我们社会各界共同努力，一起来解决痛点、难点和堵点，我相信消费扶贫在中国一定会取得新的积极进展。

——在 2019 消费扶贫与乡村振兴（深圳）大会上的主旨演讲（根据录音整理）

积极促进消费扶贫　打赢脱贫攻坚战 *

今天在深圳这个改革开放的前沿城市研讨"消费扶贫与乡村振兴"具有特殊意义。消费扶贫是社会各界通过消费来自贫困地区和贫困人口的产品与服务，帮助贫困人口增收脱贫的扶贫方式，是社会力量参与脱贫攻坚的重要途径，也是一种先富帮后富的具体举措。

我们知道，国务院扶贫办 2014 年就提出了消费扶贫的理念，结合第一个"1017 扶贫日"，还设计了"邀你一起（1017 的谐音）来扶贫"等口号，但从目前我们在各地调研的情况看，消费扶贫的理念还主要限于扶贫体系内，尚未形成广泛的社会影响。因此，开展消费扶贫，首先需要在消费者中做大量的宣传，以形成必要的社会氛围。这方面，有两个发力点：一是感召消费者的公益心，消费扶贫是所有消费者都可以参与的公益行为，购买贫困地区的产品就是扶贫；二是挖掘和宣传贫困地区产品的优点，尤其在当今消费者对农产品和食品安全高度关注的情况下，来自贫困地区的产品因工业污染少，一般更符

---

* 刘晓山，国务院扶贫办全国扶贫宣传教育中心副主任，国务院扶贫办贫困村创业致富带头人工作组组长，国务院扶贫办扶贫工作培训师资库成员，民进中央参政议政特邀研究员。

合绿色、生态的要求。就此而言，消费扶贫，不仅是做公益，而且对消费者本身也是物有所值的。

消费扶贫，除了在消费者一侧，还必须在供给侧下功夫，特别需要围绕产品开发、服务体系品质建设与提升发力。来自贫困主体的产品、服务，是开展消费扶贫的载体。要想将消费扶贫广泛、持续地开展下去，作出成效，就必须把产品中的价值特别是它的潜在价值发掘出来，让消费者享用接受。对做电商的企业常说，好产品不等于好网货、好网货不等于好销售、好销售不等于好体验。贫困地区的产品，一般而言开发得不够，加上服务体系或供应链支撑上的各种问题，往往导致好产品卖不出好价钱。再有，消费扶贫不应该只是一次性的行为，还要助力贫困主体内在能力的培育和提升，这就更需要对消费扶贫有一种长远的认识和政策安排。

消费扶贫的前提是要解决供需两端的对接，即实现广大消费者与来自贫困主体的产品、服务的有效对接。为此，需要拓宽供需两端对接的渠道。电子商务在消费扶贫两端对接中能够发挥非常重要的作用，而且，在"互联网＋"的时代背景下，开展消费扶贫需要电子商务来助力；另外，从消费扶贫的目标来看，其实现的手段可以不拘一格。线上线下的渠道都可以助力消费扶贫，并且，从现阶段农产品上行的实践来看，"线上营销＋线下走量"的情况，也是很常见的。

消费扶贫，需要政府搭台、企业唱戏。要尽快建设一个由政府主导、专门促进农村扶贫开发的"1017网"，用来沟通各方主体，动员和整合资源，促进共识，协调行动，提升扶贫绩效。这个网在性质上，是与电子商务关联，为电商扶贫活动的买卖双方及其服务商、帮扶机构等主体服务的开放平台；在功能定位上，建议从信息服务网起步，向服务支撑网发展，贴近交易但不做交易，让交易由市场主体去完成。目前，承担电商消费扶贫重任的"中国社会扶贫网"已经开通，在农村电商平台多元化背景下，它如何打通和拓展与交易平台的连接，如何解决平台接口、数据沉淀、产品追溯、服务保障、资源共享、业务协同等问题，还有较长的路要走。

消费扶贫，还需要在消费对接、商流、组织乃至产业上有一系列的创新。比如，要建立和扩大消费者对生产者的信任，可以鼓励开展社区支持农业的实践，通过对生产者"人"的信任，解决对农产品信任的问题；通过跨区域合作和商流再造，以B—B—C解决长距离B—C物流成本过高的问题；再比如，通过农旅结合，发展休闲农业、田园综合体等"接二（产）连三（产）"的方法，改变贫困地区农产品的形态和性质，使其保值增值，等等。

2019年1月，国务院办公厅印发了《关于深入开展消费扶贫助力打赢脱贫攻坚战的指导意见》，这对社会各界用实际行动参与脱贫攻坚，践行"先富帮后富"、实现共同富裕提供了遵循和动力，拓宽了渠道。综上所述，让消费与扶贫积极互动起来，是贫困地区产业发展的要求，是贫困地区发展优质产业实现稳定脱贫的重要保障，同时也是促进社会文明进步的有效途径。

那么，如何让消费与扶贫积极互动、实现双赢？本人作为扶贫工作者，同时也是国务院扶贫办贫困村创业致富带头人工作组的组长，在这项工作上做过一些思考，我认为，需要做到以下三个坚持。

一、坚持扶贫的初衷

消费是手段、方式，助力打赢脱贫攻坚战是初衷、目的。消费扶贫，一头连着贫困地区、贫困人口，一头连着广阔的消费市场，其最大特点是运用市场机制实现供给与需求的有效对接，引导和发动社会力量参与脱贫攻坚战，促进贫困地区产业发展、贫困人口增收，出发点和落脚点是"扶贫、脱贫"。要让政策不走偏，实现初衷和目的，精准确定所消费产品的扶贫作用是前提，因此，在执行政策时要提前进行效益评估：一要看产品、服务输出地；二要看建档立卡贫困户是否得利；三要看对稳定脱贫能否给力（如优化产业结构、稳定带贫机制、壮大集体经济等）。这样才能靶心不散，政策红利精准"滴灌"到位。

二、坚持可持续发展

消费扶贫是带有"温度"的消费。只有消费和温暖并存、物有所值和"心"有所值，消费扶贫才能成为良性循环，才可持续。我国近14亿人口就是巨大的消费市场，这个市场还将影响国际市场，消费规模之大，可拓展的空间之阔，为消费拉动扶贫产业结构优化、提升品质，注入了良性互动的自转力。消费的基本规律是买有所需，卖有所值。所要买的是需要的商品，且质量好、价格合理、售后服务跟得上，"物美价廉"是消费扶贫可持续发展的基础、良性自转的源泉。这就要求贫困地区、贫困人口生产商品时，一是要瞄准消费者所需。按市场所需合理选择产业、发展产业，促进产业结构优化升级，加速供给侧结构性改革，打造消费扶贫产业的科学结构。二是要瞄准质量信誉。按市场需求开发产品，努力提高扶贫商品的质量，逐步形成扶贫商品绿色、优质、原生态等特色，实现标准化、可追溯机制，增加常规产业的规模分量，增强特色产业的品质特性，提升地标产业的标值名气，树立扶贫商品的质量信誉品牌。三是要瞄准物有所值的合理价格和服务。按经营规律提升商品附加值，让贫困群众的劳动付出利润最大化，让产业链上的附加值更多地惠及贫困群众，给予其合理回报，卖出价值、卖出热心、卖出舒心，实现扶贫的目的，让扶贫商品物有所值，成为传递温暖的商品，形成良性互动多赢的局面，提升消费与扶贫的温度。

三、坚持弘扬社会风尚和促进文明进步

消费对推进人类社会文明起到了重要作用，是人与人交往过程中，体现价值观、人生观、世界观的社会活动之一，是直接促进社会文明进步的重要推手。国务院办公厅印发的《关于深入开展消费扶贫助力打赢脱贫攻坚战的指导意见》，将消费与扶贫相联，本身就是宗旨意识的体现，带有"温度"。我们在开展消费扶贫的过程中，一开始就应该有意识地把为人民服务的意识、社会主义主人翁的意识、社会主义核心价值观的精神境界注入其中。让社会各界特别是先富起来的一部分人，将为人民服务的意识、扶贫济困的优良传统体现在消费扶贫中；将贫困群众的主人翁意识、自强精神、尊严和获得感，以及"幸福是奋斗出来的"体验感进一步焕发出来。让消费与扶贫积极互动，成为促进为民服务、扶贫济困、自立自强、平等友善、诚实守信等社会文明风尚的助推器，成为高质量打赢脱贫攻坚战、全面建成小康社会的加速器，从而实现乡村振兴的宏伟目标。

——在 2019 消费扶贫与乡村振兴（深圳）大会上的主旨演讲

提升质量　增加效益　创新平台[*]

2019年"中央一号文件"对扶贫工作作出重大的判断，近两年是打赢脱贫攻坚战和实施乡村振兴战略的历史交汇期。脱贫攻坚，产业扶贫是第一个任务；乡村振兴，产业振兴也是第一个任务。今天，围绕怎样推动农业高质量发展这一主题跟大家交流一些我的思考、观点和想法，重点有三个关键词。

第一个关键词：提升质量。我们现在的农业数量大，主要是质量的问题和品质的问题。所以我们提出"从生产导向转向提质导向"。怎么提升产品质量？首先，要立标准，按标准化生产。特别是在规模经营主体、加工厂、农业合作社推行标准化生产。其次，要强监管。我们产品产出来了，但是后面还有储运、加工、转化，这些环节如果管不好也会影响产品的质量。所以产品的质量不仅是产出来的，也是管出来的。最后，要树品牌。质量的好坏要有背书，还要推广营销。所以要抓好品牌创建、品牌认证、品牌推广、品牌营销各个环节。

---

* 宋洪远，农业农村部乡村振兴专家咨询委员会副秘书长，农业农村部农村经济研究中心主任。

第二个关键词：增加效益。现在我们农业效率不高，我们的劳动生产率是用 25% 的生产力，创造 8% 的产值，很多地方搞种植和养殖的，辛辛苦苦种植两年不如外出打工。要增加效益，首先，要降成本。现在的成本很高，比如搞规模经营，土地成本、人工成本、农地作业成本都在上升。其次，要扩规模。规模太大单位成本也会增加，规模太小也不行，要适度扩大规模，一方面是土地规模经营，另一方面是社会化经营。最后，要拓功能。我们的农业只看种粮，生产效益是不高的，如果我们能够把农业的产业链延长，拓展生态、文化、环境，价值就会提高了。

第三个关键词：创新平台。效益要提高，首先，要调整优化农业结构，包括产品的结构、生态的结构、产业的结构和产业的布局。其次，要进园区。园区是产业经济、产业发展的平台，也是经营主体活动的大舞台。比如搞得很多的园区，像粮食生产功能区、生产示范保护区、特色农产品优势区、现代农业示范区、现代农业科技持续发展实验区，我们有农业科技创业园、产业园、创新园等等，这是我们发展的平台。最后，要促融合。我们的产业发展就环境和产业来看，发展是低的，如果可以沿着延长产业链、拓宽价值链、完善利益链、发展新产业、发展新业态、发展新模式方向推进，就会实现一二三产业融合发展。

我借这个机会，就"脱贫攻坚产业扶贫和乡村振兴的产业振兴"和大家以推进农业高质量发展为主题交流以上几个方面。

——在 2019 消费扶贫与乡村振兴（深圳）大会上的主旨演讲

（根据录音整理）

消费扶贫落地与实施的建议[*]

2015 年 11 月，中央召开了我国历史上最高规格的扶贫大会，习近平总书记提出目标：确保 2020 年所有贫困地区和贫困人口和全国人民一起迈进全面小康社会。这是非常艰巨的任务。紧接着这几年扶贫攻坚工作列入了政府最重要的工作日程，全党全社会包括企业各界都非常关注。2016 年 11 月，国务院扶贫办牵头 15 个部委出台了《关于促进电商精准扶贫的指导意见》，明确提出消费扶贫的概念。由于我们不断地调整扶贫方式方法，这几年扶贫成果非常显著。2016 年到 2018 年有 433 个贫困县脱贫了，占全国 832 个贫困县的一半以上。2019 年 1 月 14 日，国务院办公厅出台了《关于深入开展消费扶贫助力打赢脱贫攻坚战的指导意见》，文件提出两个重点：一是开发式扶贫。过去我们国家这么多年都是政府投入扶贫，对激发扶贫地区的内升增长动力不足。二是巩固脱贫成果。大家知道这几年扶贫成果很显著，但是返贫形势也很严峻，怎样巩固脱贫攻坚成果非常重要。无论开发式扶贫还是巩固脱贫成果都要依靠社会力量，而简捷的途径就是社会各界通

---

* 方言，中国小康建设研究会副会长、国家发改委农经司原副司长。

过消费来自贫困地区和贫困人口的产品与服务，帮助贫困人口增收脱贫。所以这个文件的意义非同寻常。

一、落实文件精神，消除痛点、难点和堵点

《关于深入开展消费扶贫助力打赢脱贫攻坚战的指导意见》提出，需要"着力"四个方面工作，即激发全社会参与的积极性、拓宽渠道、提升质量、推动旅游，从而消除生产、流通、消费环节制约消费扶贫的痛点、难点和堵点。消费扶贫的具体内容，一方面是产品，另一方面是服务，二者密不可分。对于产品来讲，除了需要机关团体的帮助，还需要通过乡村旅游带动产品消费，这就涉及农村基础设施和服务能力的提升。对此，文件中提出了开发式扶贫、精准消费、多方消费、搭建桥梁、提升能力、措施落地等举措。政策出台只是第一步，政策落地才是最重要、最关键的。从我个人30多年农村工作经历感觉到消费扶贫当中还是有很多难点、堵点。

从产品方面看。一是产量规模的制约。现在832个贫困县多半都是在山区，这些山区的特点是耕地少、水资源少、土壤贫瘠，自然资源方面有缺陷，要做成规模非常不容易。除了黑龙江、内蒙古等粮食主产区的贫困县，大部分贫困县的农产品是"有产无量，有品不优"，产品规模很小，做品牌成本高；或者是产品品质较好但是不优，大大降低了消费者的体验感，进而影响了产品销售的持续性。为什么会出现这种情况，主要由于产量小，品种改良滞后，更何况没有规模很难做品牌，没有品牌就难以打开市场，这就是产品的短板。二是质量监管问题。现在电商使流通渠道畅通了，但是电商在鲜活产品流通中难以把控质量规格，贫困地区在这方面有明显缺陷。三是民间工艺品的

提升，重点在少数民族地区的原生态产品。对原生态工艺品要进行适当的艺术加工和改造，"三区三州"中的藏族区和彝族区由农奴制、奴隶制直接进入社会主义，社会制度跨越式改变，由于社会发育和文化习俗等历史原因，影响文化产品和民间工艺品内涵的提升，这也是消费扶贫的一个难点。

消费扶贫第二个方面是服务性消费。服务性消费未来增长空间非常大，主要是开展乡村旅游，通过这些年改善水电气路等基础设施，农村的基础设施有很大改善，为开展乡村旅游创造了条件，如何把乡村旅游和农产品销售衔接起来是一篇大文章。现在旅游部门提出的"后备厢经济"，就是城市居民从周边地区短期的旅游后，把从农村买回来的农产品带回城里，带动了农民增收。这种家庭自主购物的个体形成一个庞大的消费群体，这是我们下一步的关注点。

二、补齐消费扶贫的短板

开展消费扶贫，一是要解决好农村基础设施这个硬件。虽然近年新增农村公路里程 400 多万公里，实施了"村村通动力电"工程，实施农村环境整治，带动了电商扶贫，使 274 万贫困户增收，光伏扶贫直接惠及 80 万贫困户，旅游扶贫 2.3 万个贫困村。但水、气、厕、垃圾仍是贫困地区开展乡村旅游的障碍，体验不美，可持续性差。特别是公路、网络对农产品销售非常重要。832 个贫困县中，有 90 个县是产粮大县，位于平原和丘陵地区，有形成产品规模的条件，但这毕竟只是 832 个贫困县的 1/9，其余各地条件较差。此外，茶叶也是贫困地区的另一个特色产品，在贵州、云南等地已形成规模，要加强公路、网络建设，从而推动与电商平台、大型商超对接。

二是要打通贫困地区科技"最后一公里"，针对贫困户开展技术服务，这对于山区、边远地区是最困难的。李春生主任讲，几百万大学毕业生有多少回乡？基层农技人员缺乏确实是个大问题。现在除农业部农业技术推广系统外，供销社、农资供销体系、涉农的企业、跨国企业都在搞技术推广，但是贫困地区的科技"最后一公里"还是没有打通。既然有这么多企业参与，政府可以多采取购买式服务，解决贫困地区农业技术社会化服务。

三是开展诚信教育。在有条件和有产品规模的贫困地区，要对农民、合作社开展诚信教育，目前企业的诚信度有欠缺。我参加过电商的研讨会，有的电商反映，陕西猕猴桃一盒12—16个，总有1—2个外观上不符合规格。另外产品的质量安全怎么保障？质量安全是每一个生产环节积累而成的，一个环节出问题，产品质量安全就大打折扣。生产者生产环节的诚信教育对于贫困地区打造品牌至关重要。

三、促进消费扶贫要分类施策

促进消费扶贫，在产业发展上还是要实施分类政策，要生态保护优先。贫困县当中的大部分是生态脆弱区，我认为把握生态优先的原则最为重要，有了绿水青山才有金山银山，不能因为急于脱贫破坏绿水青山。15年前，我去贵州关岭，虽然是喀斯特地貌，但山上植被覆盖率还不错，现在满山种了火龙果、油茶，树下光秃秃的，土地裸露，"远看绿油油，近看水土流"，遇到下雨，水土流失严重。因此，不管发展什么产业都要以生态保护优先，生态良好是贫困地区的最大优势，破坏生态势必加剧当地的贫困程度。当然有很多好的案例，比如贵州黔西南州发展种草养羊，效果就很好，非常适合当地的实际情况，羊粪增加了土壤有机质，增加了植被和产草量，羊被广东企业收购，增加了农民收入。另外，要根据当地的环境承载能力做好乡村旅游规划，避免乡村旅游一哄而起，旅游人口在特定时间突发式增长，给当地资源环境造成巨大压力。

我一直在想，在"乡村振兴脱贫攻坚"中，特别是消费扶贫中政府应该做什么。我认为，政府千万不要用错了力，政府要在公共基础设施上和服务上重点投入，做非竞争性的基础公共建设，少干预企业的产业规划和发展，有时政府初衷是好的，但效果不好，原因在于用错了力。政府在消费扶贫中要正确把握自己的定位，推进消费扶贫良性循环。

——在 2019 消费扶贫与乡村振兴（深圳）大会上的主旨演讲

消费扶贫与城镇化建设的思考 *

中国城镇化促进会是按照党中央推进新型城镇化的战略部署，由国家发改委和原农业部、住建部等十多个单位共同发起，经国务院批准成立的新型社团组织，是专门推动我国新型城镇化建设的社会团体。对于消费扶贫，今天我讲两个问题。

一、消费扶贫与新型城镇化和
乡村振兴的关系

消费扶贫是一个重大的理论实践创新。消费扶贫的概念很新，但是从理论溯源看，是消费经济学在经济发展到一定阶段的一个非常实际的应用。大家知道，消费经济学是研究在一定的社会生产力的条件下，人们在消费过程中所形成的经济关系及其发展规律的一门学科。这门学科起源于 20 世纪"二战"时期的美国，当时美国希望通过消

---

* 陈炎兵，中国城镇化促进会党委书记、专职副主席兼秘书长。

-120-

费推动美国经济发展，避免经济萧条带来的重创。在20世纪80年代，消费对我国经济的拉动起到了重要作用，今天重新把消费与党和国家重大扶贫战略结合起来，我觉得是非常大的理论创新，在实践上也是具有探索意义的。

消费扶贫是对消费经济学的一个重大的理论创新。第一，把消费与脱贫攻坚有机结合起来，重点在于在城乡消费之间如何建立一个良性互动、资源互补、长效可持续发展的机制。我觉得消费扶贫在理论上具有创新意义。第二，消费扶贫的提出，也是对深化农村供给侧结构性改革的一个重要创新。现在农村、城市存在着很突出的"二元经济结构"，农村要吸纳城市大量的资金、人才、信息、资本，更关键的是靠自身的结构性改革，供给侧结构性改革。今天谈的很多话题，都是围绕如何提高农村的服务和产品的竞争力、创造力，吸引更多的城里人把自己的钱投入农村。这是我们这个政策的重点。第三，消费扶贫是夯实农村产业基础、实现乡村产业振兴的一个重要举措。乡村振兴的核心是产业振兴。消费扶贫最核心的问题是如何推动乡村产业振兴，如何保证乡村可持续发展。第四，消费扶贫概念的提出，对建立城乡要素自由流动的体制机制是一个非常重要的创新。大家都是响应党的号召，从道义、感情、责任上扶贫，如果希望广大农村能够长久的脱贫致富，需要靠体制机制的建设。最近，中共中央、国务院出台了一个重要的文件《关于建立健全城乡融合发展体制机制和政策体系的意见》，这个文件是希望从体制机制上建立一个长久的工业反哺农业、城市反哺乡村的机制，能够让城里的信息、人才、资金源源不断向乡村流动。消费扶贫是一个重要的渠道。第五，消费扶贫是按照市场化的原则来推动脱贫攻坚，实现乡村可持续发展的重要创新。如果要长期地实行脱贫攻坚，要长期让农村农民富起来，必须按照市场化的原则，充分发挥市场主体的作用带动脱贫攻坚，消费扶贫就是用市场的指挥棒引领我们的资本、资金、人才、财富向农村倾斜的一个非常重要的举措。

二、特色小镇建设如何为消费扶贫和 乡村振兴服务

近几年，特色小镇成为热门话题，上到党中央、国务院，下到省市，远到国外，还有国内工业企业都在谈特色小镇建设，的确，在国际、国内，特色小镇的探索都取得了很多的经验。像英国、德国、美国、日本的特色小镇建设都非常有成绩。我国以浙江为代表的地方实行特色小镇的创建模式也取得了非常好的成绩。2015 年底，习近平总书记对特色小镇建设给予了充分肯定，并作出了重要批示，指出特色小镇建设有助于推动经济转型升级，推进新型城镇化的转型，各地要大胆创新特色小镇建设。

2015 年以来，全国各地的特色小镇建设风起云涌，也出现了不好的现象，比如借着特色小镇建设盲目开发房地产。特色小镇的建设是城镇化发展到一定程度的必然选择，从资源配置来看，改革开放40 年，很多生产资源、人力财力向大城市集中，出现了"大城市病"。根据经济发展的规律，很多企业把自己的总部都放到了一些小城镇，比如德国大众、奔驰、宝马公司，还有美国波音公司等都将总部放到了离大城市不远的小城镇。小城镇如何进行"消费扶贫和乡村振兴"，我认为在以下几方面可以发挥重要作用。

第一，用特色小镇建设带动乡村产业振兴。乡村振兴的核心是产业，我们缺乏的是产业。特色小镇恰恰是把产业植入小镇的一个非常重要的手段。以浙江为例，浙江以高科技云端设备建设云栖小镇、梦

想小镇、柠檬小镇、玫瑰小镇等等，都是把产业从大城市转移到离农村最近的小乡村，甚至是小村落，特色小镇建设可以纳入更多的产业。从 2016 年开始，在国家发改委领导下，联合国家开发银行、中国光大银行、中国企业家联合会、中国企业联合会共同发起一个重要的工程——"千企千镇工程"，号召全国所有的大中型企业、大型民营企业与小镇相结合，实现一个企业带一个镇，一个产业兴一个镇。3 年多来，已经成功结合 700 多对企（产）业和小镇，比如碧桂园很多的科技小镇，还有华为的小镇等等，都是非常成功的范例。特色小镇一定能够在产业的导入方面，为乡村振兴和消费扶贫提供一个重要的平台。

第二，用特色小镇带动乡村的人才振兴和文化振兴。欧洲很多新型城镇化的国家，很多白领阶层、富人阶层都聚居到非常有生活气息的小镇上，很少有人住在大城市，比如纽约城中心很少有大富豪住在那里，富豪都住到了乡村。比如基金小镇、风险投资小镇都是世界上最富有的富豪居住在这些小镇，为什么这些小镇可以吸引人，是因为它们真正实现了生产、生活、生态融合，在那里生活觉得很有幸福感。乡村振兴如果可以把特色小镇建设成为宜居、宜业、宜游的小镇，就可以带来高精尖人才、带来更多的文化底蕴。

第三，用特色小镇搭建乡村振兴长期稳定可发展的重要平台。为什么有 2 亿多的农民离开自己的故乡到城市打工，因为他们在就近找不到可以打工的地方，如果我们的特色小镇在他们家门口，可以让他拿到比城里更好的收入，农民就不会涌入城市，因此特色小镇建设是一个重要的支撑点。

第四，用特色小镇建设推动城乡一体化建设，实现乡村振兴。特色小镇是离广大农村最近的地方，实现扶贫"最后一公里"，打通城市到农村"最后一公里"，把城乡连起来，乡村振兴的目标就指日可待。

　　衷心希望我们特色小镇的建设为乡村振兴和脱贫攻坚作出应有的贡献。

——在 2019 消费扶贫与乡村振兴（深圳）大会上的主旨演讲

（根据录音整理）

第四部分
现代农业产业化发展

未来我国农业发展的几点建议 *

党的十九大报告指出，我国社会主要矛盾已经转化为人民日益增长的美好生活需要和不平衡不充分的发展之间的矛盾，政府职能应该根据新矛盾转型，各项工作都要围绕这个目标作出调整。当前，我国农业相对于工业和服务业发展滞后，理应把解决好"三农"问题置于全党工作重中之重的地位。十九大首次提出了坚持农业农村优先发展，并把精准扶贫列为三大攻坚战之一，举全国之力打赢脱贫攻坚战，创造世界扶贫史上的奇迹。如今脱贫攻坚进入最艰难的阶段，中国小康建设研究会举办 2019 现代农业产业化发展高峰论坛，意义十分重大。现就农业发展谈几点建议。

第一，要推进农村土地制度改革取得突破，促进我国农村生产力的第二次大解放。农业要提质增效，就要走产业化的道路。一家一户的小农经济无法完成农业现代化的使命。这就要求必须破除阻碍生产力发展的体制机制弊端，实现由市场配置资源要素，赋予农民更多的财产权、经营权和收益权。40 年前正是以农村家庭联产承包责任制

---

* 张梅颖，第十一届全国政协副主席。

为内容的农村改革拉开了中国改革的大幕，今天实施乡村振兴和脱贫攻坚更需要进一步解放思想，向改革要动力。中央提出农村土地承包经营权再延长30年，给农民吃了定心丸。一些带有制度性的变革，如实行农村承包地的"三权"分置，农村经营性建设用地、农村宅基地改革试点也在逐步推进。土地制度改革是"三农"改革的核心问题，既要审慎又要推进，要通过改革源源不断地释放红利，为推进农业产业化铺平道路。

第二，要不断完善农业支持保护政策，加大农业基础设施和农业科技的投入力度。在世界范围内农业都是弱势产业，为符合世界贸易规则和我国的"入世"承诺，我们必须不断完善农业支持保护政策，减少对农产品价格的直接补贴。更多地使用绿色政策，加大对控制性水利工程、农村小土地和黑土地的保护，加大对农田重金属污染治理、优良品种选育、农业科技推广及农村信息化建设等项目的投入，扎实推进落实"藏粮于地、藏粮于技"的政策。优良育种包括杂交、转基因技术能够大幅度提高产量，整体提高我国农业的产业化水平。只有这样才能把中国人的饭碗牢牢端在自己手上，而不是光提倡"锄禾日当午""面朝黄土背朝天"，靠辛苦来解决14亿人民的吃饭问题。必须发展农业科技，培养更多的农业科学家，走现代农业的道路。

第三，要促进新兴农业经营主体的发展。新兴农业经营主体是当下我国农业先进生产力的代表，最初的表现形式是传统规模化种植养殖，发展到今天更多的是指具有一定资金、技术和管理营销经验的家庭农场、农民专业合作组织、农业产业化龙头企业和其他各类农业社会化服务组织及经营者。他们是实现小农户与现代农业对接，推动农村一二三产业有效发展的载体。当前要完善利益联结机制，在新兴经营主体与小农户、贫困户之间建立稳定持久的利益共享、责任共担的利益联结机制，提升新兴经营主体的扶贫带动作用。

第四，要加大金融支农力度。农业项目周期长、回报低、风险高，所以农业企业在银行融资难，断贷现象很突出。各级部门和人民银行都要加大对农业企业项目金融的资金支持力度，督促金融机构及时、严格落实各项支持民营企业发展的优惠政策，降低贷款门槛，简化贷款流程，进一步降低民营企业融资成本。到2020年实现整体脱贫是以习近平同志为核心的党中央对全世界的郑重承诺，我们要以只争朝夕的精神攻坚克难，为全面建成小康社会、建设社会主义现代化强国作出我们自己的努力和贡献。

——在中国小康建设研究会现代农业产业化联盟成立大会暨2019现代农业产业化发展高峰论坛上的讲话（根据录音整理）

现代农业产业化联盟是
农业经营体制的一大创新 *

    习近平总书记高度重视农业现代化。在党的十九大报告中强调，要"加快推进农业农村现代化"。在全国"两会"期间强调，"要加快推进现代农业建设。在一些地区率先实现农业现代化，突出抓好加快建设现代农业产业体系、现代农业生产体系、现代农业经营体系"。

    现代农业经营体系的三个重点是，加快推进农业结构的调整，加强农业基础设施和技术装备建设，加快培育新兴农业经营主体。今天，我们在这里成立现代农业产业化联盟并举办现代农业产业化发展高峰论坛，就是贯彻落实习近平总书记重要指示精神的具体举措，是在构建集约化、专业化、组织化和社会化相结合的新兴现代农业经营体系，是现代农业产业化组织形式的最新体现。

    一、现代农业产业化联盟的成立是农业经营体制的一大创新。联盟打破了就农业论农业，针对农业发展内在行业的局限，在中国小康建设研究会的指导下，由著名的龙头企业上市公司锦州港股份有限公司联合中国农业发展银行辽宁省分行、京东数科等共同发起，以锦州

---

* 白长岗，中国小康建设研究会会长。

港为中心和纽带，与南方粮食需求区有机结合起来，不仅跨地区、跨市场，而且跨行业整合了粮食生产、交通运输、技术创新、信息服务、智力知识等优势资源。以利益共享、产业配置为共同纽带，以经济效益、社会效益、生态效益共享为动力，把农产品生产加工、销售、运输等不同产业利益主体串联起来，把不同的规模、背景、特色、节点的农业经营主体有机结合起来。协作分工得到利益共享、责任共担，农业产业链、价值链能够有效促进农民增收、农业增效和企业增利，在互动中确保农产品的质量，共享经营红利，培育壮大联盟的机制。

二、现代农业产业化联盟的成立是以市场为导向的深化农业改革的示范。联盟改变了以往由政府主导农业发展的既定模式，按照市场需求，拉动配置企业和社会的相关优势资源，切实遵循市场规律，合理搭建新兴现代农业载体，加快培育农业农村发展的新动能，不断推进农业供给侧结构性改革。

三、现代农业产业化联盟的成立是破解"三农"问题的创举。这将有利于整合农业全产业链的优势资源；有利于创新产业链运行模式，达到建立一个共生、共享、共赢的生态系统；有利于制定农业生产、交易、流通的标准化、精准化和操作规范化；有利于解决农业粗放型碎片化的生产模式及高成本、高损耗、低效益、低收益的难题；有利于实现现代农业特别是粮食产业全过程降本增效；有利于为农村一二三产业探索出一条发展的新路；有利于提升农业产业核心竞争力的同时大力助推精准扶贫工程。

四、中国小康建设研究会始终以破解"三农"难题、全面建成小康社会为己任。自 2008 年成立至今，长期深入基层特别是贫困边远地区调研，组织各方面专家学者探讨研究，为社会各界尤其是著名企业搭建智力支持平台。研究会调研组先后撰写了十多篇关于"三农"

问题的调研报告，报送后得到了历任党和国家领导人的多次重要批示，为制定关乎国计民生，尤其是为破解"三农"问题的重要政策和法规提供了很好的参考。

五、没有农业农村农民实现小康，就不能全面如期建成小康社会。今年是决胜全面建成小康社会的关键年，是脱贫攻坚的决胜年，也是我们中国小康建设研究会全面落实乡村振兴战略的重点工作年。就在上个月我们在浙江宁波成功举办了全国乡村振兴与扶贫协作（宁波）论坛，同时举办了中国小康建设研究会乡村振兴研究院成立揭牌仪式暨乡村振兴百县巡回大讲堂活动，在深圳成功举办了2019消费扶贫与乡村振兴（深圳）大会。我们在这里组织成立中国小康建设研究会现代农业产业化联盟，举办现代农业产业化发展高峰论坛就是要为农业现代化搭建一个有利于全产业发展共赢的平台，与加入联盟的各个会员企业共同为全面如期建成小康社会群策群力，作出新的贡献！

——在中国小康建设研究会现代农业产业化联盟成立大会暨2019现代农业产业化发展高峰论坛上的讲话

成立现代农业产业化联盟
为中国农业产业化贡献力量 *

习近平总书记强调"积极培育新型农业经营主体，促进小农户和现代农业发展有机衔接"，我们深感切中要害，抓住了现代农业的关键所在。锦州港作为北粮南运的重要节点，多年以来以玉米为主要品种，粮食生产量在 2300 万吨左右。在粮食经营过程中发现，小农户与高度产业化的粮食市场之间、粮食市场各参与主体之间都存在着巨大的协同障碍，成本高，效率低，浪费惊人。表现在以下几个方面：第一，粮食销售难。小农户很难了解农产品需求的变化，更难以预测市场发展的前景，增产未必增收。以 2018 年秋粮为例，新玉米上市后农民受市场粮食价格看涨的影响，购需下跌，加上天气影响存粮保管不善，出现霉变，带来很大的损失。第二，提高粮食产品质量难。小规模经营农户难以采用现代技术设备，更难以实现标准化生产，小农户该增产的增不上去，该节支的节不下来。据调查，实现集约化生产粮食产量可以增加 8%—10%，可减少 8%—10% 的化肥农药施用。第三，粮食储存流通环节多。粮食由田间产出到最终消费，企业要经

---

* 刘辉，锦州港股份有限公司总裁。

过 10 次以上的环节，每次环节都要增加一定的费用，农户在粮食收储过程中要损耗 19%。第四，农机缺乏有效的调动。第五，物流与商流不匹配，导致粮食销售成本提升。粮食从东北产区运到南方销区要经过公路、铁路、航运等多种运输途径，在此过程中物流信息缺乏有效的整合，各环节之间往往衔接失调。物流衔接不畅导致运粮的过程中运输成本每吨玉米增加十几元到几十元。第六，农户和中小加工贸易企业很难与金融机构有效对接。金融机构无法对产销全链条提供风险评估，农户和贸易企业的资金成本高，保守估计每年成本多支出10% 以上。

面对上述问题，锦州港股份有限公司作为一家高度市场化混合所有制的上市公司，利用核心物流节点优势，设立农业产业化服务公司，与中国农业发展银行辽宁省分行等多家合作伙伴一道建立农业产业链条。2017 年开始尝试搭建连接小农户为现代农业产业衔接的市场评估体系，针对市场消费需求的判断与农户签订保底收购订单，解决了卖粮问题。同时根据订单预付给小农户部分资金，解决了农民种地资金的来源。根据订单的情况统一采购农机服务，既可以实现农民的标准化操作和标准化生产，又降低了农户的生产资料采购成本，农户在订单的指导下不改变农户土地承包权的基础上实现了分品种的集中化就业。

此外，农业技术应用水平大幅度提升，提升标准化管理水平，使粮食生产质量和管理水平大幅度提升。秋收时粮食准时送达粮库，以粮库港口目的地港为基础，实现了贸易流和物流一体化经营。根据用粮企业和贸易企业的计划，铁路、航运等搭配有计划的航运班轮，最大幅度地简化了贸易程序，提高了物流的组织效率，最终形成了从农户生产准备、生产过程组织与管理贸易物流和用粮企业为一体的完整产业链闭环。由单一的龙头企业为农户服务转变为龙头企业联合为农户服务，为小农户衔接现代农业产业的服务体系建设迈出了探索性的一步。这种经营模式实现了全链条的降本增效和提质增效，农民实实在在实现了增收节支，大家共同分享了成本降低和效率提高的红利。

2018 年，这种模式在黑龙江、内蒙古、吉林的 10 个县市进行了尝试，取得了良好的效益。通过实践我们认识到，粮食产销储运是一个系统工程，是一个产业生态体系的搭建过程。但是由几家企业共同完成，需要用粮企业、铁路、公路、金融机构、技术单位共同参与，才能完成小农户对接大市场，实现助力中国农业走向产业化的宏伟目标。

2018 年，中国小康建设研究会在总结我们前期工作经验的基础上，与中国农业发展银行辽宁省分行等发起人共同发起了现代农业产业化联盟，希望通过产业联盟的形式创新机制体制，利用市场化的手段搭建跨行业、跨市场、跨地域的农业产业化服务体系，推进小农户与现代农业发展的对接，助力农业产业化发展。经过 4 个多月的紧张筹备，向全国 64 家企业发起了成立联盟的倡议，得到了积极响应，64 家企业全部成为联盟的成员单位，并集体通过了联盟的工作机制，依据工作机制选出了主任单位、副主任单位及秘书长单位。

今天在各位领导的关心和支持下，经过全体会员的共同努力，终于迎来了中国小康建设研究会现代农业产业化联盟的成立。未来我们一定在中国小康建设研究会的指导下，积极开展工作，服务好全体会员，与大家一道为中国的农业产业化大计贡献力量！

——在中国小康建设研究会现代农业产业化联盟成立大会暨2019
现代农业产业化发展高峰论坛上的讲话（根据录音整理）

中国农业赶超发达国家的途径 *

习近平总书记提出我国赶超发达国家经济的宏伟设想。我们认为，工业化、城镇化都能如期实现，甚至提前实现。令人担心的是农业。

担心农业，主要缘于农户经营规模太小。我国既是世界上农户最多的国家，又是世界上农户最小的国家。人均一亩三分地，户均耕耘七亩田，相当于美国的 1/400，欧盟的 1/40，日本的 1/4。农户经营规模过小，难以实现大批量标准化生产，难以采用现代技术设备，难以推进农产品加工销售，更难以将产加销联成一体。这些难点的叠加，导致农业成为弱质产业，农民成为弱势群体。

怎样破解这个难题，中国小康建设研究会组织课题组进行了深入的调研论证。调研情况表明，想方设法引导经营能力强的农户，吸纳能力弱的农户，扩大经营规模，形成种植大户，是一种可行的办法。多数大户种植二三百亩土地，在我国称为种植大户，在发达国家仍属小规模农户，产品批量和竞争能力仍然较低。至于众多没有吸纳进大

＊　肖万钧，中共中央政策研究室原副主任。

户的小农户，如何扩大经营规模，则是更难以解决的问题。在我看来，我国这样人多地少的国家，扩大农户经营土地规模，存有诸多制约因素。发展培育为农户服务的载体，引导农户联合起来，扩大产品的经营规模，则有众多的出路。总结农村改革开放以来的实践经验，我们发现至少有以下几个途径。

其一，依托龙头企业，推进农业产业化经营。农业产业化经营，以龙头企业为骨干，以生产基地为依托，龙头带基地，基地联农户。农户生产的农产品经过龙头企业加工增值，源源不断地销往国内外市场，促使农业形成区域化种植、专业化生产、规模化经营、系列化服务的格局，优势产品形成区域性的主导产业。这些明显的优势，使这种经营形式一直呈现方兴未艾的发展态势。据农业农村部统计，龙头企业带动的农户已占全国农户的40%。

实行这种经营形式，龙头企业为了获得充足的原料，尽力扩大生产基地，形成大批量生产。农户借助龙头企业的配套服务，不断扩大生产能力，获取规模效益。这两方面的动因，形成扩大农产品经营规模的合力。我们在实地调研中看到，农业产业化发达的地方，到处有几万亩、十几万亩、几十万亩的产业带，几百户、几千户、上万户组成的产业群。不少龙头企业的经营区域，不仅跨村、跨乡，而且跨县、跨市。有些地区围绕当地特产形成的产业带，涉及范围更为广泛。位于陕西渭河北侧的苹果产业带，东起潼关，西至甘肃交界，绵延800里，年产优质苹果占全国产量近1/3，占世界苹果产量1/10。甘肃的土豆产业带，种植面积上千万亩，产量占全国1/10。新疆的番茄产业带，种植面积上百万亩，加工的番茄制品占世界贸易量1/4。我们在调研中感到，如何扩大经营规模，思路应更宽一些，办法应更多一些。促进土地流转，培育种植大户，固然是一种形式，通过龙头企业，带动生产同类产品的农户，建立大规模的生产基地，则是更为广阔的规模经营。以品牌为纽带，按照不同产品，一条龙地形成大批量的产业群体，将是我国农业实现规模经营的重要途径。

其二，发展农产品批发市场，形成大规模流通网络。农产品龙头企业不仅包括加工企业，而且包括销售企业。农产品销售企业，尤其是大型销售市场，其所销产品大都来自大规模标准化生产基地。采用现代流通方式的农产品批发市场，带动生产基地的规模，不亚于甚至高于加工企业。我们在不同区域调查的农产品批发市场，都是鲜明的例证。

坐落在农产品销区的北京新发地农批市场，从15个小贩15亩地起家，发展成拥有上千家营销企业、占地上千亩的大型批发市场。全国31个省区市的名优农产品，43个国家的知名水果，均汇聚于此。农产品年交易量达1693万吨，交易额达1080亿元。这个拥有15家分市场的大型市场，从新疆到海南均建有生产基地，高标准的生产基地达330万亩。

坐落在农产品产区的山东寿光农产品批发市场，从塑料大棚起家，如今已建有60万亩钢梁框架的塑料大棚，销售千余种本地和引进的知名品牌蔬菜，带动附近县20余万种菜大户，种植基地远远领先全省各地，成为远近闻名的蔬菜之乡。

有的地方还涌现专门建设经营农产品批发市场的企业集团。深圳农产品股份公司先后在20个省区建设53个现货交易和电子交易市场。其中18家现货交易市场，年交易量2900万吨，交易额1700亿元，据业内人士估算，农产品基地达千万亩。

总的来看，改革开放以来，我国农产品市场有较大的发展，但仍远远不适应市场需要。实践证明，提高标准化农产品供应，必须建设现代市场体系，在全国形成布局合理、设施先进、功能完备、机制健全、运行规范的现代农产品市场网络。在市场带动下，培育越来越广的标准化生产基地，这是促使我国农业实现规模化标准化的有效途径。

其三，引导农户联合起来，发展合作经济。在家庭承包经营基础上，由农户自愿参加、自主经营、自我服务的合作经济，解决诸多自己难以克服的困难，深受农户的欢迎。据农业农村部统计，全国合作经济吸引的农户已有1/3左右。今后5至10年如扩大到1/2至2/3，农业规模化经营将进入新的阶段。实现这样的目标，亟须发挥龙头企业、批发市场的带动作用。龙头企业、批发市场均带动农户建立生产基地，引导基地的农户联合起来，组成合作经济，形成"龙头企业＋合作社＋农户"的经营模式，顺理成章，简便易行，成效明显。坐落在锦州港的大型粮食运转龙头企业，在东北10个产粮县市，组建上百个合作社，联合4万多农户，辐射300万亩粮田。龙头企业通过合作社与农户签订收购订单。春耕前将粮食收购资金预付到户，统一购置农机、化肥、农药等农用物资，统一机耕、机播、机收。粮食收获后，由田间直接送到指定的粮库，粮库与公路、铁路、航运部门协调运输线路，迅速运到销区，有效地减少转运环节，降低流通费用。种粮农户通过增产节支，增收30%。

这10个县市实行的经营模式，在东北引起强烈反响，其他县市纷纷要求这样做。由中国小康建设研究会牵头，在锦州成立现代农业产业化联盟。该联盟不仅囊括众多龙头企业，而且囊括中国农业发展银行、粮食贸易公司、交通运输部门、农业科技中心等职能部门，形成完整的服务体系，包括信息体系、科技体系、仓储体系、物流体系、金融体系、监控体系，各个体系紧密衔接，收益共享。由龙头企业引领成立合作社，在更大范围更高层次上组建服务实体，这是建设现代农业的重大创新。我们应引导扶持现代产业联盟扩大覆盖范围，提升服务效益。这对促进我国农业的跨越式发展将起巨大的作用。

　　上述龙头企业、市场网络、合作组织，是市场经济发展的必然产物。从世界范围看，不管哪个国家，只要发展市场经济，就必然产生农户生产的产品如何进入市场的问题、产生如何提高农产品市场竞争力的问题。发达国家农户经营规模比我国大得多。经营规模再大，单靠自己的力量，从事农产品加工、储藏、运输、销售，并将这些环节联结起来，也很难实现。于是，产生联合起来建立服务载体的需求。尤其是农户经营规模小的国家，联合的要求更为迫切，服务载体更为普遍。当然，各国的国情不同，发展的重点亦有所不同。荷兰、丹麦等国家，侧重发展产加销一体化经营。围绕主导产业，配套地建立信息收集、产品开发、生产加工、市场营销体系。这两个国家耕地面积只相当于我国的 2%，却成为世界上农产品出口大国。荷兰农产品出口额仅次于美国、法国，居世界第三位。丹麦养猪业形成完整的高度现代化的产业链条，猪肉出口额居世界第一位。日本、韩国等国家，在家庭经营的基础上，农村普遍成立称为"农协"的服务载体，对农户提供从农资供应到产品销售综合性的服务。我们考察所见，几乎每个村都有农协，每个农户都参加农协。农协将各户的农产品送到遍及城乡的批发市场，销售到消费者手里。众多事实说明，推进农业规模化集约化，既要实行家庭经营，又要发育为家庭服务的载体，两者相辅相成，相得益彰。这些发达国家经历上百年探索实践所走的路子，是建设现代农业迟早要走的路子。我国市场经济刚刚起步，为家庭经营服务的载体即开始发育起来。我们应因势利导，采取强有力的政策措施，富有成效地向前推进。经过长时期艰辛的历程，形成成千上万能够与国外同行业相抗衡的龙头企业和企业集团，采用现代化交易手段的农产品市场网络，带动全国大部分农户组成的产业群体。龙、网、社联结亿万农户，覆盖各行各业，我国农业便会形成区域化、规模化、标准化生产的格局。这种格局形成之日，便是我国农业赶超发达国家之时。

　　——在中国小康建设研究会现代农业产业化联盟成立大会暨2019
　　现代农业产业化发展高峰论坛上的讲话

为精准扶贫和粮食安全战略打造新引擎 推进农业产业化发展 *

　　中国农业发展银行是国家政策性银行，因粮而生，伴粮生长，全力服务国家粮食安全，是国家赋予我们的职责和使命。自 1994 年成立以来，积极参与国家对农业发展、粮食收购的调研与决策，根据中国特色，探索实施新的运行模式，有效解决了农民"打白条"问题，为农业生产连续十多年的丰收作出了积极的贡献，得到了党中央、国务院的充分认可。近年来，随着国家深入推进粮食收储制度改革，粮食生产体系、流通体系、产业体系正在发生系列变革。农发行始终以服务国家战略、执行国家政策、保障国家粮食安全为己任，在变革中迎来了全新的挑战和机遇。

　　在新形势下，我们逐步认识到人多地少、整体产业化水平低是困扰我国农业发展的核心问题，这一问题导致了农业生产效率低下，农民收入水平总体偏低，产业化资源配置效率低，农产品缺乏国际竞争力，产销脱节，经营成本高，损耗惊人，急需有一个跨地域、跨行业、跨市场，集需求、物资、资金、技术、信息、物流、贸易等多维

---

　　* 刘喜峰，中国农业发展银行辽宁省分行行长。

于一体的有效服务体系的集成。只有建立了有效的服务体系才能实现小农户生产的集约，才能实现小农户与生产、与市场的对接，实现粮食交付的便捷高效。

经过深入调研和反复论证，在几家牵头单位的全力倡导推动下，在中国小康建设研究会的大力帮助下，在行业内 60 多家企业的响应下，现代农业产业化联盟应运而生。现代农业产业化联盟将以农业产业链全要素的资源整合为纽带，以全过程降本增效、提质增效和风险管控为主要目的，以契约关系为保障，基本涵盖了农资供应、农业技术、生产服务、粮食收储、粮食贸易、物流服务、港口终端、加工企业和虚拟性技术等方面。联盟成立以后将协同粮食产业的各方优质资源，优化要素资源配置，共同着力于产学对接的订单合作体系、集约高效的生产服务体系、贸易与物流相协同的交易交付体系、普惠快捷的金融服务体系、畅通透明的 IT 信息体系等五大体系的建设，探索产业链运行的一体化模式，搭建产业化服务体系，提高在粮食生产和流通环节中的科学化、标准化、集约化、信息化和有序化水平，解决粮食生产过程中存在的粗放型、碎片化、高成本、高损耗、低效率和低收益的问题，为小农户与现代农业发展有效衔接提供平台。此外，还提供技术、资金、信息等一揽子的服务。联盟成立以后，根据我们的初步测算，在现有条件环境不变的情况下，每吨可以降低成本 100 元，锦州港目前每年通过的储存量是 3000 万吨，可以有效降低 30 亿元的成本损耗。

农发行多年来与锦州港保持着密切合作关系，互利合作取得了显著成效。通过成立农业产业化联盟将再一次加强合作，借此平台结识更多的新朋友、新伙伴，继续过去良好的合作模式，共同开创美好的未来。农发行辽宁分行被选为第一届主任单位，我本人十分荣幸地被选举担任联盟主任一职，对此，中国农业发展银行非常支持。在欣喜的同时我们深感使命光荣，非常重视这种基于市场化原则搭成的联盟，对联盟的未来发展，我们充满信心、充满期待。在今后的工作中，农发行辽宁分行将在总行的统一领导下，充分发挥政策的独特优势，按照习近平总书记关于农业供给侧结构性改革的重要指示，以联盟为平台集合各方资源智慧，以普惠理念创新服务方式，从生产、流通、加工等环节深入研究，着力破解农业生产和经营过程中的融资难、融资贵问题，为参与联盟的企业量身定制一揽子的金融服务方案，为各类企业包括民营企业开展粮食种植、生产、收购、销售、加工等一视同仁的支持，为农业产业化发展贡献力量。

同时，我们也坚信在各位领导的关怀下，在全体会员的共同努力下，产业联盟本着共建、共享、共赢、共生的理念，倡导合作，致力创新，必将在更大的平台上成就更大的成绩，为推进我国农业产业化发展，破解"三农"发展"瓶颈"难题，助推精准扶贫和国家粮食安全战略打造新引擎，提供新动能，作出新贡献。

——在中国小康建设研究会现代农业产业化联盟成立大会暨2019现代农业产业化发展高峰论坛上的讲话（根据录音整理）

以现代农业产业园为抓手
引领推进乡村产业振兴*

  2019 年 4 月 19 日，农业农村部和财政部在广东省江门市新会区召开了全国农业产业园推进工作会。江门市新会区陈皮现代农业产业园是农业农村部、财政部共同认定的第一批产业园，是立足于新会柑橘打造出的 66 亿产值的一个大产业园。新会柑橘是柑橘的一个分支，也是唯一一个皮比肉贵的品种。通过产业园 3 年的打造，建成了 10 万亩新会柑橘的绿色生产大基地，形成了 150 家深加工企业，通过新科技开发出 100 多个品种，建立了 2 所院士服务站，对接 39 家农业科研院校。此外，通过融合资源，专门建立了一个"陈皮产业＋文化＋金融"等产业服务。然而，就是这么一个产业，为县一级的新会区提供了 2.6 亿元的税收，带动了 5 万人就业。参会的人都感叹，这是新时代现代农业产业化的升级版。农业农村部韩长赋部长在会上做了讲话，指出要充分认识发展现代农业产业园的意义，要把它作为乡村振兴的突破口，作为乡村产业振兴的重要抓手。下面我谈一下对现代农业产业园的四点认识。

  第一，现代农业产业园是农业产业化的 4.0 时代。随着家庭联产

---

* 魏百刚，农业农村部发展规划司司长。

承包经营制的实施，生产力大解放和大市场的对接出现问题，农业产业化随之发展，存在链条短、融合度低、效益和竞争力还不够高的问题。我在河北省工作期间就思考现代农业抓什么？这个抓手在哪儿？如何统一思想？市委书记、市长，县委书记、县长都认为这个事应该抓，但是怎么来调动他们的积极性呢？习近平总书记在正定工作期间谈及："上面来干部，我就骑个自行车跟大家一起就去看庄稼，一说农业就能说半天。"当前是看现代农业，那现代农业是什么？2015年在河北省开始抓现代农业产业，通过这几年的发展，现代农业产业确实是有了产业化的升级。过去是"龙头企业＋基地"，后来是"龙头企业＋合作社＋基地"，如今在以上的基础上，打造现代农业产业化联合体，在县域范围内以规模种养为基础，依据现代生存要素和经营主体，实行"生产＋加工＋科技＋融合＋品牌"全链条的开发打造，一二三产业融合发展。即一个宗旨、四个坚持，一个宗旨是：要坚持信农、为农、务农、兴农，围着农业干，带动农业增收；四个坚持是：要坚持集聚发展、融合发展、创新发展、绿色发展。集聚发展是要素集聚、主体集聚、产业集聚，发挥产业园的效应；融合发展是产业链、价值链供应链，产业渗透，产业交叉，产业重组；创新发展是创新生产组织方式，特别是利益联结机制；绿色发展是要绿色循环，投入减量，生产清洁，废弃物再利用。现在我国认定了62个国家级的现代农业产业园，已经建设到第三年了，形成了95个主要产业园区。2018年，国家认定了20个国家现代农业产业园，我们要打造中国第一、世界有名的产业园。

第二，现代农业产业园能实现农民增收，农业增效，政府增税。在基层工作时，我常跟县委书记、县长在一起探讨农业问题，把农业当成最重要的事。我们不但要考虑企业盈利，还要考虑到政府增税，每个县选择一两个主导产业，一定要是加工链条长的产业。每个县的县委、县政府编制产业发展规划，找到薄弱环节，大抓农产品加工，附加上文化、旅游、健康等第三产业。例如河南正阳县，县委书记非常能干。这个县的花生种植面积是170万亩，计划建生产基地，建立国家现代化产业园，也准备引进鲁花花生油的生产。经过这几年发展，加工企业有30家，形成了正阳花生品牌，花生综合收益148个亿，品牌价值突破100亿元，经济实力排名从2013年的全省102位跃升到了2018年的62位。

第三，现代农业产业园成为加速城乡融合发展的桥梁。抓乡村振兴的难点是"人、地、钱"，"人、地、钱"的问题不破解，乡村振兴就实现不了，这个大家深有体会。建设现代农业产业园能解决人的问题，也能解决地的问题。例如我在河北工作期间，协调国家发改委一年拿出1万亩地用于乡村的产业建设，用地指标拿出来落实，做重大项目有绿色通道，能够落地解决问题。此外现在国家的信贷体系、农业信贷体系重点就是要向产业园当中的企业倾斜，因为它们具有园区的平台信用。现在我们中小企业为什么贷款难？研究发现，全是用抵押物做担保，而没有信誉贷款，没有考虑产业发展的增长潜力贷款，没把软因素加进去。

第四，现代农业产业园是推进农业高质量发展的手段和途径。这项工作是一个探索，刚刚提及的现代农业产业化4.0升级版很多都是在探索的过程中。我们通过62个产业园已经带动了28个省建了1000多个省级产业园，构建三级产业园体系，特别需要在理论上创新。希望在座各位，无论是领导、专家、企业家，社会各方面研究的同志，大家都能关注现代农业产业的发展，发挥更大的作用。

——在中国小康建设研究会现代农业产业化联盟成立大会暨2019现代农业产业化发展高峰论坛上的讲话（根据录音整理）

新时代现代农业产业化发挥的四个作用 *

　　研究一个新生事物或者谈论一个新的组织要发挥什么作用，首先要认清我们这个时代的形势，在大时代里找准我们的定位。那么，我们现在处在一个什么样的时代、这个时代有什么样的特点？想必大家都知道，我们正面临百年未有之大变局，国家发展面临以百年计也未必能遇到的机遇与挑战。这种百年未有之大变局，既包括信息技术、人工智能等新技术革命带来的产业变革，也包括我国经济实力不断上升带来的整个国际力量对比的变化。

　　对于我国农业来讲，同样面临着巨大的变化。我认为比百年未有之大变局还要大。目前我国农业发生的变化可以称得上是千年未有之大变局。比如，我国农业增加值的比重在不断下降，农业小部门化的特征在不断彰显，这个变化恐怕就要以千年来计。又比如，我国农民持续老龄化，"农二代"不断城市化，以前，我们担心的都是没有地种，现在担心的是谁来种地。这恐怕也是千年未有之大变化。再比如，我国农业长期是封闭市场，2004 年以来我国农业连续出现贸易

---

　　* 　叶兴庆，国务院发展研究中心农村经济研究部部长。

逆差，而且未来这个贸易逆差会进一步扩大，现如今城市化不断发展，农产品成本不断上涨，未来国内外农产品价格倒挂的幅度还会进一步扩大，农业的对外依存度还会长期持续上涨，包括未来中美经贸关系变化对农业的影响，毫无疑问可能还要主动地扩大农产品进口。这样一个变化的国内外市场，连接程度的变化，对中国农业来讲也是一个千年未有之大变局。在这样的大变局下，我国农业产业化要承担什么样的历史使命？现代农业产业化联盟要承担什么样的时代责任？我认为，现代农业产业化要在大变局中发挥四个作用。

第一，在创新农业的经营方式中要发挥引领作用。现在农民正在发生分化，以前农业主要的经营形态是家庭经营，从小规模家庭经营到合作社。现在在家庭经营和合作社经营这两种经营形态并存的同时，给予企业化经营能够发挥作用的空间会越来越大。以前对工商资本进入农业是有一个界定的，适合发展产前产后、加工流通等社会化服务，如农业机械化收割服务等生产性服务业，也开始有企业的经营形态来把农民分包出来的作业环节承接起来，融入下一步农业经营方式的创新中。

第二，在推动农业绿色发展中，工商资本应该发挥标杆作用。现在我国农业的产能很大，但13000万吨的粮食产能、8500万吨的肉类产能、6500万吨的水产品产能中，相当一部分是不可持续的，是要退出的边际产能。此外，我们面临农产品本身质量安全问题。要推动农业走上可持续发展，走上绿色生态的发展道路，总是要有力量来推动的。要通过市场化让可持续且绿色的生产方式能够有更高的市场定价，让消费者为按照可持续的方式生产出来的农产品付更高价格，这样生产者才有采用这种生产方式的积极性。问题是市场怎么给出更高的价格？我认为要创立品牌，要有产业链。这就需要创新市场的组织方式。但是，真正的品牌特别是有影响力的品牌要靠企业来运作。

企业在培育品牌上有投入能力和维护能力，在其产业链上的大量农户按企业的要求进行标准化生产，企业能起到督导的作用，督导产业链上的农户如何采用安全的、绿色的生产技术，这就是企业在发挥它的标杆作用。

第三，企业在促进三产融合方面要发挥重要的平台作用。当前，我国农业劳动力的份额高达 26%，但农业只创造了 7% 的 GDP。提高农业劳动力的收入，一个很重要的出路就是要提高农业的就业密度，要把 26% 的农业劳动力有效地利用起来。如何有效利用这 26% 的农业劳动力？那就要向二、三产业延伸，通过产业链的延长，把产业链价值尽可能留在延长线里面。要提高农民在这个产业链中分享的比例。那么，这个目标怎么实现？我们要靠农民、靠农户来实现三产融合，或者是靠合作社来实现三产融合，这些都是可以的，而且也有很成功的案例。但是真正要实现三产融合，企业这个平台还是更重要一些。在我国，农村的三产融合过程中，企业平台的作用恐怕是难以替代的。

第四，工商企业在增强中国农业的国际竞争力方面要发挥重要作用。我们现在面临比较大的竞争压力，未来面临的竞争压力会进一步扩大。大家可能从媒体上也看到了，最近 WTO 已经发布了专家组关于美国诉我国农产品最低收购价政策、农产品关税配额管理办法的报告，我们会认真地评估这个报告，但是这也给了我们一个启示，就是我国农业的支持政策恐怕还要进一步改革、进一步完善。但是，支持空间又有限、农业竞争力又要提高，其中一个很重要的出路就是要提高产业链的竞争力。这不是中国的小农户跟美国的大农场在那儿面对面地竞争，而是我国农产品的产业链和美国农产品的产业链在竞争。我国要培育和做强我们自己的产业链，其中最重要的还是要靠龙头企业。要建设一批具有国际影响力、具有国际竞争力的龙头企业，以此提高农业产业链的竞争力。未来我国农业在国际竞争力、产业链的培育过程中，迫切需要培育一批具有国际竞争力的龙头企业。

　　未来现代农业产业化联盟如何跟上我们这个时代的大变局，来找准自己的定位，充分发挥作用，空间非常大，舞台也非常大。因此，我衷心祝愿现代农业产业化联盟在未来能够切实把准时代变化的脉搏，切实发挥应有的作用。

　　　　——在中国小康建设研究会现代农业产业化联盟成立大会暨2019现代农业产业化发展高峰论坛上的讲话

用现代经营方式推进农业产业化发展 *

农业产业化包含了三个体系：第一个是生产体系，第二个是产业体系，第三个是经营体系。这三个体系有机结合在一起，就形成了农业产业化。

生产体系。生产体系重点在两个方面。一是科技进步，重点关注品种和生产环境两个方面。品种是科技进步的产物，生产环境主要是栽培技术、植物保护等方面。二是生产方式和经营规模，关键是小农户和专业合作组织的结合。

产业体系。产业体系要关注两个方面。一是上下游的关联度，在主产区形成产业群。我国在 20 年前提出的农业产业化，以龙头企业带动主产区的产业群，在这方面有很多例子。二是对加工及副产品的循环利用，取之于农用之于农，绿色低碳环保。

经营体系。经营体系分三个层次。一是产品包装，如企业标志、地理标志、品牌标志。这是一个将产品变为商品的过程，过去农业生产的是产品，现在进入市场要的是商品。二是产品销售，现在最热的

* 方言，中国小康建设研究会副会长、国家发改委农经司原副司长。

是"互联网＋"的新模式以及配送、零售等。三是如何规避市场风险，随着农业经营规模的逐渐扩大，企业和专业合作社都在寻求一种方式来规避市场风险，规避市场风险有两个工具，一个是保险，另一个是期货。这三个层次就是现代经营方式。在前两个层次里面"互联网＋"和品牌标志、企业标志、地理标志等等是对公众的、对消费者的一个承诺，是诚信的问题，另外一个层次是公信力问题。

为何强调用现代经营的方式推进农业产业化？这是基于我国国情，从宏观层面上看土地流转加快了，但是从微观层面上看小农户还是占了98%。从政策层面上看，以往政策取向是提高农产品价格和政策性补贴，而近年出现了三个新情况：一是专业组织发展很快，为小农户进入市场、规避市场风险提供了一个基础；二是期货市场逐渐完善；三是现行的农业支持保护政策面临挑战，从中美贸易摩擦可以看出，世界贸易组织表示对中国实行小麦和水稻的最低收购价政策不支持，这意味着我们面临着农业支持保护政策的调整，也就是农产品价格补贴机制的调整。以往为什么要实行农产品价格补贴政策？我们看一下近年的粮食、油菜、棉花、甘蔗的生产成本。2010年以来，主要农产品生产成本直线上升，到2017年，净收益基本上是负的，净利润也是负的。2010年以来的四大粮食品种和油菜成本增长了50%，甘蔗、棉花成本增长了75%。上述产品的净利润都是下降的，其中小麦、玉米和水稻大概是下降了五到八成。也就是说，生产成本增长了50%以上，而净利润都是负增长。这个情况非常严峻，主产区的情况就更不好了，农民没有积极性，农业生产怎么维持？所以，国家实行了农产品价格补贴政策。

这一阶段也出现了新情况，即期货市场和农民专业合作组织发展迅速。但农户规模小，无法直接利用期货等现代经营手段。农户进行一手期货交易需要多大种植规模呢？最少的是玉米——24亩，最多的是大豆——80 亩。这么多的小农户户均土地不到 10 亩地，怎么能利用期货保值呢？期货市场在这些年发展特别快，现在已经有了 23 个期货和期权的产品，2013 年以来，农产品期货年均交易量已经将近 10 亿手。

专业合作组织发展的情况。2016 年，专业合作组织 154 万个，到 2018 年是 208 万个，发展的速度非常快，规模也迅速扩大，流转至农民专业合作组织的土地面积达到 1.03 亿亩，已占耕地流转面积的 21.6%。2016 年底实有社员达 6457 万户，社均成员 41 户，分别是 2010 年的 8 倍和 2 倍。专业组织的发展为小农户利用现代经营手段创造了条件，但是专业合作组织发展不平衡，组织内部的民主性也比较差，经营状态也不稳定，也不具备金融服务的能力，需要专业机构的帮助。

国家对农业的补贴支持中还有政策性保险补贴，从 2007 年开始实施。制定的原则是低成本广覆盖，只保生产成本，是按一亩地 400 元计。国家补贴 17 个品种。2013 年我国农业保险实现了"四个突破"：主要农作物承保面积突破 10 亿亩，保险金额突破 1 万亿元，参保农户突破 2 亿户次，保险赔款突破 200 亿元。2016 年，粮棉油糖承保面积达 11 亿亩次，保险赔款突破 300 亿元。种植业保险保费政府负担 75%，农户负担 25%；养殖业保险保费政府负担 80%，农户负担 20%。

那么这种保险赔付能不能应对农业成本的上升、收益的下降呢？这些年主要农产品生产成本大幅上升，最高的如油菜籽已经上升了 84%，最低的如大豆也上升了 55%，再按每亩 400 元肯定是不够的。从农作物总成本看，总成本上涨最高的是新疆的棉花和广西的甘蔗，人工成本上涨最高的是油菜籽和甘蔗，土地成本上涨最高的是大豆。物化成本上升相对上涨较少，只上升了 10 个百分点，所以大豆的总成本上涨有限。

去年，财政部和银保监会提出了对三大主粮进行全成本保险和收入保险试点。选择内蒙古、辽宁、安徽、湖北、山东、河南等省区，每省区4个县。大家可以看，这里面没有黑龙江和吉林，也没有新疆。这是因为黑龙江、吉林和新疆开展了"期货＋保险"的试点和目标价格。"期货＋保险"的试点有两层含义，其一是利用期货市场的价格发现功能来确定期货价格作为保险产品的目标价格和理赔价格的依据，其二是利用期货的保值功能分散了农产品价值下跌的风险。为什么一定要和保险连在一起呢？因为农民合作社是不认可期货公司的，而保险公司因为这几年有政策性保险的补贴，人员触角已经伸到了农村的各个角落，农民认可保险公司，所以把期货跟保险联系到一起。上海、大连、郑州3家期货交易所和多家期货公司，在一些省开展了大豆、玉米、棉花、白糖和天然橡胶试点，效果还是比较不错的。基本模式是，保险公司基于期货市场上相应的农产品期货价格开发农产品价格险；农户或者合作社通过购买保险公司的农产品价格险规避价格下跌风险；保险公司通过购买期货公司风险子公司的场外期权产品进行再保险，以对冲农产品价格下降可能带来的赔付风险；期货公司风险子公司在期货交易所进行相应的风险对冲操作，最终形成风险由期货市场承担、各方受益的闭环。

我们看一下试点情况。以大豆补贴为例，按照每亩68元，中央补贴大概是43%，农场补贴8%，大连商品交易所补贴30%，农民出16%，与政府补贴政策性种植险一样，但受损时得到的理赔额每亩多30余元，这就是利用期货套期保值获得的收益。所以，在农产品集中的黑龙江、吉林、新疆等粮食、棉花主产区，可以通过这种方式锁定收入预期，不管遇到市场风险、价格风险还是自然风险，都可以保证收益。

那么，农业的保险补贴政府到底可以补多少？按照 WTO 的规则只能补贴 30%。所以这就带来了下一个问题：完全成本保险让农民让出 30% 的补贴，农民愿不愿意？农民可能就会犹豫。所以，这就是先在 6 个省开展试点的原因。另外一个问题是财政能不能提供这么多补贴资金？现在我们面临着农业支持保护政策的调整，从总趋势来看，世界各国在农业支持中对保险的支出份额越来越大。美国 2018 年的农业法案跟 2014 年的农业法案变化不大，2014 年的农业法案就已经把保险作为重头戏，推出了很多新的保险项目。所以，现在 WTO 面临着改革，在这一轮改革中我们怎样表示自己的主张？怎样进一步表明我国扩大开放的程度？现在"一带一路"国际合作高峰论坛正在召开，习近平总书记已经在会上强调了中国要全面开放，其中农产品开放就是摆在我们面前的一个课题。对于农业来讲，既要发展产业，同时又要规避市场风险，特别是我国是一个雨雪冰冻、山洪地质灾害多发的国家，开展保险就更加重要。

推进农业产业化发展涉及原料基地、加工、营销多个环节，缺一不可，是一个产品变商品的过程，而用现代经营方式规避风险是其中最重要的一环。

——在中国小康建设研究会现代农业产业化联盟成立大会暨 2019 现代农业产业化发展高峰论坛上的讲话

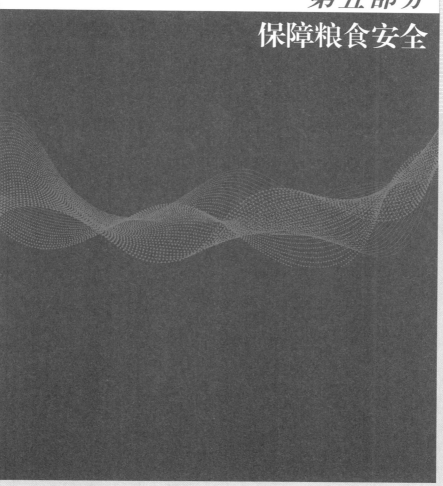

第五部分

保障粮食安全

落实粮食安全战略　坚持质量兴农兴粮*

民以食为天。粮食是人类赖以生存的物质基础，粮食安全则是国家安全的基础。习近平总书记在参加十三届全国人大二次会议河南代表团审议时指出："确保重要农产品特别是粮食供给，是实施乡村振兴战略的首要任务。"对于我国这样一个拥有 14 亿人口的发展中国家来说，解决好吃饭问题始终是治国理政的头等大事。为深入贯彻落实党的十九大精神以及 2019 年"中央一号文件"精神，我们今天齐聚一堂，共同学习和讨论粮食安全问题，很有意义。下面我谈几点看法和大家交流。

一、保障粮食安全是事关国家稳定的重大战略问题

习近平总书记指出，保障国家粮食安全是一个永恒的课题，任何

---

* 张宝文，第十二届全国人大常委会副委员长。

时候这根弦都不能松。粮食问题不能只从经济上看，必须从政治上看，保障国家粮食安全是实现经济发展、社会稳定、国家安全的重要基础。我们必须坚持问题导向和底线思维，用心领会和运用贯穿于习近平总书记国家粮食安全战略思想之中的立场、观点、方法，保持定力、居安思危，着力破解矛盾问题，有效防范风险隐患，进一步夯实粮食安全基础。当今国内外形势复杂多变，中国在发展的同时也面临着更大的挑战，党的十九大报告提出，"确保国家粮食安全，把中国人的饭碗牢牢端在自己手中"，坚决守住管好"天下粮仓"，全力保障新时代国家粮食安全。粮食安全是关系我国经济发展、社会稳定和国家安全的全局性重大战略问题，特别是在当前国内外困难挑战增多的形势下，确保国家粮食安全意义更为突出。

我国既是农业生产大国，也是粮食消费大国。我国粮食产量实现了连年丰收，但也面临不少挑战。粮食生产方式转变、作物种植结构调整、粮食进口量居高不下、增产边际成本增加、环境因素制约加剧、结构性矛盾突出等问题日益凸显。与此同时，我国粮食存储还存在库存粮食多、库存设施水平不高、收储方式不精细等短板。对于我国这样一个拥有 14 亿人口的大国而言，粮食供求的结构性矛盾仍将存在。具体来看，一方面我国粮食储备率大大超过世界粮农组织规定的 17%—18% 的安全储备率水平，但另一方面我国粮食进口量逐年增加，正在成为全球第一粮食进口大国。2017 年，中国粮食进口量为 1.3 亿吨，大豆和稻米进口量为世界第一。我们必须高度重视粮食生产和储备的数量、质量及其与市场需求间的结构性矛盾问题，通过推进农业供给侧结构性改革，实现粮食产业高质量发展。

总体来说，我国的粮食安全虽然面临着一些挑战和问题，但只要我们居安思危，未雨绸缪，切实做到防患于未然，国家粮食安全是有保证的。

二、切实增强高效协同的粮食安全保障能力

联合国粮农组织将"粮食安全"定义为，让所有人在任何时候都能享受到充足粮食，过上健康、富有朝气的生活。我们不仅要满足国家对粮食的日常需求，还应在战略储备、调控市场等方面不断加强粮食安全保障能力。要进一步"藏粮于地"，确保土地的可持续发展能力；"藏粮于民"，构建多级主体的粮食储备体系；"藏粮于技"，提高粮食仓储的整体技术能力。

一是有效"藏粮于地"，实现可持续发展。当前，我国耕地总体质量下降，致使粮食生产能力不足，只能尽可能地扩大粮食播种面积，这不利于我国粮食产业的可持续发展。"藏粮于地"能适时缓解这一问题，在粮食供过于求时轮作休耕一部分土地，在粮食紧缺时再将这些土地迅速用于粮食生产，通过耕地的增加或减少来维持粮食供求的大体平衡。同时，对于轮作休耕的土地，需要及时修复生态、恢复地力，有效保护土地的粮食生产能力。目前，我国轮作休耕试点面积已由 2016 年的 616 万亩扩大到 2018 年的 2400 万亩。在全面推进生态文明建设的当下，中国的耕地保护工作进入数量、质量、生态"三位一体"保护新时代。第三次全国国土调查的土地工作分类已经将过去属于"未利用地"的沼泽地、滩涂等列入"湿地"，不可能再将其开垦为耕地。因此，耕地保护工作的重心更倾向于质量保护和生态保护。新形势下，以耕地质量提升为中心的土地整治和高标准农田建设对生态保护和修复的作用更显得意义重大。

二是鼓励"藏粮于民"，构建多级主体的粮食储备体系。世界上主要的粮食储备体系可以分为市场主导型和政府主导型，我国的粮食储备体系属于政府主导型。近年来，我国农民存粮备荒意识逐渐减

弱，粮价上涨促使农民以出售代替储存，城镇化的快速推进使粮食直接消费量下降，加之欠缺先进的储粮设施和科学的技术手段等，我国农户存粮量趋于下降。要确保我国粮食安全，同样要重视农户的粮食储备。可考虑借鉴国际经验，立足我国农村实际情况，采取措施保持和扩大农户的粮食储备规模，改善和提高农户存粮质量，积极构建以政府主导，加工、贸易等企业和农民积极参与的多元化国家粮食储备体系，实现政府储备和民间储备的协调发展。

三是推动"藏粮于技"，提升仓储科技应用水平。总体来看，我国粮食仓储闲置与不足并存，仓储硬件设施、智能化和节能化水平偏低。对此，应采用先进科学技术对粮仓进行改造升级，延长粮食储备期限和提升粮食储备质量。一方面，升级信息化手段，对粮仓进行自动化、智能化管理，对储粮的真实情况做到心中有数；另一方面，要因地制宜改造提升仓储设施功能，提高储存环节的绿色储粮技术应用比例，提高粮食仓储效率，提升粮食仓储质量，延长粮食储存期。

"藏粮于地、藏粮于民、藏粮于技"，是中央对确保粮食产能的新思路，是国家"十三五"规划的新途径。这意味着我们将不再一味追求粮食产量的连续递增，而是通过增加粮食产能、保护生态环境，来促进粮食生产能力建设与可持续增长。

三、用科技创新推动粮食产业高质量发展

党的十八大以来，以习近平同志为核心的党中央把科技创新摆在国家发展的全局位置。近年来，我国粮食产业科技水平取得显著发展，为国家粮食生产和收储安全提供了重要科技支撑，中国农业发展已从过去主要依靠增加资源要素投入进入主要依靠科技进步的新时

期。目前我国粮食生产能力受到人口老龄化、农村劳动力短缺、后备耕地资源等各种因素制约。要从根本上保障我国粮食安全，关键要依靠农业科技创新，及时调整粮食生产策略，为粮食安全作出积极贡献。

一是要在产业发展路径上，加强粮食产业科技创新。充分结合我国现有粮食行业发展的既有资源，以可持续发展为原则，升级粮食精深加工工艺，开发引领市场需求的新产品，拓展粮食加工、收储领域，围绕产业链布局创新链，推动粮食产业实现高质量发展。构建统一高效的粮食科技协同创新机制，延伸产业链、提升价值链、打造供应链是加快推进粮食产业高质量发展的重要途径。近年来，天府菜油、吉林大米、江苏稻米、广西粮油等一批粮食产业科技创新联盟，有力促进了产业转型升级。粮食产业科技创新联盟的宗旨是以提升粮食加工产业科技创新能力为核心，以共同的发展和利益为基础，利用科技联盟这一平台，引导企业、大学、科研机构和其他组织机构形成联合开发、优势互补、利益共享、风险共担的科技创新合作组织，集聚粮食科研优势资源和力量，构建统一高效的粮食科技协同创新机制，促进粮食加工产业科技创新，实现科技兴粮、科技创收、科技利民、科技强国的战略目标。未来在产业转型升级中，要鼓励各类企业加大投入，培育一批技术创新中心，围绕行业增长点，选准科研主攻点，开发一批适应消费需求升级趋势的新技术新产品，在全国范围建设一批粮食产业科技创新联盟，增强协同创新优势。

二是着力突破我国粮食生产"卡脖子"技术，确保核心关键技术自主可控。习近平总书记多次强调，中国人的饭碗要牢牢端在自己手上，而且里面应该主要装中国粮。根据《全国现代农作物种业发展规划（2012—2020年）》，我国在农作物种子生产布局上拟建设三个国家级主要粮食作物种子生产基地，分别是西北杂交玉米种子生产基地、西南杂交水稻种子生产基地和海南南繁科研育种基地。其中南繁是"中国饭碗"的底部支撑，南繁关系到国家种业安全和粮食安全，涉及国家核心利益。南繁对保障国家粮食安全、推进种业科技创新，有着不可替代的作用。中国粮食安全形势紧迫，建设"南繁硅谷"是国家意志的坚定体现，是为保障国家粮食安全提供品种和技术储备的紧迫战略需求。打造"南繁硅谷"还是保障中国农业可持续发展的迫切需要。种业是现代农业发展的生命线，是保障国家粮食安全的基石，种业竞争力代表国家农业竞争力，种业搞上去才能掌握现代农业发展的主动权。南繁的农业科技试验区涉及国内五百多家科研机构，常年育制种面积 1.3 万公顷左右。党中央、国务院已明确将"加强国家南繁科研育种基地（海南）建设"作为海南建设自由贸易试验区的重要内容，加强南繁种业发展的科技创新支撑，将技术创新转化为加速国家南繁种业发展的原动力任务紧迫，刻不容缓。

三是发挥龙头企业骨干作用，带动粮食产业创新发展。粮食产业高质量发展是个系统工程，要全链条整体提升推动"科技兴粮"和"人才兴粮"，增强产业发展新动能。要以品牌建设为引领，以骨干企业为龙头，带动适度规模经营与标准化生产，增加绿色化、优质化、特色化、品牌化粮油产品供给。骨干企业是粮食产业化的重要载体和具体实践者，它肩负着开拓市场、创新科技、带动农户增收和促进区域贸易经济发展的重任。一方面，要建立以企业为主体、以市场为导向，产学科研相结合、科技资源共享、技术优势互补的粮食科技创新体系；另一方面，也要不断创新和完善企业运行机制，优化组织结构和经营布局，鼓励省市的粮食集团通过创新发展和转型升级带动粮食产业的全面发展。

2019 年是新中国成立 70 周年，也是决胜全面建成小康社会第一个百年奋斗目标的关键之年。让我们紧密团结在以习近平同志为核心的党中央周围，按照党中央的决策部署，锐意进取、攻坚克难，扛稳粮食安全这个重任，坚定不移地落实好国家粮食安全战略，坚持质量兴农、质量兴粮，全力推进实施乡村振兴战略，让广大农民同全国人民一道，迈入全面小康社会的美好春天！

——在 2019 乡村振兴暨中国粮食安全战略高峰论坛上的主旨演讲

落实粮食安全战略
保证我国粮食可持续发展 *

  粮食安全是一个大问题，也是一个老问题。我国有 14 亿人口，吃饭问题是天大的事情。我国又是一个经济大国，农产品特别是粮食的供给对于满足以其作为原料的工业和其他产业的需求至关重要。所以稳住了粮食生产，保障了粮食增产，就可视为守住了"三农"的战略后院，发挥了"三农"在国家经济社会发展中"压舱石"的作用。联合国粮农组织有一个标准，把人均年占有粮食 400 公斤以上作为一条安全线。从 1949 年到 1998 年，我国用了近 50 年的时间让粮食人均年占有达到了 400 公斤以上。2018 年全国粮食总产量达到了 13158 亿斤，人均年占有粮食 473 公斤，实现了多年人均年占有粮食超过 400 公斤的水平。我国用了全球 7% 的耕地，全球 6% 的水资源，养活了近 20% 的人口，是一件非常了不起的事情。

  多年来，我国粮食的高位增长，不可否认有科技进步的贡献因素，但也因为粮食种植面积一直在可耕地中占有很大的比例，在很大程度上挤占了其他作物种植。前不久我到贵州调研，贵州耕地非常珍贵，有耕地 6800 万亩。多年以来一直以粮食种植为主，粮食占比一直很高，近些年来发生了很大的变化，粮食比例从 8∶4 到 6∶4，粮

---

  * 李春生，第十三届全国人大农业与农村委员会副主任。

食种植在减少，这在全国是一个比较普遍的现象。我国粮食生产一直过分依赖化肥、农药、农化产品的投入，粮食单产比较高，加上土地的复种指数也比较高，才维持了今天这样一个粮食增产的态势。但这种种植方式往往造成粮食品质不高，也很难说能够实现可持续发展。

2017年，中央提出要实施"藏粮于地、藏粮于技"的战略，同年，党的十九大报告提出中国人的饭碗在任何时候都要牢牢端在自己手中。要实现这个要求，并非是件容易的事情。例如刚才说到粮食质量的问题，由于我们多年来过度追求产量，种植业过度使用农化产品，养殖业过度使用抗生素，当前，我国每年的亩均化肥使用量超过了20公斤，是发达国家的4倍。我们的农膜使用接近300万吨，世界第一。农药的过量使用甚至滥用，造成农化产品的残留超标，粮食品质还受大气、水源、土壤的污染影响严重。目前农村每年大约有废弃物50亿吨，多数没有得到很好的处理。全国还有82%的农村的生活污水没有得到及时处理，大多还是直接排放。全国地表水低于Ⅲ类水质标准的高达31.6%，劣Ⅴ类水高达8%以上，土壤重金属超标，有些地区的土地也不适宜农作物的耕种，所有这些都为粮食和农产品的质量提升带来了很大的影响。

相对于粮食的质量问题，粮食总量安全更不可掉以轻心。尽管从20世纪90年代末至今，我国粮食的每年人均占有超过了400公斤，但是粮食总量的供给偏紧。40年前改革开放之初，人均年消费肉类不到13公斤，去年超过了60公斤，总量超过了8800多万吨，但仍不能满足需求，每年还要进口400多万吨的畜禽产品进行市场补充，同时还要进口大量的饲料粮。除了这一因素，我们每年用于饲养所消耗的肉类需要大量的饲料粮来转化，每3—4斤饲料粮转化1斤牛羊猪肉，2—3斤饲料粮转化1斤禽肉或蛋类，生产这些饲料粮最终还是需要大量的耕地。实际上全国耕地的数量在减少，耕地的质量在降低，对粮食的增产稳产造成了很大的挑战。

那么，我们如何应对这些挑战？现阶段关键要按照中央的要求，落实好"藏粮于地、藏粮于技"的战略，同时，充分利用好国际市场，做好补充调剂。

一是关于"藏粮于地"问题。第一，要确保耕地的总量稳定，保持农业综合生产能力不降低。目前主要问题一是耕地占用在刚性增加；问题二是土地使用不规范；问题三是土地的使用不集约。目前一些地方为了增加收入、提高经济作物的比例，搞一些养殖，调整农业的种植结构，是可以的。但是一些地方在做没有效率的文旅项目，就值得认真考虑了。种植经济作物、搞养殖土地还在，进行调整复垦比较容易，但是如果变成游乐场、柏油路复垦就很难了。因此，土地占用应规范、集约使用，最大限度还地于田、还地于绿，应有刚性的规范制度和管用的机制来保证不留死角，才能将政策落实到位。

第二，要努力提升耕地的质量。目前，我国的土地总体水平不高，耕地质量总体处于中等偏下水平，中低产田占比大，我国农田基础地力贡献率平均50%左右，比欧美发达国家低20个百分点。耕地总体状况不容乐观。应加大农田水利的基本建设，一方面要发展节水灌溉，另一方面要提升有效的灌溉面积，目前有效的灌溉面积只占到总耕地面积的50%左右，这方面发展空间和潜力还是很大的。同时要加大土壤的改良、培肥，降低农业面临的面源污染，改善耕地的质量环境，加大耕地改造。截止到2018年底，全国高标准农田已达到6.4亿亩，未来两年每年还要增加8000万亩，要达到8亿亩，2020年达到10亿亩。随着土地质量的提升，粮食质量提高是可以期待的。

二是关于"藏粮于技"问题。这方面，应充分利用现代科学技术力量，利用生物技术、工程技术、信息技术、高新技术等，努力取得突破，从良种繁育、作物栽培、植物保护、田间管理、收获、加工、储藏等环节，积极研究、创新，加快科技成果转化和推广，提升科技含量，确保粮食及主要农副产品稳定增长。同时，要利用好国际市场，做好补充调剂，要实现我国粮食及主要农副产品总量稳定，不应该也没有必要独立于国际市场。应根据国内市场的需求、国内外市场价格变化，适时组织粮食进口。去年我国粮食净进口1亿吨左右，其中大豆8000万吨，玉米300多万吨，还有水稻、小麦等，这对于国内市场的调剂发挥了非常重要的作用。同时，国内一些企业"走出去"，在俄罗斯、澳大利亚和巴西等国独立创办企业或合作办企业，主要种植粮食和农产品，销回国内，这对国内市场也起到了很好的补充作用。我们要积极引导龙头企业，充分利用国际市场、国际资源来满足国内农产品的需求，缓解国内耕地减少、土地过度垦殖种植造成的压力。适当休耕，促进农作物适当轮作、倒插，既培植了地力，也储备了农业生产的能力，这是非常必要的。

还应建立切实管用的保障粮食安全的政策和相关的工作机制。目前种粮效益一直在走低，有些主粮种植的净利润已经由正转负。最近我看到一个材料，是中国人民大学教授刘守英和其他专家研究的结果，他们提出我国水稻、玉米、小麦三种主粮，亩均净利润已经从2011年的250.76元下降到2017年的−12.53元。多数农户的种粮积极性不高，特别是非粮食主产区，多数农民只种满足自己的口粮，售粮的意愿很低。而粮食主产区又集中了大部分的优质耕地，是我国粮食安全的"压舱石"。应完善政策，形成正向的激励，加大对粮食主产区的倾斜，提高财政对主产区大县转移支付的力度和资金奖励的力度，形成足够的利益补偿，使粮食安全战略能真正落实到位，真正保障我国粮食安全。

——在2019乡村振兴暨中国粮食安全战略高峰论坛上的主旨演讲

关于国家粮食安全的几点思考 *

维护国家粮食安全始终是治国安邦的头等大事。新时代国家粮食安全面临世界百年巨变，面临世界农业百年巨变，面临我国国情农情深刻变化，必须始终摆在重要的战略地位。当前我国粮食安全既具有坚实基础和有力保障，又面对一些新情况、新挑战。围绕国家粮食安全问题，我讲几点思考与大家一起交流。

一、我国粮食供求经历几个阶段性的重大变化

近些年来特别是党的十八大以来，我国农业现代化建设加快推进。随着强农、惠农、富农政策的实施，极大地保护和调动了农民种粮和地方政府抓粮的积极性，我国粮食供求关系不断改善，为维护国家粮食安全作出了重要贡献。改革开放以来，国家出台一系列扶持粮

＊ 尹成杰，原农业部常务副部长、中国农业经济学会会长。

食发展的政策措施，我国粮食综合生产能力快速提高，从新中国成立时期 6000 亿斤的基础上，连续登上 7000 亿斤、8000 亿斤、9000 亿斤、10000 亿斤、11000 亿斤、12000 亿斤、13000 亿斤 7 个大的台阶。2019 年我国粮食总产量达到了 13158 亿斤，连续 4 年稳定在 13000 亿斤以上。目前，我国人均年占有粮食 470 多公斤，远超世界平均水平。应该说粮食是我国"三农"事业发展的一个标志性成就，是我国经济发展水平和民生保障能力的重要体现。

随着粮食综合生产能力的变化，我国粮食供求也呈现出几个阶段性的重大变化。新中国成立以后的一段时期，我国粮食生产发展缓慢，粮食供给明显小于需求，国家粮食供给处于紧张状态。1978 年，我国农村改革逐步推开，实行家庭联产承包责任制极大地调动了农民种粮积极性，粮食产量明显增加。1997 年、1998 年连续两年，我国粮食总产量突破了 10000 亿斤，但是到 2003 年粮食总产量又一度下滑到 8400 亿斤左右。这一时期，我国粮食供求关系发生了根本性的重大转变，粮食供求基本平衡、丰年有余。2006 年以来，随着人口增加、消费需求增长和食品结构变化，粮食供求又表现为供求基本平衡、结构性矛盾突出。从总体上看，我国粮食生产取得了举世瞩目的重大成就，粮食供求基本平衡，国家粮食安全得到有效保障，但也出现了粮食阶段性、结构性的供过于求，例如有些品种库存积压比较严重，结构性矛盾较为突出。

二、粮食安全战略是国家粮食安全的根本保障

改革开放以来，特别是党的十八大以来，我国粮食安全理念、战

略、方针和政策发生了重要转变。进一步牢固树立粮食安全的新理念，拓展粮食安全的新思路，创新粮食安全的新机制，为国家的粮食安全提供了有力保障。

一是进一步强化了维护国家粮食安全新理念。习近平总书记多次强调："中国人的饭碗任何时候都要牢牢端在自己手上，我们的饭碗应该主要装中国粮。"一个国家只有立足粮食基本自给，才能掌握粮食安全的主动权。把饭碗端在自己的手上，这是一个重要的思想基础。

二是明确提出了粮食安全新方针。我国粮食安全新方针，就是要坚持"以我为主、立足国内、确保产能、适度进口、科技支撑"的20字方针，确保谷物基本自给，口粮绝对安全。粮食安全新方针重点明确，目标集中，指向具体。要合理配置资源，集中力量优先把最基本、最重要的保住，这是我们国家粮食安全的有力保障。

三是明确地提出了"藏粮于地、藏粮于技"粮食安全的战略性举措。"两藏"战略具有现实性、前瞻性、战略性，耕地是基础，科技是支撑，这为国家粮食安全打下重要的物质技术基础。

四是进一步调整优化了粮食供给侧结构和布局。农业供给侧结构性改革深入推进，对粮食生产布局和品种结构进行了优化，促进了粮食绿色发展和高质量发展，进一步增强了粮食消费需求变化的适应度。

五是进一步强化了粮食储备体系的建设。我国粮食储备体系不断健全完善，特别是注重粮食储备体制机制改革，健全储备和调控机制，发挥国家储备体系的"压舱石"作用。同时，又注重发挥市场作用，建立"一主多元"的粮食安全储备体系，为保障国家粮食安全发挥了重要作用。

六是进一步完善和强化了扶持粮食生产发展的政策。粮食生产扶持政策调整取向是稳定存量、扩大增量，增量主要向粮食主产区、种粮大户、家庭农场和新型农业经营主体倾斜。改革完善粮食价格政策，引导支持延长粮食产业链、拓宽粮食增收链，促进优质粮食产业发展。

三、新时代粮食安全面临的新形势、新挑战

当前我国粮食供求总体平衡，但是结构性矛盾突出，进口总量增大，农产品贸易逆差逐年拉大。我国是粮食生产大国，同时也是粮食消费大国，还是粮食进口大国。随着人口不断增长，新型城镇化快速推进，以及粮食国际贸易不确定性等问题，我国粮食安全也面临着新形势、新挑战。

一是我国粮食消费呈现明显增长态势。我国人多地少、大国小农、淡水稀缺的基本国情农情没有改变。尽管近年来农业科技进步带来单产提高，但由于人口增长和需求升级，粮食消费明显增长。有关专家测算，2003年以来我国人均口粮消费呈下降趋势，但饲料用量逐年增长，每年人均粮食消费增长0.5%左右，加上人口自然增长率，总的粮食消费每年增长大约1%。

二是新型城镇化给粮食供给带来了双重压力。一方面，城镇化发展要消耗一部分生产粮食的耕地和淡水，减少一部分生产粮食的资源，这是世界各国城镇化发展的普遍规律。另一方面，城镇化要推动居民消费升级，增加粮食消费需求。我国每年新增人口约600万人，新增城镇化人口2000多万人，因为人口增长和需求升级每年新增粮食消费100多亿斤。目前我们国家粮食生产能力稳定达到13200亿斤，但是预计到2020年粮食需求将增长到14400亿斤，还有1200亿斤左右的缺口。

三是我国农业资源和生态环境对粮食生产的制约"瓶颈"进一步

加大。我国户均耕地 7 亩左右，只有欧盟平均水平的 1/40、美国的 1/400，而且农业资源和生态环境对粮食生产的制约是刚性的、是长期性的。我国农业生态环境脆弱，农业灌溉用水呈减少趋势，同时还要减少传统农业投入品使用，要调整作物结构，这样也必然带来一些产量的回调。

四是商品粮消费需求增加。我国农村人口加快向城市转移，目前已经有 2.8 亿农民工转移进城。随着大中城市户籍制度逐步放开，将进一步提高户籍人口城镇化率。这些转移出来的人口，以往居住在农村，基本上是粮食自产自销，现在到了城市就需要吃商品粮，提高了国家商品粮消费比重。城乡居民收入增长带来消费结构的升级和变化，增加肉蛋奶消费比重，以及食品工业和医药工业等需要，对粮食需求明显增加，构成新的粮食需求增长的压力。

五是我国粮食需求对外依存度有所提高。世界粮食市场不具备支持我国粮食安全的能力。据测算，2020 年我国粮食需求将达到 14400 亿斤，而当前世界粮食市场的可贸易量只有 6000 亿斤，无法保证我国粮食消费需求。比如我国每年消费大米 3800 亿斤，而世界市场大米的贸易量只有 900 多亿斤。我国每年要消费猪肉 5400 万吨，世界市场的可贸易量只有 900 多万吨，所以说只能依靠我们自己的力量，按照新的粮食安全方针来解决粮食需求问题，把饭碗端在自己手上。

四、维护新时代国家粮食安全的几点建议

要充分认识新时代国家粮食安全的重要性、艰巨性，牢记习近平总书记关于粮食安全的重要论述，调动各方力量，采取有效措施，大

力加强现代农业建设，建立健全维护国家粮食安全的政策举措，加快农业供给侧结构性改革和全面深化农村改革，不断提高粮食综合生产能力。

一是坚持把发展粮食生产摆在乡村振兴的重要位置。大力实施乡村振兴战略，首要的是抓好粮食生产，特别是粮食主产区要把发展粮食生产和产业化摆在重要位置上。要制定粮食生产发展的中长期规划，正确处理粮食生产与其他产业发展的关系，强化粮食省长负责制落实。

二是进一步加强粮食生产功能区建设，巩固和提高粮食综合生产能力。要加强粮食主产区建设，提高粮食生产功能区的现代化水平。防止粮食主产区的数量减少和能力降低，特别是要防止粮食主产区滑向主销区，也要防止粮食平衡区滑向调入区，要在巩固和提高上下功夫。重点抓好 800 个产粮大县，实行有力的扶持政策和措施，夯实粮食生产基地的粮食综合生产能力。加强粮食主产区现代农业建设，提高农民种粮收入水平，增加粮食主产区财政收入。

三是要实行最严格的耕地和淡水保护制度。严格落实耕地保护责任制，牢牢守住"一条红线"、"一条底线"和"一条警戒线"，即 18 亿亩耕地红线，15.3 亿亩基本农田底线和 16 亿亩粮田的警戒线，严厉打击滥占耕地和占补平衡造假。要改革和完善建设用地制度，应实行严格的建设用地节约、集约制度，尽量用非耕地资源搞城市建设。要保护好淡水资源，大力发展节水农业，减少淡水资源的消耗。

四是要加快农业科技创新和应用。要依靠科技加大育种技术创新，加快"南繁基地"等三大现代化育种基地建设，将现代种业作为粮食安全重大的战略工程。同时要加快推进"互联网、大数据、云计算＋现代农业"，发展智慧农业。

五是加快现代粮食储备和流通体系建设。要提高粮食储备的现代化水平，保持合理的储备能力。健全完善粮食安全预警体系，借鉴国际市场和其他国家的粮食不安全类型，区分资源型、生产型、流通型、灾害型、储备型等各种类型的粮食不安全，加强我国粮食不安全潜在的风险和类型的研究，密切研判国际国内粮食市场走势，及早从生产、储备、流通、政策等方面制定应对预案。

六是进一步扩大农业和粮食对外开放。合理利用两个市场、两种资源，要加快"走出去"步伐，发挥两个市场、两种资源的作用，利用国际市场的粮食和耕地来调控粮食安全，有针对性地解决我国粮食供求中存在的一些问题。

——在 2019 乡村振兴暨中国粮食安全战略高峰论坛上的主旨演讲

对粮食安全的一些思考[*]

2019年"两会"期间，习近平总书记作出扛稳粮食安全重任的指示，之后我们又迎来了夏粮丰收，意义重大，恰逢其时。本人原来做过粮食工作，谈几点思考与大家交流。

一、粮食安全事关重大，我们必须按照习近平总书记的重要指示，扛稳粮食安全的重任。我国粮食连续十几年获得丰收，2019年夏粮丰收大局已定，这是我国改革开放取得巨大进步和显著成效的重要标志，是值得大书特书的伟大成绩。正是由于我们为国家粮食安全夯实了物质基础，才为改革开放、为在国际舞台上赢得大国博弈提供了重要的支撑。基于这个认识，考虑到中国是一个人口大国，必须把饭碗牢牢端在自己手上，这一点任何时候都不能动摇。

二、在肯定成绩的同时，必须正视我们在粮食安全方面存在的诸多问题。在认识这些问题的基础上，要深化对粮食安全内涵的理解。比如在种植结构方面，还需要进一步优化与调整，农业劳动生产率亟待提高。我国粮食储备的功能、规模、结构需要改进和完善。一个很

＊　高铁生，国家粮食储备局原局长。

明显的问题就是农民自己吃的粮食不卖，农民卖的粮食自己不吃。国家收了大量的粮食，但是这些粮食却满足不了粮食加工企业的需求，粮食加工企业需求的粮食，粮库里边没有。存在着结构性的问题，种植结构需要调整，储备结构也需要调整。

三、在确保国家粮食数量安全的基础上，还应追求质量安全，生态安全，进一步降低粮食安全的运行成本还有相当大的空间。现在有数量上的安全，但是不能说有质量上的安全。而且现在的运行成本非常高，保持这样一个大的规模储备，是不是能够很好地满足国内需求是要研究的。有关粮食政策是不是导致财政负担过重，有一些政策出台之后是不是能够及时调整，这些年来出现的问题都需要深刻反思。应当认清国家粮食安全的根基是能力安全，这个能力包括国内可持续生产的能力，包括对国际资源的掌控能力，当然也包括储备能力。其次粮食安全的核心是口粮安全，重点要保证谷物的基本自给。

四、粮食安全的实质是更好地保证国民食物和营养的需求。应当树立大粮食、大食物的观念，拓展资源空间，合理引导肉、蛋、奶、菜、水产品等副食品的生产，推动食物结构多样化，减轻口粮方面的压力。对粮食安全的内涵需要有全面准确的理解，推动在更高水平上保证国家的粮食安全。

五、必须正确处理好推进乡村振兴和确保国家粮食安全之间的关系。习近平总书记关于确保重要农产品特别是粮食的供给是实施乡村振兴战略的首要任务的指示，高屋建瓴地明确了粮食安全和乡村振兴战略之间的关系。要发挥自身优势，抓住粮食这个核心竞争力，延伸粮食产业，提升价值链，打造供应链，不断提高质量、效率和竞争力，实现粮食安全和现代高效农业之间的统一。

怎样在推进乡村振兴中来实现这二者之间的统一，我有两点看法：第一，不要把粮食生产和经济作物的种植对立起来。目前有些地方政府片面理解供给侧结构性改革，认为农业的供给侧结构性改革就是非粮化，甚至有些地方让农民毁粮重"经"，把玉米铲掉改种经济作物，这是错误的理解。各地一定要从实地出发，发挥自身的优势，不要违背农民的意愿，用行政命令代替经济规律。第二，不要固守传统的粮食观念，要树立大粮食观、大食物观，推动食物结构多样化，减轻口粮压力。不要刻板地从概念出发，而是一切围绕更好地保证国民食物和营养的需要，因为这才是粮食安全的实质。

　　——在 2019 乡村振兴暨中国粮食安全战略高峰论坛上的主旨演讲
　　（根据录音整理）

保障粮食安全始终是农业农村工作的首要任务 *

常言道，国以民为本，民以食为天。对我们这样一个拥有 14 亿人口的发展中大国来说，解决好粮食安全问题始终是治国安邦的头等大事。改革开放以来，特别是 21 世纪以来，我国粮食和其他重要农产品的生产取得了巨大的成就，连续多年粮食稳定在 13000 亿斤以上。农业的持续发展特别是粮食生产的稳定，为我国经济社会发展大局起到了"压舱石"的重要作用。

虽然中国粮食发展成就巨大，但从长期来看，受国内消费结构升级、粮食生产成本上升、种粮比较效益下降，以及国内粮价高于国际市场等一些因素的影响，确保国家粮食安全仍然面临着诸多挑战。

一是需求总量继续呈刚性增长。我国人口数量增加与城镇人口比例上升并进、工业用途拓展和消费结构变化同步，未来粮食需求将继续呈刚性增长，特别是随着我国食物消费结构加快升级，未来对饲料

---

* 张天佐，农业农村部农村合作经济指导司司长。

－180－

用粮、工业用粮的需求将保持增长态势。

二是资源环境约束日益趋紧。我国耕地后备资源严重不足，而且也不具备经济上的开发价值。随着工业化、城镇化的快速推进，守住 18 亿亩耕地红线的压力越来越大。我国的水资源总量不足，只有世界人均水平的 1/4，而且分配极不均衡，3/4 分布在西南地区，水土资源匹配严重失调，50% 以上的耕地位于北方干旱和半干旱地区，成为我国粮食稳定发展的"短板"。

三是比较效益不断降低。我国农业生产已经进入高成本阶段，近年来，农业生产资料价格和雇工成本继续上涨，土地流转等费用高位徘徊。而我国大宗农产品的价格受制于国际市场价格的影响，已经顶到了"天花板"，粮食生产的比较效益逐年下降，严重影响农民粮食生产的积极性。

四是农业劳动力结构性问题日益突出。从留在农村的劳动力结构看，大部分是妇女和中老年人，务农劳动力平均年龄都在 50 岁左右，1/4 的人超过了 60 岁，农民兼业化、农业副业化成为普遍现象。种粮费事、没有效率，导致一些地区双季改单季，季节性的抛荒等现象越来越突出。

五是新型农业经营体系构建任重道远。目前全国土地流转面积大概占到整个耕地面积的 35% 左右，而且流转土地的非粮化问题比较突出。近年来，虽然家庭农场、专业大户、合作社发展较快，但是整体素质不高，农业服务的专业化、社会化还比较滞后，加快构建新型农业经营体系迫在眉睫。

六是灾害频发重发的态势愈发明显。近年来，我国极端天气增多，农业气候灾害和病虫害呈现频发重发的态势，年均因灾损失粮食大约在 500 亿斤左右。随着气候的变化、耕作制度和种植结构的调整，气象灾害和生物灾害发生的不确定性增加，突发性、爆发性、危害性将显著增强。

在我国实施乡村振兴战略的大背景下，抓好粮食生产，确保国家粮食安全，始终是农业农村工作的头等大事和首要任务。在新形势下，确保国家粮食安全，重点要把握好五个方面。

第一，必须坚持立足国内的基本思路。就是我们的饭碗应该主要装中国粮。我国作为世界上最大的粮食生产国和消费国，受耕地、淡水等资源约束，粮食有缺口是客观现实，需要有效利用国际市场和国外资源，但是近14亿中国人不能靠大量的进口来维持供给。这里有三个问题要搞清楚：一是能不能买得到？目前全球每年粮食的贸易量在6000亿—7000亿斤，不到我国消费量的一半。大米贸易量700亿斤左右，相当于我们全年消费量的1/4。这些贸易量既不够我们吃，也不可能都卖给我们。总的来看，国际市场调剂空间非常有限，真正到用的时候可能会买不到，会付出高昂的成本。二是靠买粮吃会有什么后果？在粮食贸易方面，我国的大国效应非常明显，我们买什么什么就贵，我们卖什么什么就便宜。我今年到丹麦访问，丹麦在欧洲算是农业大国，1/4的农畜产品是出口的，有一段时间丹麦出口的猪肉价格上涨了30%，他们说主要原因是中国因素。由于中国受非洲猪瘟的影响，母猪的存量减少，生猪出栏量总体下降，国内猪肉价格的上涨，拉动了这些国家相应产品的上升，而且上升幅度已经远远超过我们实际上升的幅度。三是粮食是非常敏感的产品，在市场供给充足时，各个方面，包括地方储备、商业库存、加工企业的库存、城乡居民自己家的购买，都会尽量减少。一旦市场上有风吹草动、供求紧张，这几个方面短期都会增加购买。假如我国城乡4亿多居民，每户多买100斤粮食，一夜之间就需要四五百亿斤粮食供应，可能就会带来社会问题。

第二，优先保障口粮的绝对安全和谷物的基本自给。受到耕地和水资源的约束，我国要有保有放，重点要做好"两保"。首先是保口粮，我国 60% 的人以大米为主食，40% 的人以面食为主，所以大米和小麦是我国的基本口粮品种，必须优先保障。其次是保谷物，就是除了稻谷和小米以外，要保玉米，玉米是重要的饲料用粮和工业用粮，近些年需求增长最快，也要保持基本稳定。

第三，加强产能建设，强化科技支撑。首先要守住 18 亿亩耕地红线，画定永久基本农田，加强高标准粮田建设。其次要强化农业科技创新，加快构建现代粮食产业技术体系，组织开展重大农业科技攻关，加快新品种的选育和推广，选育一批高产优质高效新品种。

第四，用好两个市场、两种资源。我国地不足、水不够、资源环境压力大，为了弥补部分国内农产品需求缺口，满足市场多样化的需要，适当增加一些农产品的进口和加快农业"走出去"的步伐是必然的选择。"入世"以来，我国农产品的进口呈现持续快速增长的态势，年均增长速度超过了 20%，进口额每 3—4 年翻一番。我们重点要做好品种余缺的调剂和年度平衡的调节，建立稳定可靠的贸易体系。同时要加强对国内大宗农产品进口的监测预警，完善产业损害风险评估机制，避免进口对国内市场造成比较大的冲击，保障产业安全、保护生产者利益。

第五，进一步完善对粮食生产的支持保护。在粮食生产效益低的形势下，对生产者给予适当的收入补偿，是稳定粮食生产最直接有效的政策手段，也是国际通行的做法。因此要立足保持政策的稳定性和连续性，保障农民的基本收益，保护农民务农种粮的积极性。同时，要完善粮食主产区的利益补偿机制，目前全国 75% 以上的粮食产量、80% 以上的商品粮、90% 左右的粮食调出量都来自主产区，但粮食生产大县往往都是财政比较困难的县，这种状况直接影响粮食安全，影响农业持续健康发展。今后，国家扶持粮食生产的政策措施要进一步向主产区聚焦，项目投入向主产区倾斜，指导服务向主产区延伸，努力使主产区种粮不吃亏，维护重农抓粮的地方工作上的积极性。

——在 2019 乡村振兴暨中国粮食安全战略高峰论坛上的主旨演讲

扛稳粮食安全重任的五点看法 *

粮食问题事关重大。2019 年 3 月 8 日，习近平总书记在"两会"期间参加河南代表团座谈时明确指出，乡村振兴要做到"六要"：第一要扛稳粮食安全重任，第二要深入推进农业供给侧结构性改革，第三要坚持绿色发展的理念，第四要补齐公共服务短板，第五要夯实农村治理体系，第六要用好农村改革法宝。习近平总书记把扛稳粮食安全这个重任放到了第一位，足以显现粮食安全的极端重要性，今天我以"扛稳粮食安全重任"为题，讲五点看法。

第一，成绩充分肯定。改革开放 40 多年，我国农业最大的成绩就是比较好地解决了中国人的吃饭问题。2018 年我国的粮食总量达到了 6.58 亿吨，相当于全球粮食总量的 25%，与此同时，肉类总量达到了 8525 万吨，水产品总量达到了 6469 万吨，我国人均粮食、肉类、水产品分别达到 472 公斤、61 公斤、46 公斤，分别高出全球人均粮食占有量 120 公斤、肉类 18 公斤、水产品 23 公斤水平。我国用

---

* 张红宇，清华大学中国农村研究院副院长，农业农村部乡村振兴专家咨询委员会委员，原农业部经营管理司司长。

世界 10% 的耕地养活了世界 20% 的人口，提供了 25% 以上的粮食和重要农产品产量。与此同时，我国的农业产业结构不断优化，满足了 13.95 亿人多元化的农产品需要，成绩应该充分地肯定。

第二，挑战长期存在。在粮食生产流通贸易若干方面，同时还客观上存在着巨大的挑战，表现为三大困境：一是资源困境。长期来看，我国的农业资源相对于需求短缺，极有挑战性。二是能力困境。农业资源是人多、地少、水缺，技术方面从粮食产出水平来看，水稻、小麦、玉米、大豆单位产出分别只有高水平国家的 63%、65%、52%、54%，从这个角度来讲科技能力还有极大的提升空间。从人力资本来看，从事农业生产的劳动力，特别是从事粮食生产的劳动力平均年龄达到了 50 岁，在东部发达地区达到了 60 岁，人力资本非常不足。三是市场困境。从国内来看，主要是粮食作物和其他经济作物效益无法平衡，农民种粮没有积极性。从国际来看，我国的粮食价格长期高于全球粮食的价格，没有竞争力。此外，种植粮食早期的成本更多地表现在化肥农药的价格高，中期阶段表现在劳动力的成本贵，近期越来越表现为土地流转的费用持续上升，挑战是长期存在的。

第三，平衡关系十分重要。在工业化、城镇化的大背景之下，我国的粮食安全始终有三个平衡问题需要认真把握。第一个平衡问题是工业化、城镇化、农业现代化及土地利用矛盾平衡问题。第二个平衡问题是工业化、城镇化与从事农业的劳动力平衡问题，工业化转移出去的都是年轻的、有人力资本的劳动力。留在农业内部的都是年龄偏大的，或者说简单的劳动力。第三个平衡问题是粮食的总量和结构优化平衡问题，这里面又表现出几层平衡问题：一是农林牧渔几大产业平衡的问题；二是在粮食内部的优质化粮食和一般的粮食品种的平衡问题，优质不一定能够优价；三是粮食生产的数量和能力与可持续发展的平衡问题。早年的粮食格局更多的是南粮北调，现在的粮食格局是北粮南运，而土地资源 60% 耕地集中在北方，但水资源北方只有 25% 左右。怎样在北方地区不断增长粮食生产能力的同时，实现农业的可持续发展的平衡问题。以上三个平衡问题将长期存在。

第四，要有足够的自信。一是要进一步提高对国家粮食安全的极端重要性的认识。中国的饭碗要牢牢端在中国人的手上，中国的饭碗必须要装中国人自己产的粮食，这是习近平总书记的要求，也是乡村振兴的重中之重。粮食事关生存问题，从发展的角度来看，生存比发展更重要。因此，怎样通过确保国家的粮食安全、实现国家的长治久安，这是我们经济社会稳定和发展的基础。二是要在粮食问题上保持足够的自信。中国粮食靠中国人自己解决，谷物基本自给，口粮绝对安全，要始终坚持"以我为主、立足国内、确保产能、适度进口、科技支撑"的方针不动摇。我国是世界粮食进口量最大的国家，但是我们是按我国的口径来计算的。2017 年我国的大豆进口量 9559 万吨，去年进口了 8840 万吨，如果去掉大豆，单纯从谷物的角度来看，2017 年进口的谷物量 2559 万吨，去年是 2050 万吨，前年谷物占整个粮食生产总量的 3.9%，2018 年谷物只占整个粮食供给量的 3.1%，谷物基本自给，我们做到了。2017 年进口的水稻和小麦仅仅是 820 万吨，2018 年水稻和小麦进口仅仅是 618 万吨，口粮绝对安全，我们也做到了。从这个角度来讲，粮食安全我们应该有足够的道路自信。我国依靠自己的力量解决了自己的粮食问题，在当今国际形势复杂多变的情况下，我们确保国家粮食安全是有底气的。事实上，我国作为人口大国、农业大国和粮食需求大国，一旦粮食出了问题，谁也帮不了我们，谁也不会帮我们，在这个问题上认识必须清楚。

第五，要有保障举措。粮食安全事关重大，从未来一段时期来看，仍然是乡村振兴的重中之重。为此应该在以下几个方面作出不懈的努力。

1. 藏粮于地。一是 18 亿亩耕地红线必须牢牢守住。16.5 亿亩谷物播种面积，如果再加上 1 亿亩的大豆播种面积，17.5 亿亩的粮食播种面积必须牢牢守住。水稻和小麦的播种面积必须牢牢守住。这是关于粮食"藏粮于地"第一个底线，在资源数量安排方面必须要有所作为。二是在资源的质量方面，最近这些年致力于基本农田建设，加强粮食功能区建设，确保谷物供给的 90%，确保口粮的 95%。三是要实现可持续发展，山、水、田、林、湖、草六篇文章一起做，宜林则林，宜水则水，但宜耕一定要耕，在这个问题上头脑要清醒，确保粮食生产的耕地数量和质量事关重大。

2. 科技支撑。科技无疑是解决中国问题的最大法宝，1978 年中国粮食总量仅仅是 30.4 亿吨，这些年在耕地、水资源不断减少的情况下，粮食产量足足翻一番，下一步来看科技仍然是促进粮食安全的最大法宝。在科技方面有四个问题。一是生物技术。要聚焦粮食，特别是超级稻、杂交小麦、杂交玉米，解决种业联合公关的问题。成熟技术要不断推广，在研发中的技术要尽快实现商业化应用。二是装备技术。粮食生产的全过程机械化，应该讲对粮食确保数量增长，包括产后怎样安全地收割、储藏，提高农业的机械水平事关重大。三是降耗技术。节能减排在降低化肥农药方面还有很大的回旋余地。2015 年实施了化肥农药零增长的计划，2015 年当年的化肥使用量达到 6023 万吨，历史最高。到 2017 年化肥使用量减少到 5859 万吨。除此以外，北方的严重超采区域怎样保护水资源，南方重金属超标地区怎样退耕还林还草，都是降耗技术的应用。四是信息技术。大数据的应用对克服自然灾害，包括疫病灾害，甚至市场风险越来越重要，"互联网+"提供了广阔的前景，总之，要做到心中有数。

3. 制度创新。粮食安全靠政策，更靠制度。一是深化土地制度改革，无论从粮食产出，包括它的效益提升，还是从可持续发展的角度来讲，在工业化、城镇化的背景之下推进土地经营权的有序流转，发展农业适度规模经营极端重要。2017 年全国达到 37% 的土地经营流转率，好像 2018 年数据有所偏低，但是这跟基数变化有直接的关系，2018 年土地承包经营权确权登记颁布有了新的数据，原来土地流转达到 37%，是按 13.64 亿亩承包地计算的，去年有关部门说 37% 有所降低，基数是去年确权登记之后的 17.6 亿亩，如按这个基数计算一定是下降的。一定要适度经营，这是解决粮食效率问题的法宝。二是培育多元化的新型农业经营主体。特别是从事粮食生产的家庭农场、合作社，上海松江有 996 个家庭农场，把全区的粮食生产全部解决了，平均一个家庭农场经营 143 亩，从事两个产业，一个是畜牧业，一个是粮食产业，每一个家庭农场可以达到 15 万—20 万元的收益，整个松江区从事农业生产的劳动力大约为 3900 人。可见，新型经营主体的培养潜力很大。三是提升人力资本。从事粮食生产劳动力应该是有文化、懂技术、会管理的新型职业农民。从事粮食生产一定也要讲工匠精神，所以人力资本的培养十分重要。四是要构建一个有中国特色的粮食生产支持保护政策，体现产业发展需求。其一，种粮补贴要有精准性。其二，金融信贷十分重要，特别是规模化的粮食生产主体对信贷的支持十分渴望。现在金融的满足度即便是大型的农商企业，包括产业化经营主体才仅有 70%—80% 的满足度，一般农户只有 25%—30%，粮食需要金融支撑。其三，发展农业保险，保险对粮食生产而言不仅是物化成本的保险问题，而且还要提高保险水平、提高标准。要覆盖全部成本，不仅仅包括物化成本的补偿，还包括人工成本在内的全部成本补偿，下一步还要研究预期收益保证问题。其四，贸易格局。在全球一体化背景之下，中国的大门敞开，两个市场、两种资源，确保在国家粮食安全的基础上多进一点，少进一点其他农产品，不是事关国计民生的高端化品牌的农产品，占比高一点、低一点不是什么大问题。2017年进口大豆9559万吨，去年减少了749万吨，但是对我们的日常生活没有丝毫影响，从这个角度来讲，口粮以外的农产品进口必须利用好国际上丰富的资源，包括国际成熟的市场，要坚定不移地秉承开放的理念，要在"一带一路"方面书写新篇章。

——在2019乡村振兴暨中国粮食安全战略高峰论坛上的主旨演讲

补齐粮食科技短板　保障国家粮食安全[*]

　　我刚从郑州粮食交易大会回来，这是国家粮食局主办的万人展会。会上参观了展品，做了一些调研，去看了河南的粮库，走访了农民家里，感觉到粮食生产发生了很大的变化。一是农民不种粮，城市周边"种楼"。二是粮库今非昔比，过去粮库虫吃鼠咬，损耗基本上在 3%—5%，现在是四无仓库很多，设备非常先进，恒温、标准化程度很高，而且信息化管理。三是粮食加工技术发展快。会上有 8000 多家企业参展，8 秒钟从面粉加工成面条，煮面完全自动化，定量精准。一些展商说，城市发展为粮食产业和加工技术的快速发展创造了条件。近两年国家粮食局在抓优质粮食工程、机械设备更新换代，现在的粮食加工与 30 年前我刚到国家发改委搞粮食的时候完全不一样。我为粮食产业发展感到由衷的高兴。

　　今天借中国粮食安全战略高峰论坛，我谈一下对粮食安全的几点看法。

＊　方言，国家粮食安全政策专家咨询委员会委员，中国小康建设研究会副会长，国家发改委农经司原副司长。

　　第一，全球粮食安全有保障，中国功不可没。目前，全球的人均粮食年占有量 337 公斤，中国人均年占有量达到 450 公斤，高于世界人均水平。20 多年来，全球粮食的产销形势发生了很大变化，粮食产量增加了 8 亿吨，贸易量增加了 1.7 亿吨，粮食的库销比由原来的 17% 提高到 24%，其中有中国在全球的粮食安全中作出的重要贡献。黑龙江、吉林等省的粮食商品率非常高，他们的粮食人均年占有量超过了美国。当然从质量、品种来讲还是与美国有所不同。那么，改革开放 40 年，中国在提高粮食生产能力上做了哪些事情呢？国家一共进行了四轮粮食生产基地的建设。第一轮是 1983 年开始的粮食基地县建设。第二轮是建立粮食专储基地，国家要掌握稳定的粮源，在全国选了 20 个粮食产量在 10 亿斤以上的地级市，专门为国家提供商品粮源。这些地级市为国家粮食安全作出了重大的贡献。第三轮始于 2002 年，农业部的优质粮食产业工程，建设范围与商品粮基地县、国家专储基地一致。进行农业系统自身体系建设，发展种子基地和农机推广体系。第四轮始于 2009 年，国家制定了新增 1000 亿斤粮食生产能力规划，选择 800 个产粮大县，打造粮食生产核心区，整合了农业综合开发、耕地占有补偿资金及国家预算内资金水利农业资金，加上新增 1200 多亿元，共计投入 4000 亿元建设标准农田及农田水利设施，建设期为 12 年。制定的原则是以需定产，但后期由于没有按规划执行，所以造成局部地区粮食积压。40 年来，我国经济社会发生了很大变化，但产粮大县在全国粮食产量中排序变化不大，在全国粮食产量中的比重不断增加，是中国粮食生产的主力军。中国解决了粮食的问题，解决了近 14 亿人吃饭的问题，得到了联合国粮农组织的高度赞赏，这是中国改革开放 40 年对全球粮食安全的重大贡献。

　　第二，粮食区域品种平衡问题。由于南北方经济发展和人口流动，使我国粮食生产与消费格局发生很大变化。特别是北方地区的粮食增产打破了长期以来我国南粮北运的格局。分区域看，20 世纪 80 年代以来，我国南方粮食产量高于北方粮食产量最多至 8600 万吨，到 2004 年南方粮食产量与北方基本持平，2005 年北方粮食产量反超南方粮食产量 860 万吨，且逐年增加，至此，南粮北运变为北粮南运，至 2013 年，产量达到 1 亿吨以上，2019 年达到 1.2 亿吨。我国粮食产销格局发生根本性变化，形成南北方地区粮食产量四六分成的局面。山东、河南和黑龙江三省产量分别突破 5300 万吨、6600 万吨和 7500 万吨，吉林、安徽突破 4000 万吨。我国水土资源分布不匹配和水资源时空分布不均衡，北方粮食产区大幅度增产更加大了水资源压力，北方地区的水资源越来越匮乏。

同时，粮食的增产也加剧了粮食区域品种平衡矛盾。2003—2015 年，粮食的大幅度增产主要依靠扩大高产作物种植面积，水稻、小麦、玉米三大作物种植面积增加约 4 亿亩，为同期粮食面积增量的 142%，产量增加 2.4 亿多吨，占同期粮食增产量的 107%，大豆、薯类、杂粮面积相应减少。2016 年以来，经过近 3 年种植结构调整，三大品种面积下降了约 8500 万亩，但在粮食面积中的比重仍高达 82%，产量比重仍维持在 91%。区域、品种的不平衡，导致东北地区一度玉米库存高企，水稻主产区库存积压，加上国内外价差，使得沿海地区饲料产品进口猛增，最高年份进口饲料产品粮约 1 亿吨。

第三，粮食价格政策面临调整。目前，国内种粮收益成为一个大问题。生产成本不断上升，缺乏市场竞争力，三大粮食作物每亩生产成本均超千元，而现金收益增长缓慢，净利润下降明显。玉米、小麦、水稻和美国比更无竞争力。2017 年每 50 公斤玉米、小麦和水稻出售价格为 82 元、116 元和 85 元，美国为 43.4 元、58.3 元和 90.2 元，我国玉米、小麦出售价格高出美国一倍，稻谷价格美国略高。当然，目前国家的粮食价格政策是以保农民收入为主的，所以影响了我们的竞争力。WTO 已向中国提出，要求对小麦、稻谷最低收购价政策进行改革，在 2020 年 4 月前完成。怎么办？今后国内价格保护水平要符合 WTO 农业协定有关规则，最低收购价定低了，就保不了农民收入，定高了也不行，违背了 WTO 规则，现实已经把我们逼到了死角。在农业生产政策上我们面临四个问题，一是保证总量，满足国内需求；二是贸易环境，中美贸易谈判中美国要中国增加进口；三是如何依靠科技，提高粮食竞争力；四是 WTO 改革，中国要不要积极参与，如果要参与的话，采取什么样的策略，这是摆在我们面前的现实问题。

第四，立足国内自给，必须补齐科技短板。今年初开始的中美贸易谈判到现在已经进行了三轮，还没有什么实质性进展。但谈判暴露出的种种迹象在告诉我们，美方贸易谈判的实质是中国在全球产业链的位置问题。美国现在对中国发难，要在全球高科技产业链中把中国排挤出去。中美贸易谈判中的农产品问题只是单纯的商品贸易，在整个贸易谈判当中相对比较简单。但是，谈判中的种种迹象给了我们一个警示，保障粮食等重要农产品供给要立足国内。2003 年到 2009 年间，粮食增产速度较快，有一部分人就提出国内不用种这么多粮食，要搞全产业链，到国外去买库，到国外去买地种，现在看来买地不可能，买库的风险也很大，一旦出现政治军事摩擦，粮食是运不回来的。所以粮食生产必须立足国内。中国耕地少，迫切需要通过科技手段提高粮食产量，提高粮食竞争力。美国的转基因大豆亩产 250 公斤，中国的常规大豆亩产只有 125 公斤，国内能不能有亩产 200 公斤的常规品种呢？我个人以为是有希望的，小麦是常规品种，小麦的单产 12 年间从 306 公斤提高到 360 公斤，大豆为何不行。但是理想很丰满，现实很骨感，我们四轮大豆振兴计划，在品种上也没有大的突破。这是中国农业科技一个亟待解决的问题，如果我们把大豆的品种问题解决了，单产提高了，我们就可以少进口，当然不是不进口，按现在的大豆进口量相当于 7 亿亩土地的产量，无法完全替代，但是可以少进口，这样的话我国在国际市场上可以有更多的选择。只有补齐中国粮食科技的短板，才能真正保证中国的粮食安全。

——在 2019 乡村振兴暨中国粮食安全战略高峰论坛上的主旨演讲

对我国粮食安全形势的三点认识 *

下面我谈一下对我国当前粮食安全形势的三点认识。

一、粮食供应相对充足。我国粮食年产量已连续 7 年稳定在 1 万亿斤以上，连续 4 年保持在 1.3 万亿斤以上，连年的丰收为我国粮食保障供给打下了坚实基础。从目前来看，我国粮食供需总量基本平衡，结构性矛盾也是比较突出的。基本实现了谷物基本自给，口粮绝对安全，稻谷连续 8 年增产，年产量稳定在 4000 亿斤以上。虽然近年来每年也有少量的稻谷或大米进口，但是进口量少，仅用于调剂。2019 年，小麦年产量实现了连续 4 年稳定在 2600 亿斤以上，是个大丰收，虽然每年也有小麦进口，但是进口量少。近年来在种植结构调整和玉米收储政策改革的双重情况下，主动调减玉米的力度比较大，总共调减了 5000 万亩左右，同时由于畜牧、水产养殖业的发展，畜牧需求量大幅度增加。2017 年，我国的玉米产需首次出现了缺口，而在此之前都是产大于需。2018 年，产需缺口进一步扩大，2019 年，由于大豆、花生种植面积增加，玉米种植面积略有

---

* 陈友权，农业农村部种植业管理司副司长。

减少，加之东北地区玉米库存消化较快，产需缺口呈扩大的趋势。玉米价格一直保持比较高位，所以市场价格比较好，另外，非洲猪瘟的影响可能会减缓玉米需求的压力。近年来通过实施大豆生产补贴，大豆种植面积和产量都呈恢复性的增长，2018 年跟前几年比，大豆种植增加了 2300 多万亩，增产了 70 多亿斤，产量达到了 320 亿斤，这个产量基本上能满足国内大豆食用消费的需求，大豆在国内主要是做豆腐、做食用大豆，全国的需求量只有 250 亿斤左右，而我们的产量是 320 亿斤，可以说产大于需。但是豆粕可以做饲料，是很好的蛋白来源，食用大豆油比较短缺，所以由于这两方面的需求加速增长，大豆缺口迅速扩大，到 2017 年，进口量达 180 亿斤。2019 年大豆的种植面积比 2018 年增加了 5000 多万亩，同时油菜的种植面积也相比扩大，加上非洲猪瘟影响，饲料的消费减少，大豆的进口需求将会下降，应对中美贸易摩擦会更加主动、更加有利。

二、未来粮食产区产需缺口加大。未来两三年，在过去多年打下的粮食生产的良好基础之上，我国的粮食生产，只要稳住政策、稳住市场、稳住价格，就能稳住农民的种粮积极性，就能稳住粮食种植面积和产量，粮食安全形势就能保证平稳。据有关专家测算，如果不发生大的自然灾害，按照前 5 年平均单产的增长水平，到 2020 年，我国的稻谷、小麦产需基本平衡，玉米、大豆产需缺口没有增加。从长期来看，我国粮食产需缺口在逐步扩大。通过城镇人口带来的消费量增加，以及消费结构升级带来的粮食的增加，综合考虑这些因素，到 2025 年，粮食的产需缺口是 3600 多亿斤，到 2035 年，产需缺口是 5300 亿斤。其中 2025 年和 2035 年，稻谷产需缺口分别是 117 亿斤和 297 亿斤。要实现产需平衡，单产水平需要在现有的基础上再分别提高 13 公斤和 35 公斤，通过科技创新、粮种的培育推广，单产提高是能够实现并有希望实现基本平衡的。2025 年和 2035 年，小麦产需缺口分别是 141 亿斤和 291 亿斤，实际上最近几年每年进口的量也都在 100 亿—200 亿斤，只要能够稳定目前的亩产量，基本上实现产需平衡还是没有问题的。2025 年和 2035 年，玉米产需缺口分别在 1100 亿斤和 1600 亿斤以上，自给率将下降 80% 左右。2025 年和 2035 年，大豆产需缺口就更大了，分别达到了 1980 亿斤和 2330 亿斤，即使考虑到科技进步和单产水平提高，还是有巨大的产需缺口，自给率可能只能保持在 15% 左右，85% 要依赖国外，未来产需缺口呈加大的趋势。

三、粮食安全形势稳中有忧。影响国家粮食安全的突出问题有四个方面值得关注。第一，水土资源约束日益加剧。耕地资源的数量问题和质量问题并存。随着工业化、城镇化快速推进，我国每年减少耕地 300 万—400 万亩。我国南方地区丘陵山区比较多，基本农田划为粮食生产供应区，好多地方都把山地划到农业区了，基本农田都划到山顶上去了，如果这些地荒废了，基本农田的面积保不住，粮食的播种面积也保不住了。另外，水资源也是个突出的问题。

第二，结构性矛盾难以解决。首先从作物来看，我国的水稻、玉米、小麦产大于需，以致大量的库存积压，但同时大豆、油菜籽又大量进口：一方面是生产过量没地方存放，积压占用大量的财政资金；另一方面是大量的进口依赖国外。以前东北漫山遍野都是大豆高粱，现在种大豆的区域只剩下条件比较差的农田，而且种玉米区域又不种大豆，造成大豆和玉米无法轮作倒插，病虫害严重。大豆产量为什么低？东北是大豆的主产区，但是亩产比美国低八九十公斤，产量低效率就低，产业发展就难以稳定。其次从品种来看，也存在这个问题：我国的小麦品种只有中筋小麦；我国的大豆品种则是高蛋白的品种多、面积大，但是高油的品种少。

第三，粮食生产成本大幅度上升。我看到国家统计局在吉林调研的材料，农民种粮成本压力很大，其中最大的就是土地流转费用，有的上涨了三分之一，有很多农户反映土地流转费用已经占整个种植总成本的一半以上。美国的大农场规模大，种地是不花土地流转费的。我们的土地流转费占了生产成本的一半，怎么能竞争过人家。其次就是人工费，工资在上涨，人工费肯定要增加。再次就是化肥农药等生产资料成本也在增加。由于人工费的增加，农资价格的上涨，所以农机作业费用也是在增加的，这些费用的增加造成粮食生产的效率在下降，农民种粮的积极性也受影响。

第四，管理土地的问题更加突出。随着农村劳动力大量向非农产业转移，农村的空心化、农民的老龄化问题日趋严重。全国农民工2.8亿人，在家务农的劳动力平均年龄60岁左右，有的80多岁老人还在下地干活。到2025年，目前这一代务农的农民逐步退出，今后70岁后不愿意种地，80岁后不会种地，90岁后根本就不提种地的事。尤其在一些边远地区，耕地可能会出现大量荒芜，村庄会大量消失，目前有的村庄已经在消失。这些耕地好多都是基本农田，一旦这些耕地荒芜，会直接影响到粮食生产面积和产量。

针对以上问题我们也有一些解决的对策和措施建议，相信只要把这些措施有针对性地落实下来，我国的粮食安全还是有保障的、有希望的。

——在2019乡村振兴暨中国粮食安全战略高峰论坛上的主旨演讲

（根据录音整理）

积极推进农业产业化和粮食的国际化 保障国家粮食安全 *

推进乡村振兴战略，解决"三农"问题，确保国家粮食安全是关系国计民生的根本性问题，是党中央关注的重中之重。中粮集团及其所属的中粮贸易有限公司作为以粮油为最主要核心业务的中央企业，始终把保障国家的粮食安全、服务国家粮食宏观调控作为根本使命，积极落实乡村振兴战略，努力参与到解决"三农"问题中来。

我国人均耕地资源非常缺乏，不足世界平均数的 40%。落后的小农种植不仅限制了农业的生产，影响到农民的增收，而且随着农村人口减少和老龄化加剧，正逐步成为影响粮食产量的隐患。从数量上看，尽管在国家政策大力支持下，我国粮食产量已经连续多年增产，不仅能满足口粮的需求，而且对不断增长的饲料用粮、深加工用粮也基本上能够满足；然而这个产量规模对我国的耕地、水资源带来巨大压力，也对国家政策的可持续性带来巨大的挑战。

随着粮食市场化，产量很难大幅度扩张，甚至可能出现波动和减产。目前，我国粮食需求在一定程度上受到了国内粮价高于国际水平

---

* 陈涛，中粮贸易有限公司农业产业化部总经理。

的制约，一旦粮食市场化的进程加快，国内粮价逐步与国际接轨，而饲料用粮的需求还有增长的潜力，国内粮食不平衡的状态会进一步加剧，数量安全问题还将出现。从质量上看，我国居民收入水平持续增加，生活水平已经明显提升，对高质量安全食品需求比较强烈，但目前我国粮食生产方式很难满足这种需求。不仅优质的小麦、稻谷供应不足，饲料用粮对高品质玉米的需求也难以满足。如何在新的形势下加快提升粮食的种植效率，促进农民增收，保障国家粮食的数量和质量安全，一直是中粮集团努力思考和探索的问题。

经过多年的摸索与实践，我们认为农业产业化和粮食的国际化是比较可行的路径，两者一内一外相辅相成互为补充。从农业产业化上看，通过合理分工和密切合作，可以有效解决粮食种植效率和品质的问题，在种粮人口不断减少的情况下，只有大力实施农业产业化，才能确保总体粮食规模不下降，而且在选种、耕种、施肥、田间管理乃至收割各环节做到更专业、更科学、更合适，种植更为消费者需要、更优质的粮食品种，保证粮食产量和品质的稳定性。据了解，目前国内已经有部分企业参与租地种地，部分托管种粮企业正在崛起，更多的企业与农民之间已经不再是传统的简单关系，而是深入田间地头直接服务农民，建立了更紧密的联系。

近几年，中粮贸易积极推进农业产业化，整合社会资源，打造有效衔接粮食种植和下游需求的农业综合服务平台，强化一手粮源掌控，提升仓储设施的中转效力。我们主要做了三方面的工作。

一是拓展粮食线上的业务。基于中粮贸易目前市场化的能力和行业积累起来的信誉，在保障农民所有权的前提下，为农民提供仓储、分批结算、资金支持等一系列的综合服务。从 2016 年起，我们主要在"三省一区"，即黑龙江、吉林、辽宁、内蒙古等主产区稳定推进粮食线上业务，重点掌握一手优质粮源，搭建以粮食贸易农业服务和金融服务为基础的各种大平台。农民可以随时根据市场行情进行结算，可以换成钱、可以提走粮食，也可以申请预付款货款，或者通过仓单质押的方式获得低息资金贷款，从而改变传统的储粮习惯，把藏粮在家变为藏粮到库，减少粮食霉变损耗，减少环节费用，减少多次放款带来的损失。2018年，我们的粮食银行业务覆盖了东北三省，服务粮源超过180万吨，服务农业的面积近370万亩。

二是在提供粮食基础上附加服务。开发了粮券APP，整合线下订单农业、农资服务、农机服务、粮食银行、金融等资源，强化与化肥企业、种子企业等的合作。直接对农服务，一方面帮助农民提高组织化的程度；另一方面帮助农户实现降本增效，促进乡村振兴，助力农业供给侧结构性改革，打造农业综合服务平台。中粮贸易的产区在全国有101家粮库，"三省一区"有超过60家粮库，以产区的粮库作为一个主体，承载"粮食银行＋服务模式"的创新，构建中央农业服务的全品牌，搭建连接种植的消费者、政府和合作伙伴的平台，从而形成中粮产业化的生态圈，这是我们的农业产业化的一些做法。

三是从粮食格局化来看，不仅要与主要粮食出口国进行合作，进口一部分优质的粮食品种，调剂国内粮食供需结构之间的不平衡，同时，也在积极推进与"一带一路"国家的合作，开发新的进口来源，用多元的进口渠道保障粮食的安全。自2013年9月习近平总书记提出"共建丝绸之路经济带"的倡议以来，中粮集团加快全球农粮领域的布局，在粮食国际化方面迈出坚实步伐。首先是2014年相继并购了两家中型的跨国企业，持续拓展美洲、澳大利亚等区域传统产粮国家的粮油业务。其次是"一带一路"国家投资的布局，加大了对黑海、中亚的小麦、玉米、大麦的进口力度，打造陆路和海路两大国际粮食的物流通道，将全球1/5以上人口与全世界的农场连接在一起。通过5年的努力，中粮集团控制资产覆盖全球50多个国家和地区，业务遍及 140 多个国家和地区。在中国及全球的大豆、玉米、小麦等主要生产国，掌握仓储能力 3100 万吨，年加工能力 9000 万吨，港口中转能力 6500 万吨，贸易能力 7000 万吨，海外粮油掌控能力 5000 万吨。2018 年，中粮贸易营收 4700 亿元，经营总量接近 1.6 亿吨，资产总额 5400 亿元，总体实力已经与国际大粮商持平，资产在全球排第二位。

农业产业化和粮食国际化都是当前我国粮食领域的重大课题，需要领导的关心与支持，需要专家的研究与指导，需要所有企业团结与协作。我们共同探讨现代农业产业化发展问题，具有特别的意义，必将影响深远。

——在中国小康建设研究会现代农业产业化联盟成立大会暨 2019 现代农业产业化发展高峰论坛上的讲话（根据录音整理）

对"藏粮于地"的几点建议 *

乡村振兴，产业振兴是基础。产业振兴的首要任务就是要做强粮食产业，不断提升和巩固粮食生产的产能，确保国家粮食安全。这些年在重农、惠农、富农、强农以及扶持粮食生产的政策指引下，我国的粮食生产不断迈上新的台阶，连年获得丰收，年产量稳定在 1.3 万亿斤左右，有力支撑了经济社会的发展，成绩有目共睹。但是我们也要清醒地看到我国粮食生产的基础并不完全巩固，靠天吃饭的状况还没有从根本上改变，所以我们在任何时候都不能忽视粮食生产。

当前农业发展的一些问题应当值得重视，由于粮价下跌、成本上升，农民种粮的意愿在下降。一些粮食主产区，大面积成片的粮田已经很难看到，而且在一些地方重农抓粮的积极性也在下降，支持和扶持粮食生产的力度在减弱。同时我们也看到玉米去库存的速度超乎人们的想象，加上现在中美贸易摩擦对国际农产品市场以及国内粮食生产和产业影响的不确定性也不可低估，所以我国的粮食安全问题绝不能说高枕无忧。在中央经济工作会议和全国"两会"期间，习近平

---

* 陈晓华，第十三届全国政协农业和农村委员会副主任。

总书记反复强调要重视国家粮食生产和粮食安全问题，2019年的"中央一号文件"和政府工作报告也特别要求关注和抓好粮食问题。我认为这是有战略远见的，也具有很强的针对性，在新的形势下我们谈粮食生产、讲粮食产业的发展也要有新的视角和新的理念，不能只讲数量而不讲质量，不仅要讲连年丰收，更要讲提高粮食生产的产能，所以在目前阶段产能比产量更为重要。

要提高粮食产能就要很好地贯彻中央所确定的"藏粮于地"和"藏粮于技"的战略。"藏粮于地"要解决好两个问题：一是要保障耕地的数量；二是要提高耕地的质量。保障耕地数量的问题主要是要健全法律法规和严格执法，要落实好各项法律政策的规定。而提高耕地的质量研究得还不够，相关配套的政策措施也还不够健全，所以针对这个问题我谈三点看法。

第一，要加快高标准农田的建设进度。建设旱涝保收的高标准农田是国家已经明确的重大工程，"十二五"规划、"十三五"规划，包括今后要研究的"十四五"规划都要把它作为一个重大工程，是确保国家粮食安全的战略举措。按照现在的规划，高标准农田到2020年要完成8亿亩，到2025年要完成10亿亩，这个任务是相当艰巨的。从调查来看，目前存在的问题一是建设资金的缺口还比较大；二是建设的标准还不够高。为此，我提出以下建议，一是要利用机构改革和职能调整的好契机来推动。过去耕地的建设问题分属在若干部门，相互之间配套协调不够。此次中央的机构改革方案明确了任务主体，是我们解决好这个问题的一个重要的基础和条件。二是要建立稳定的资金渠道，应当整合各部门现有的资金形成一个专项。目前的财政设立专项很难，建议在现有的资金规模上整合成一个专项，上面规划统一，下面项目分散在各地，具备这样条件的同时，按照"中央一号文件"的要求尽快调整土地出让收益金的比例（即分配比）。按照"取之于地，用之于地"的原则，把土地出让金的增量部分用来加大对基本农田建设的支持力度，采取增减挂钩的方式鼓励社会资本投入到基本农田建设中，建立稳定的资金渠道。

第二，要适当提高建设标准。过去的建设标准几个部门都不统一，全国标准都是按照一亩地 1000 多元、几百元的安排。今后的建设标准建议比照城市防洪政策标准，设置年限标准，县城 20 年，地级市 50 年。根据适当的情况来提高建设标准，在建设标准里要充分考虑机械作业和节水灌溉排涝设施，应当把这些因素考虑到高标准农田的建设中。此外，土地的碎片化严重影响耕地质量建设，应充分应用政策支持农村承包地小块并大块，进行宜机化整治。

第三，要支持农户培肥地力。在农村耕地问题上，如何把农民用地养地的积极性调动起来，精耕细作，种养结合，都是过去优秀农耕文化的精髓。通过一个有效的办法来使农民培肥自己的地，这确实需要很好研究。要因地制宜，因产品制宜。对于果、菜、茶等产品，可以通过市场化产品的优质优价来实现有机肥替代化肥。解决秸秆还田的问题，要用政府购买服务的方式来进行农机作业补贴，落实国务院 2018 年指出的农机化的转型升级，运用上百亿元的补贴资金和产业政策结合起来。目前，在很多省份，经济饱和的区域，特别是粮食生产区，可以通过信息化作业手段补贴和运用先进的手段控制风险。

——在中国小康建设研究会现代农业产业化联盟成立大会暨 2019 现代农业产业化发展高峰论坛上的讲话

第六部分

乡村文化振兴

奏响新时代乡村文化振兴的新乐章[*]

实施乡村振兴战略，是党的十九大作出的重大决策部署。2019年以来，三次围绕乡村振兴的全国性活动都在鄞州举行，先后举办了全国乡村振兴与扶贫协作论坛、乡村全域治理体系研讨会和这次的2019乡村文化振兴高峰论坛。诸多的专家、学者把视角对准宁波鄞州，中国小康建设研究会乡村振兴研究院、浙江大学社会治理研究院宁波中心先后落户在鄞州区，这充分说明了鄞州是一个好地方。

这里"一方水土成就一方精彩"。我们抢抓改革开放、撤县设区、区划调整等机遇，奠定了"拥江揽湖滨海"的格局，成就了宁波都市核心区的地位，综合实力年年攀升。我们连续4年获评全国综合实力百强区第4位，全国中小城市绿色发展百强区第2位、科技创新百强区第3位；我们的城乡建设发生了翻天覆地的变化，实现了浙江省新农村建设的"九连冠"，成为中国美丽乡村建设的示范区，民生品质得到了极大的提升；我们2018年城乡居民收入分别达到了6.5万元和3.7万元，两个收入比远远低于1.8∶1；我们的社会治理水平走在前列，目前正在创建全国乡村治理体系建设试点示范区，并且积极做好全国乡村治理示范的申报。

———————

* 褚银良，宁波市委常委、鄞州区委书记。

　　这里"一方水土孕育一方文化"。2200 多年前，我们鄞州区开始设立郡县叫鄞县，北宋以来，诞生了一大批文武进士。佛教文化更是闻名海内外，辖区内有三大千年古刹，分别是天童寺、阿育王寺、七塔寺。海商文化闻名海内外，庆安会馆是宁波首个世界文化遗产，宁波古港口是海上丝绸之路的发源地。名人更是层出不穷，涌现了《三字经》作者王应麟、书法家沙孟海、音乐家马友友等众多名人。拥有泥金彩漆、金银彩绣、骨木镶嵌、《三字经》等一大批国家级和省级非遗产品。鄞州区先后荣获全国文化先进县、中国博物馆文化之乡、中国书法之乡、中国海丝文化之乡（全国首个）、国家首批公共文化服务体系示范区（全省综合评估连续十年蝉联第一）等荣誉称号。

　　乡村振兴，文化是魂。这些年，我们始终坚持形之美、魂之美，成就了今天形神兼备、内外兼修的鄞州乡村。回顾这些年塑造现代乡风的历程，我们始终以社会主义核心价值观为引领，传承耕读文化、海商文化、义乡文化，融入红色基因、革命精神，与时俱进形成了"实干、担当、奋进"的新时代鄞州精神。

　　鄞州乡村文化振兴的历程，是留住一脉乡愁的历程。我们主动应对快速城市化带来的挑战，建立非遗文化传承基地，强化传统文化、地域文化的保护与发扬，"瞻岐彩船"驶入台湾文化走亲，"万工轿"亮相央视《国家宝藏》，"羽人竞渡"成为亚洲艺术节节徽，"云龙龙舟"绵延两千多年。

　　鄞州乡村文化振兴的历程，是唱响美好乡音的历程。我们创新"送文化""种文化""创文化"等公共文化服务供给体系，"艺起来""阅起来""天天系列""一镇一节庆"等活动，极大地激发了乡村文化活力，鄞州乡音越唱越响，由姜山甬剧团等业余团队组成的鄞州艺术团到韩国交流演出。

　　鄞州乡村文化振兴的历程，是共谱多彩乡韵的历程。我们通过

"点石成金""移花接木""接二连三"，不仅激活了文化礼堂、博物馆、千里云道等资源，更推动了文旅、文创等产业发展，让乡村文化韵味更浓、更多彩。邱隘镇回龙村的文化礼堂就是一个典范，它通过市场化运作，实现了经济效益和社会效益的双丰收，成为远近闻名的典范。我们大力推出千里步道，全力推进全民健身活动。同时注重推进文旅结合，浙东第一古街韩岭老街、天童老街等都成了"网红打卡地"，鄞州区文化事业、文创产业正在如火如荼地发展，围绕金银彩绣等非遗技艺推出了一大批文化产品。我们以宁波市甬江文创大走廊作为载体，大力推动文化产业的发展，让乡村文化的韵味更浓，更加多彩。

鄞州乡村文化振兴的历程，是凝聚各方乡情的历程。我们始终坚持共建共享、共同缔造，党政引领、社会参与，群众共兴、乡贤返乡，凝聚起乡村文化振兴的磅礴力量。鄞州在宁波市全市率先出台公共文化服务体系的《实施意见》以及《标准》，市级剧院与乡镇组建院校联盟，全力推进群众共同参与，涌现了上李家村"村民道德负面清单"等基层首创的推动乡村文明建设的一系列做法。同时我们还大力推动乡贤返乡、能人治村等各项活动，著名大提琴家马友友的姐姐，邀请纽约青少年交响乐团在乡村进行交响乐团的普及，著名艺术家俞丽拿建立的小提琴艺术基金宁波实验基地，落户鄞州区。

这些都是鄞州的初步探索，还有很多地方需要进一步挖掘、进一步创新、进一步提升。我相信，今天的高峰论坛一定会给我们带来更多新的启迪和启发。我们将认真学习吸收，同时也诚挚地邀请大家多来鄞州指导把脉、多为鄞州出谋划策，一起奏响新时代乡村文化振兴的新乐章。

——在 2019 乡村文化振兴高峰论坛上的致辞

（根据录音整理）

文化振兴决定乡村全面振兴的
成败和效果 *

　　乡村文化振兴是中国特色社会主义文化振兴的一个重要组成部分，是新时期乡村文明建设的一个重要抓手，也是乡村振兴战略实施的一个重要内容。可以说相对于乡村振兴其他四个方面的振兴，文化振兴是一项非常重要的基础性工作，从某种意义上来讲，乡村文化振兴决定着乡村全面振兴的成败和效果。

一、应注重乡村传统文化的保护传承和发展

　　文化是国家民族的灵魂，是团结人民、驱动社会经济全面协调发展的一个重要精神支撑，乡村是民族传统文化生长的家园，乡土文化是民族文化的根基。我国优秀传统文化的思想观念、人文精神、道德规范都植根于乡土社会，来源于乡土文化。我国几千年的农耕文明形成了重农扬农、家庭为本、勤俭持家、邻里和睦等一系列价值观念，

　＊　李春生，第十三届全国人大农业与农村委员会副主任。

形成了出入相友、守望相助等一系列传统美德，在长期的农业生产过程中总结出了"天人合一"的哲学思想，道法自然、修身养性的生活方式。正是这种追求和谐稳定、安详从容的农耕文明，成就了丰富多彩的生产生活方式，孕育出波澜壮阔的民族文化，不仅呵护着中国民族的繁衍和延续，而且至今仍然拥有着旺盛持久的生命力。

浙江历史悠久、人杰地灵，拥有文化之都的盛名。宁波处于浙江的东部，文化昌盛，人文积淀深厚，早在几千年前，就创造了灿烂的河姆渡文化，孕育着独特的农耕文明，形成别具一格的文化习俗和乡土人情。鄞州在两千多年前就成为我国第一批建制县，是海上丝绸之路的发源地，是著名的宁波商帮故里。多年来，靠着这种文化的根基和积淀，造就了宁波人勇立潮头、胸怀天下、开拓进取、敢为人先的精神和勇气。"无宁不成市"这句俗语，正是宁波甬商有胆有识、勇于创新创业的真实写照。

前不久，我在北京参加了鄞州乡村治理的座谈会，鄞州区在乡村治理方面做得很好，既有前瞻性，又有创新性，开辟了干群对话式共商、立体多元化共治、权利清单式共管、事物契约式共建、成果普惠式共享的乡村治理之路。大家知道乡村是人情社会、熟人社会，而人情与道德、习俗紧密相连，文化是道德修养、习俗的重要根基，文化的兴旺发展为乡村治理奠定了坚实的基础和条件。我们实际看鄞州区乡村治理的文化发展情况，对鄞州乡村治理取得的成效可以说有了新的体会和感悟，鄞州区之所以在乡村治理方面取得这样显著的成效，与这里的文化兴旺有着密切的联系。

各地乡土文化资源，由于自然资源禀赋、生产生活方式、民族文化习俗、历史机缘不同，十里不同风、百里不同俗，可以说各具特色，一是表现出多样性，二是表现出个性化。文化的积淀和文化习俗的形成既有共性，又有一些差异。乡村文化振兴很重要的是，要做好乡村传统文化的保护传承与发展，也就是说，对差异性要包容，要掌握其规律性，发展其合理性。具体来说，从物质层面，应加大传统村落格局的保护，加强文物古迹的保护，从非物质层面，应加强传统优秀民间工艺美术、传统节庆、传统体育活动的保护和传承发展，同时要借助科技手段，与现代文化形式相嫁接、融合，形成符合时代发展要求、人民喜闻乐见的文化形式，形成人民所认同、所尊崇的价值观。

宁波市这些年开展农村文化礼堂建设，先后打造了古村文化礼堂、红色文化礼堂、生态文化礼堂以及科普文化礼堂等特色礼堂。回龙村文化礼堂建设涵盖了村的政务、事务，以及文化、娱乐、体育、康养多元功能，包含了农民生活生产的方方面面，受到了村民的欢迎，发挥了很好的作用。

二、应注重发展好乡村文化产业

乡村文化产业是乡村文化振兴的推动力量，乡村文化振兴又是乡村文化产业发展的重要目的。乡村文化产业不同于一般的产业，具有意识形态和产业的双重属性。发展文化产业，应注重把握好意识形态方面的责任，这是发展好乡村文化产业一个重要的方面。同时乡村文化产业涉及文化、经济两个领域，这种交叉性和重叠性要求我们，既要考虑乡村传统文化的传承、保护与发展，也要注重文化活动的经济效益；既要做到农民群众喜闻乐见，还要做到有实效、可持续。国家对文化产业的发展高度重视，早在 2009 年，国务院就印发了《文化产业振兴规划》，相关部门也制定下发了很多指导意见，提出要将文化产业培育成国民经济发展的增长点。党的十八大、十九大进一步明确文化产业要成为国民经济的支柱产业，目前全国文化产业的增加值超过 3.5 万亿元，占 GDP 的 5% 左右，增加值超千亿元的省有 13 个，其中超过 3000 亿元的有 4 个，浙江省就包括在其中，增加值占 GDP 比重超过 5% 的省有 4 个，浙江省也包括在其中。可以说，文化产业已经成为浙江省调整优化产业结构、推动新旧动能转换的一个重要力量。

宁波市处于浙江省改革发展的前沿，完全有基础、有条件发展好乡村文化产业。这里已经建设了一批具有富民效应、示范带动作用的特色文化产业的项目，创造了有益的经验和做法，如何进一步提升发展，我提四点建议。

一是应积极推进文化产业的融合发展。推进乡村文化产业与相关产业的融合，在融合中丰富内容，在发展中提升层次和水平，比如说通过发展景观农业、会展农业、有文化内涵的农业产业，并使其与乡村文化产业如乡村演艺业、乡村节庆等融合发展，延伸产业链条，丰富文化产业业态，拓展文化产业发展空间。还比如依托乡村绿水青山、田园风光等资源与本地特色文化融合发展休闲农业、观光农业、康养农业，打造多元文化综合体，形成一村一幅画、一乡一个样的文化产业发展新格局。

二是要努力培育产业发展的经营主体。文化企业是乡村文化产业发展的核心，是产业经营发展的有效载体也是主体，我们应该着重培育和引导。引导企业、支持企业做优、做强，充分发挥其在文化产业中的主导和引领作用。

三是注重培育创建文化产业品牌。每个地方由于民族文化特色、乡土文化特点不同，都有自身区域文化品牌资源，比如手工艺、民族文化、民俗文化等资源。要依托这些资源进行挖掘、培育、经营文化品牌。鄞州区是首批国家公共文化服务体系的示范区，多年来形成了海商文化、海丝文化等具有区域文化特色的品牌资源，如果进一步挖掘、培育、经营和创建，就可以形成具有独特风貌的鄞州区文化产业的产业品牌。

四是强化政府的支持保障作用。文化产业具有社会效益和经济效益，相比于其他产业承担了更多的社会责任，政府的支持和有效引导，对保障乡村文化产业坚持社会效益、实现经营效益可持续发展至关重要。第一，政府应通盘考虑当地乡村文化资源的状态，制定乡村文化产业发展规划，合理配置相关资源要素和人才，促进乡村文化产业的稳定、有序发展。第二，对乡村文化产业的发展应进行有效的引导和指导，创新文化产业发展的理念、途径和模式，使乡村文化产业发展更好地满足广大人民群众的精神文化生活需求，真正做到启迪思想、温润心灵、陶冶情操，传递向上、向善的价值观，更好地引领农村社会风尚。第三，制定优惠政策，对乡村文化发展给以必要的支持。目前中央和有条件的地方都设立了文化产业发展专项资金，累计超过了 600 亿元。截止到去年底，中央财政 5 年来安排文化产业专项资金达到 275 亿元，全国 20 多个省市已经设立了由省财政出资和文化宣传部门发起的市场化运营的文化产业投资基金和引导基金。同时要积极培养引进乡村文化产业发展所需要的人才，支持鼓励社会力量参与乡村文化产业人才的培养。要建立形成乡村文化产业发展有效的工作机制；社会力量参与乡村文化产业发展的激励机制；乡村文化产业人才发现、使用、评价、流动、储备的激励机制；参与文化产业发展的经营主体的利益联结机制；乡村文化产业发展跟踪、考核、评价的奖惩机制；政府相关部门单位协调的推进机制。总之，我们要努力形成正确的导向，充分调动方方面面的主动性、积极性，推动乡村文化产业健康有序地发展。

——在 2019 乡村文化振兴高峰论坛上的主旨演讲

构建乡村文化振兴的工作机制 *

乡村振兴是党的十八大提出的建设社会主义现代化强国七大战略之一，乡村振兴能成为国家战略是有它的现实性和必然性的。无论我们的城市化发展到什么样的水平，我们国家在农村总还是有几亿人要居住的，农村建设得如何，不仅事关生活在农村的人，也事关城里人能否留得住乡愁。因此，乡村振兴并不是仅仅为了农村居民，而是为了全体中国人。

乡村振兴提出以后，可以说成为全社会关注的热点。乡村振兴是激荡在广袤乡村大地上最动人的梦想，也是流淌在亿万农民心中最美妙的音符。乡村振兴梦想如何变成现实，乡村振兴音符怎样奏响成章，既没有完整的模式可以借鉴，也没有现成的路径可以走，怎么办？只有汇聚全社会的合力，用思想的火炬点燃智慧之光，用探索的脚步丈量梦想之地，也就是说，要靠全社会的力量，理论上搞明白、实践上大胆探索，举办这个高峰论坛，其意义就在这里。

作为长期工作在"三农"战线上的媒体人，下面我就乡村文化振

---

* 唐园结，农民日报社党委书记、社长。

兴谈三点认识。

一是怎样认识乡村文化振兴，或者说乡村文化振兴对于乡村振兴的意义在哪里。习近平总书记在湖北宜昌许家村调研时强调说：产业振兴是重点，人才振兴是基石，文化振兴是动力，生态振兴是关键，组织振兴是保障。乡村文化振兴不仅是乡村振兴的重要指标、重要内容，也可以说是重要手段。乡村文化振兴不仅可以丰富农村居民的文化生活，提高精气神，调动亿万农民的主动性和积极性去建设乡村，更重要的是通过文化振兴能够提升乡村振兴的品质和品位。农耕文明是中华民族几千年形成的中华文化的源头和"根"。随着城市化的不断加速，农耕文明有的保存得不错，也有不少被丢掉了。如果一个民族缺少了文化之魂，那么一个国家就没有了精神支柱。乡村文化振兴从某种程度上来说，就是要把我们的传统农耕文明、农村文化继承下来，并进一步创新发展，从而在守住魂的同时，丰富人民文化生活，繁荣农村特色文化产业。由此来看，乡村文化振兴，无论是从文化上来讲、从经济上来讲，还是从价值观上来讲，其意义都非比寻常。

二是农村文化建设的核心是什么。第一个重点就是农村非遗文化的保护、传承和发扬。这项工作涉及很多问题，包括怎样把一个一个有特点的村落保存下来，把一个一个有民族特色的民俗文化保存下来，把几千年来形成的农耕文化活动保存下来。然而，农村文化建设仅仅做到以上这些还不够，因为尽管农村人地域上生活在农村，但也处在飞速发展的时代之中，同样需要现代城市文明和城市文化。很多研究报告都反映了同一个问题，就是在信息的渠道、信息的设施、信息的获取等方面，城乡之间差距很大，存在着数字鸿沟。在农村文化建设中，完善乡村现代基础设施建设，是帮助农村居民获取文化知识、享受文化生活所必需的工作。

三是怎样长效推动乡村文化建设。这个话题涉及很多方面，我主要谈一个观点，要使乡村文化建设能有序、可持续地推进，建立一个多方参与、紧密合作、凝聚合力的协同机制至关重要，即由地方政府主导搭台、高校研学转化助力、企业融投资参与、乡村主体产业实践。首先，如果没有政府的主导推动，乡村文化建设可能目标分散，难以兼顾当前与长远，导致无序和低效发展问题。其次，如果没有大学、科研单位的参与，传统乡村文化缺少向现代文化产品创造性转化的智力支撑，现代、创新的文化成果也很难走入乡村、落地乡村。再次，乡村文化建设离不开企业的参与，企业是市场最重要的主体，乡村文化要产业化、市场化运作，如果没有企业的参与，就容易面临资金投入短缺、市场营销乏力等难题，很难良性循环。最后，如果没有农民的参与，乡村文化建设就偏离了根本，农民是农村文化生活的主体，农民生活是乡村文化创造、丰富和繁荣的源泉，所有工作都应聚焦调动农民的主动性和积极性，让农民在发挥主体性中分享文化和经济红利，最终提升农民的获得感、幸福感。

——在 2019 乡村文化振兴高峰论坛上的主旨演讲

建设"四有"礼堂　振兴乡村文化 *

欢迎大家齐聚鄞州，共论乡村文化振兴。乡村振兴，文化为魂。在深入践行乡村振兴的过程中，乡村文化振兴需要载体也需要抓手。

我们部分领导和专家已经实地考察了鄞州3个村，都看到了文化礼堂。文化礼堂就是我们乡村振兴过程中的一个重要阵地和载体。2013年，鄞州区建成文化礼堂121座，到2020年末将实现行政村全覆盖。我从文化礼堂这个小切口，通过五个小故事，谈一谈鄞州乡村文化振兴的工作实践和体会，请各位领导和专家批评指正。

一、"小册子"变成"传家宝"的故事

在鄞州偏远的瞻岐镇有个方桥村，由6个自然村合并而成。2015年，方桥村启动文化礼堂建设，村里的老老少少一起搜集老物件、整理旧资料，共同研究文化礼堂建设方案，半年时间就建起了礼堂。新

　＊　方飞龙，宁波市鄞州区委常委、宣传部部长。

的礼堂集成了 6 个村的文化记忆，每个人都能在展厅中找到自己和亲人的身影。原本还有些疏离的村民，从此有了共同的文化印迹和心灵家园，真正成为一家人。村委会还将这段众人齐心建礼堂的故事汇编成册，分发到家家户户，村民们都说，要把这本书当作"传家宝"流传下去。

这个故事给我们的启示是，乡村文化振兴要以"共建"为基础。在文化礼堂建设过程中，我们采取了"区补助、镇配套、村自筹、民资助"的多元化模式，通过乡贤基金、社会众筹等方式吸纳社会资金超过 4000 万元。我们在文化礼堂筹建、设计、施工布展的每一个环节都注重全员参与，每一座礼堂的建设过程变成回溯村庄历史记忆的过程，变成村民建堂聚心的过程。一座座文化礼堂，不但是一个个文化地标，更是村民群众的心灵锚点。

二、"小村庄"藏着"博物馆"的故事

有一年省文化部门的领导抽查了鄞州一个村的文化礼堂工作，到了点上后他大吃一惊，这座礼堂里居然有 3 个小型博物馆，里面保留着"宁波彩船"和"宁波马灯调"两项非物质文化遗产，礼堂里陈列的彩船还到台湾南投县参加过表演，大家不由感慨，"这真是小村庄里藏着大惊喜"。

这个"大惊喜"告诉我们，乡村文化振兴要以传承和弘扬优秀传统文化为脉。鄞州是"中国博物馆之乡"，民间博物馆数量居浙江第一，30% 的文化礼堂建有专门的展馆。里面保存着物的记忆，有锡镴器博物馆、熨斗博物馆以及明清家具、传统服装、石雕、木雕、医药、美食等，门类众多。里面传承着艺人的匠心，金银彩绣、骨木镶嵌、朱金漆木雕等国家级非遗纷纷落户，中国插花博物馆、浙江省书法村，大奔布龙还留下了舞龙舞到天安门的传奇。里面还发扬着礼的精神，开蒙礼、成人礼、敬老礼、崇德礼等大量乡村礼仪活动在礼堂举办。童村文化礼堂获评浙江文化新地标，云龙镇端午龙舟节形成了全国影响力。一座座文化礼堂，成为留住乡愁记忆、守住文化根脉的精神家园。

三、"小村晚"走上"大舞台"的故事

每到除夕，央视春晚是全国人民的一道文化大餐。而在鄞州农村，还有一场场脍炙人口的文化礼堂"我们的村晚"。2018年，鄞州同时举办了21场"我们的村晚"，吸引现场观众超过1.5万人次，网上直播收看量达到19万人次。"村晚"上的节目都是村民群众自编自导自演，极大地激发了村民群众的文化热情，乡村文艺人才和文艺精品不断涌现。姜山甬剧团等业余团队赴韩国演出，文化义工毕素娥和"白天杀猪晚上跳拉丁"的郑士福还走进央视《首席夜话》栏目，全区先后有十余件作品获得"中国民间文艺山花奖"。

"小村晚"走上"大舞台"的故事启示我们，乡村文化振兴要以满足群众文化生活需求为本，以群众需求为导向。我们相继推出"天天演文化惠民工程""公共文化明珠镇创建工程""城乡演艺院线联盟""新华书店农村连锁网络"等开全市乃至全省先河的文化惠民服务举措。鄞州区也成为全省唯一的"国家公共文化服务体系创建示范区"。这两年，我们不断增强农村文化供给的力度，提高供给的精度，形成了"政府主导、社会化运作、全民参与"的乡村公共文化服务运营模式。通过统筹区、镇两级文艺演出、电影下乡、微型党课、社科宣讲、科普讲座、文体赛事等资源，形成服务大菜单，供各村文化礼堂按需点单。目前，10 大类 28 个小项目的礼堂服务，菜单点单率超过 90%。同时，我们的乡村文化队伍也在这个过程中不断壮大。通过邀请中国剧作家协会副主席季国平等高层次专家与民间团队结对，举办"一人一艺"公益培训，3 年培育礼堂文艺团队 596 支、宣讲队伍 114 支。以文化礼堂为阵地的"送文化、种文化、赛文化"活动，极大地激发了村民群众的文化热情，增强了文化振兴的获得感。

四、"小清单"扭转"旧风俗"的故事

2019 年 4 月，浙江省农村文化礼堂工作现场会在鄞州举办，浙江省委常委、宣传部部长朱国贤在参观姜山镇走马塘村文化礼堂时，对一张贴在大门口"礼堂办酒收费清单"大为赞赏。前些年，农村生活富裕了，婚丧事大操大办、攀比炫富风气有所抬头。为了刹住办酒攀比的坏风气，鄞州区推出了"礼堂办酒阶梯化收费制度"，村民按照清单要求节俭办酒，桌数少于 20 桌的，村里就免费提供场地、厨房和桌椅出租，办酒越奢侈、桌数越多，礼堂场地费就越高。一时间，"办酒清单"成为村民口中的流行词，农村喜宴越办越大的势头得到了有效遏制。家门口办酒又方便又热闹，礼堂办酒成为农村新时尚。

这个故事启示我们，乡村文化振兴要以精神涵养为魂。"小清单"背后，是依托文化礼堂开展乡风文明建设的实践探索。随着文化礼堂的吸引力与日俱增，我们以乡村"公共客厅"为主阵地，开展了"七进礼堂"活动，将精神引领、道德评议、志愿服务、文旅开发等内容全部纳入文化礼堂。塘溪镇前溪头村组织"众筹年夜饭"，吸引了不少外国友人参加。东吴镇勤勇村举起"新时代学大寨精神"的旗帜，特色民宿红红火火。精神文明建设与文化礼堂相遇，产生了令人惊喜的"化学效应"。

五、"小礼堂"推动"大治理"的故事

部分领导和专家考察了邱隘镇回龙村。回龙村户籍人口只有1720人，外来人口却超过1.5万人，社会管理压力可想而知。而我们看到的回龙村环境整洁、秩序井然，是一个村委会办事一呼百应的党建先进村。这一切是如何做到的？回龙村人异口同声："要从那座文化礼堂说起"。回龙礼堂通过开展文娱活动满足文化需求，开展礼仪活动涵养生活规范，开展志愿服务培育家园意识，开展村民说事推进村民自治。村民们的心更近了，有事大家说，有问题一起商量，有难一起解，成了一种风尚。近两年，村里矛盾纠纷处置成功率从不足50%提升到98%左右，基本实现了"矛盾不上交、纠纷不出村"。

回龙村文化礼堂的故事启示我们，乡村文化振兴要以推动全域社会治理为纲。一座座礼堂是推进"三治融合"，促进乡村治理的"催化器"。礼堂是"自治的试验田"，我区在每座文化礼堂推进"说事长廊"建设，村里的大小事都可以在说事长廊里议一议，人人都能共商村事，参与乡村振兴。礼堂是"法治的宣讲台"，每年有七百多场普法课程在礼堂开讲。礼堂还是"德治的实践站"，我区上李家等村庄，依托礼堂开展新时代文明实践，推出"村民道德负面清单"，设立德治基金，成立村规民约会，定期评选红黑榜，探索出了一条"乡村治理、德治先行"的新路径。

建设"有韵味、有人气、有温度、有精神"的"四有"农村文化礼堂，传递的是文化，重建的是信心，凝聚的是人心，重塑的是一个充满魅力的乡村共同体。我区以文化礼堂为主阵地的乡村文化振兴工程也在不断地探索之中，希望今天参加论坛的领导、专家多提宝贵意见，帮助我们不断改进工作、提升水平。

——在 2019 乡村文化振兴高峰论坛上的主旨演讲
（根据录音整理）

增强乡村文化自信 [*]

我是文化战线的老兵，从事多类部门的文化工作，在中央党校和延安干部学院、井冈山干部学院学习期间，曾从不同角度对乡村文化建设进行了调研并撰写了报告。我体会到乡村文化建设是我国文化建设不可或缺的重要组成部分。

一、文化建设在国家建设中的地位和作用

党的十九大报告明确指出："坚定文化自信，推动社会主义文化繁荣兴盛。"文化是一种包含精神价值的生活方式的生态共同体。它通过积累和引导创建集体人格。文化是人类生活的反映、生动的记录、历史的积淀，文化是一种时间的"积累"，通过"引导"而移风易俗。在这个动态过程中，渐渐积淀成的一种"集体人格"，于是凝聚成了民族的灵魂。中华文化的最重要成果就是中国人的集体人格。

＊　张理萌，原文化部机关党委常务副书记、纪委书记。

因此，文化是国家和民族的灵魂，文化兴则国运兴，文化强则民族强，这就是文化在国家建设中的地位和作用。

二、中国乡村文化的特点

中国乡村文化诞生在中华民族悠久的历史和广博的文化根基之上，生长于以农耕文化为基础、地缘和血缘为纽带、传统社会伦理为秩序的乡村社会，并在长期发展中逐步形成了以乡规民约、宗教信仰、传统习俗、社会禁忌等为基本内容的文化形态。乡村有丰厚的文化资源和文化传统，涉及每一个方面、每一个角落，乡村文化自信是中国文化自信的重要环节，而文化自信是更基础、更广泛、更深厚的自信。

近年来，乡村文化产业作为文化产业的重要组成部分，备受重视，越来越多的乡村将着眼点放在乡村本身之上，从改变村容村貌来推动产业发展，用文化建设来引领乡村振兴。

三、乡村文化体系建设的内容和要求

乡村文化体系建设是重建乡村文化自信的重要步骤，是实现乡村振兴战略的核心灵魂，是每一个乡村发展要做好的必修课程。乡村文化体系建设是公共文化艺术的精神建设，重新整合乡村文化资源，充分发掘乡村历史、文化、生态、资源等内容，进行有效整合，以特殊性为原则，打造特色品质，充分利用现有条件，实行对内重塑乡村文明、对外展示乡村特点的文化，是营造文化体系建设、旅游、产业、发展的独特模式。

乡村文化体系建设是一项长期任务，也是一项渐进的过程，包括乡村产业发展即物质文化建设、乡村文明发展即精神文明建设、乡愁回归发展即思想文化建设。从内容上看，村容村貌建设、乡村特色产业、民宿民食民居，生态旅游、生活习惯习俗都属于乡村文化体系建设的内容。表现形式方面，利用本土原生态的民居建筑，通过文化墙和本地特色的文化活动进行品牌化宣传。

进行喜闻乐见的宣传非常重要。笔者参加延安干部学院的学习期间，曾经有一项文化调研，我们几位文化系统的学员到延安郊区调研，广电部学员问老乡："每周放映一次电影，大家是否欢迎？"老乡说："电影太老，费用太高"等等。我很有兴趣地问："文化站不要钱，大家喜欢去吗？"他说："什么文化站？不知道。"我实在不知道当地文化站是如何宣传的，这与昨天下午参观的宁波市文化站建设真是天壤之别。

目前，乡村文化体系建设存在不少问题：目的模糊化，缺乏特性，流于形式，缺乏创新，"千村一面"，缺乏规划，杂乱无章，等等。乡村文化体系建设既要保证整体的统一，又要实现个体的独特差异。要重建乡村文化自信，实现"活"的农村文化，育"实"民风好载体，创"新"以文化人。

四、乡村文化的意义

中国文化根源于乡村文化，但是乡村在逐渐消失，自 2000 年到 2010 年，我国自然村由 363 万个锐减到 271 万个，10 年间减少了 90 多万个，平均每天消失 80—100 个，其中包括大量传统村落。笔者在西柏坡调研中发现，他们的中小学在不断地合并，一个校长负责的中心学校竟方圆 40 里。农村在缩小，中小学合并、取消的现象在蔓延，随之消失的是民间文化和传统乡规。如果再没有行之有效的措施来保护和发展乡村文化体系，后人将无法全面了解中国传统的乡村文化。

令人可喜的是，近年来入选"中国历史文化名村名镇"、"传统古村落"等名录的乡村，已经逐渐认识到乡村文化建设的重要性，卓有成效地开展了相关工作，吸引了更多游客的前往，增强了乡村综合能力，提升了乡村品牌影响力，推动了相关事业的良性发展。希望这种一举多得的好方法能够遍布乡村，使乡村文化体系的建设不断向前发展。

——在 2019 乡村文化振兴高峰论坛上的主旨演讲

乡村文化振兴要解决好的几个问题 *

　　非常荣幸参加此次会议，因为会议的主题是乡村文化振兴，大家来讲文化，讲乡村振兴，而我是个有知识没文化的人。作为一个学经济学的学生，我不愿意班门弄斧，并且我是做健康研究的，所以我讲的题目是从健康的视角去研究乡村文化振兴。

　　我回想了一下，自己和乡村的最近两次接触，一次是在基层挂职，分管农村电商和农村综合改革，算是一点近距离的观察。安徽合肥三瓜村从一个空心村到游客接待量超 740 万人次，值得大家去看看。第二次接触是在 2018 年，恰逢改革开放 40 周年。中宣部组织了一些调研，我参与了内蒙古的调研。我们的调研最后落点在"以少数民族优秀传统文化来推动地方经济社会综合发展"的主题上，最后调研报告也入选了出版的报告集。我与乡村还是有很深感情的，我自己出身苏州农村，一个太湖边上非常美丽的小村镇，因此对农村也有一些观察。

　　乡村振兴包括产业振兴、人才振兴、文化振兴、生态振兴、组织

------

* 陈秋霖，中国社科院研究员。

—230—

振兴等全面振兴。要实现五大振兴里面的任何一个振兴，我认为都要解决三个问题。

第一，农民如何增收。如果不能增收，乡村振兴就没有了基础。为什么农民难增收，里面有产业的问题，今天我们说很多乡村仍然没有自己的产业。还有一个集体经济的问题，一个村集体没有一点钱，连收垃圾都要每家每户凑钱的时候，村容村貌是很难改变的。经过70年的发展，我们也考察了很多农村发展的道路，看到了农村还是要走集约化的道路，否则就没有规模经济，农村一定是成本相对高的产业集聚地。

第二，青年留得住。留得住农村青年，尤其是留得住城里找乡愁的青年。很多人不是不想回农村，而是适应不了，不光是大学生回不去，农民工子弟也回不去。我们中国存在城乡公共服务非均等化的问题，青年回到乡村，发现自己无法洗澡、晚上没有夜生活，一天、两天可以，三年、四年就受不了了。所以要解决农村公共服务均等化的问题，包括信息化的均等化，比如快递、网络等等。

第三，乡贤回得来。中国历史上古村落、古乡，其实都是以乡贤反哺为主。农村投资回报很低，但为什么还有人投，大多是乡贤告老还乡，开私塾培养后代。今天我们很难回到农村这样做，一个重要的原因就是医疗。在古代是以传统中医为主体，我们回到农村医疗条件至少没有比城里差得特别多，但是在今天这样现代化的医疗条件下，农村完全没办法获得老龄时代所需的医疗条件。这个时候就会发现乡贤很难真正回去，一次、两次看望可以，要在那边生活，发挥余热做生产很难。

从世界平均水平来看，欠发达国家走向发达国家非常明显的区别就是老龄人口消费的增长，主要聚焦在医疗和健康。也就是说，随着社会经济的发展，原来期望的整个消费会上升，消费确实上升了，但消费主要是医疗和养老，老年人其他一般性消费是下降的。在今天这个老龄化时代，推动内需靠的一定是老年人需要的养老、健康等。从中国老龄人口的医疗消费发展趋势看，从20世纪90年代到今天，老年人口医疗消费增长速度非常快，老年人真正需要的是医疗保障。

今天提起乡村振兴，说到小康社会，经常有这么一句话："没有全民健康，就没有全面小康。"为什么说今天这个时代，我们做乡村振兴要特别关注健康。从理论上看，我们如今迈进中国特色社会主义新时代，新时代最明显的特征就是从站起来、富起来到强起来。不忘初心，牢记使命，我们从何强起来，中华民族伟大复兴什么时候开始复兴，要看什么时候衰败。那是1840年鸦片战争，那时候主要衰败的特征就是我们被称为"东亚病夫"，今天的中国梦一定是健康梦，中国人真正脱掉"东亚病夫"这个帽子。健康是民族强盛和国家富强的标志，新时代中国梦一定要把健康作为一个非常重要的点。所以健康要优先发展，现在政策是健康融入所有的政策，健康入万策，这是当前理念上的改变。

从历史上来看，我们党一直对健康工作非常重视。从红军时代起就非常强调医疗和健康。毛主席针对如何解决中国红色政权存在的问题，提出三个事情，第一是粮食，第二是战壕，第三是医院。可见医疗是非常重要的。1949年新中国成立以后，我们提倡爱国卫生运动，把爱国和卫生放在一起，卫生也就是保卫生命，更显示出它的重要性。毛主席说，要把医疗卫生工作的重点放到农村去。1978年，在阿拉木图召开的国际初级卫生保健会议上，县乡村三级医疗体系、农村合作医疗制度、赤脚医生"三大法宝"得到一致认可。农村健康工作一直是国家发展的战略。从实践来看，人民对美好生活的向往就是向往更好的健康、更好的医疗保健，没有全民健康就没有全面小康。

　　2016 年全国卫生健康大会提出新时代卫生工作的方针，第一条就是以基层为重点，要把医疗卫生工作下移，医疗卫生资源下沉，推动城乡公共卫生均等化。无论是历史上，还是实践上，中国都非常强调基层健康工作，但是从事实上看，中国城乡健康之间还存在很明显的差距。从婴儿死亡率来看，1940 年到 1988 年，婴儿死亡率剪刀差在减小，但是中国城乡平均预期寿命现在还存在有 6 岁差距。医疗保障上，农村 70 年来经历了非常大的波动，从 20 世纪 60 年代建立中国农村合作医疗，改革开放以后整个农村基本没有医疗保障，2003 年"非典"以后逐渐恢复新型农村合作医疗，现在基本实现 100% 的覆盖。这是很低水平的农村合作医疗，现在城乡合作医疗人均才 550 元人民币，100 美元都不到。第二条是城乡医疗服务，20 世纪 60 年代以后，中国农村医疗服务明显上升，尤其是县以下发展比较快，但是现在农村卫生设施还是很薄弱的，一是能力上相对来讲弱一些，二是基层卫生系统缺人。2016 年提出"健康中国"建设以后，我们农村的基层卫生工作面临很好的机遇。

　　党的十九大报告中首次提出的战略有两个，一个是乡村振兴战略，一个是健康中国战略，健康中国和乡村振兴融合起来，也是未来乡村振兴发展一个非常重要的方向。

　　　　　　——在 2019 乡村文化振兴高峰论坛上的主旨演讲

　　　　（根据录音整理）

乡村文化及其振兴之路 *

非常有幸参加在宁波举办的这次乡村文化论坛。会议主办方给我出的发言题目是"乡村文化及其振兴之路",这是一个非常宏大的议题。当然,文化本身就是广义、宏大的,可以涵盖人类生息繁衍的全部历程,包括人类活动的全部行为和人类行为的全部结果。即使是在我们今天讨论的乡村文化领域也具有极其丰富的内容。因认知与能力所限,这里只讲几个具体问题。

第一个问题,乡村文化的含义及其形式。

如果从历史传承和文化积淀的意义而言,乡村文化是农民在生产和生活实践中逐步形成并发展起来、传承下来的,包括道德情感、社会心理、生活习惯、是非标准、行为方式乃至愿景期盼等文化艺术形态。其中每一个领域都是讨论乡村文化的基本层面,我们今天不可能展开讨论。这里讲一个小故事,看看乡村农民的是非标准是什么。

大家知道,抗日战争时期有一个著名的昆仑山战役,战役胜利后为铭记阵亡将士修了一座纪念碑。由于历史的原因,纪念碑的铭文是

---

* 孔泾源,国家发展改革委综合改革司原司长,中国经济改革研究基金会理事长。

由蒋介石题写的。曾经被一些人砸碎扔掉了，但老百姓私底下将其碎片保存了起来。改革开放后恢复实事求是精神，重修昆仑山战役纪念碑，被砸碎的碑体和文字，基本能够找齐，其中文字部分一笔都不缺的，被砸碎的纪念碑就这样带着它特殊的历史印痕重新树立起来。那里的普通农民或许没有受过多少教育，也不懂得什么历史唯物主义，甚至可能都没有过多地考虑国家和民族大义，但其是非标准自在心中并世代相传。那就是，为中华民族生死存亡而战、而献身的中国军人，无论何党何派，无论成功失败，都是英雄！所以说乡土文化是值得我们尊重的文化形态，乡村文化积淀的是非标准判断也是中华民族得以生息繁衍、生生不已的道义基石所在。

第二个问题，乡村文化的源头与活水。

中国文化从本质上说，是自然主义和人文主义的结合，讲的是人、自然以及人和自然的所谓"天人合一"关系。旧时代的皇帝也讲什么皇天后土、天地乾坤和天人感应等等。中华民族的文化形式、哲理本质始终没有超越自然主义和人文主义相互结合的范围和境界。乡村文化承载着这种大文化观。乡土文化在一定意义上又是精英文化世俗化的表现。农村老太太未必懂得很高深的知识，但她对子孙的教育、日常生活习惯，以非常通俗的待人诚信等日常生活态度、行为礼仪准则，阐释、践行了仁义礼智信等中国传统文化价值或儒家经典学说。

乡村文化也是源于生活、百花齐放的，各地都有丰富的故事传说，有着丰富多彩的文化形态及其传承路径和方式。比如说本次论坛所在的鄞州区，有几千年的建置历史，千百年来乡村文化发达、历史故事丰富，给后人以诸多启迪和教益。宋代王安石曾在鄞县做过县令，他劝耕农桑、兴修水利、整饬县学，励精图治。任期到限离开时颇有不舍，写了一首著名的诗："山根移竹水边栽，已见新篁破嫩苔，可惜主人官便满，无因长向此徘徊。"我自己从中就很受教益启发。1998年，为适应计划经济向市场经济转轨要求，政府机构进行重大改革，几十个中央部门一夜之间被撤销，当时有所谓"下岗的部长一走廊，下岗的司长一礼堂，下岗的处长一操场"之说，许多同事年富力强、工作经验丰富，但因机构改革不得不离开岗位、重新谋职，留用者也未必都是人尽其才、擢人善用。当时，为排解离岗同事们的心情，我也模仿王安石，有感而发写了一首打油诗以赠友人："山根移竹何处栽，水边云外任点排。舒蔓曲枝早绿径，挺节柱干晚成材。新篁初露方应扶，老笋成骨岂堪掰？辞任县令徘徊日，荆公何曾期相哉？"可见，乡土传统文化的源头、活水，时时刻刻都在丰富我们的日常生活，甚至滋润着我们的心灵和精神家园。

第三个问题，乡村文化的认知与评判。

在城里人眼中，乡村文化是土气的代名词，其实大谬不然。我刚才讲了宁波鄞州的例子，接下来再讲一下我的老家湖北随州的故事。大家可能听得出来，我讲话带有方言语音，但我绝不认为它是土话，它只是方言，并且是古汉语音。为什么呢？因为古时候随州曾是周王朝的近室分封之地，历史上叫曾国或随国，后来出土的曾侯乙编钟举世闻名。当地的方言虽然很"土"，但很多发音是古汉语语音的延续。如当地老太太说一个孩子不太讲卫生，就说他或她"襂襹的很"，就是说你脏兮兮的、臭烘烘的。因为中国古代宋、元以前是不种棉花也没有棉纺织品的，棉花是宋、元以后主要是明时期才开始普遍引种的。此前，贵族穿丝织品，普通老百姓是穿麻纺织品的。麻纺织品容易吸尘，农作、走路时衣帽服饰便沾满尘土，久而久之被引申为肮脏、不卫生之意。这两个字在当地发第一声，但百度注声是第四声，未必正确，并且其释义也不准确。晋代程晓《嘲热客》有诗句："今世襂襹子，触热到人家。"其中的"襂襹"二字就是取其本意。20世纪 80 年代美国前总统卡特在卸任后的一个夏天访华时，曾经掉书袋子用过这两句诗，其自嘲或调侃之意是说，在这么热烘烘的天气里，一个脏兮兮的人到别人家做客，真是不晓事、不知趣啊！结果把我们的外交官和翻译人员都搞得懵圈了。

再比如，要把一个直的东西弄弯，按照普通话的说法是折弯、撇弯、掰弯，难以表达折弄成 U 形的动作、过程或形态。用随州话说就非常简单了，用的是古汉语"擩弯"一词。不认识五六千个甚至更多的汉字，未必能够接触到上面提到的"襁褓""擩"几个字及其发音。清朝入主中原后，为使旗人尽快掌握汉字汉语以便统治中原，将传统汉语的文字、语音大大简化，常用字没几千个，发音也从五声变成四声了，大概相当于今天的普通话。许多古汉语的发音及其对应的文字，从官方日常用语中逐渐消失了，但在民间"土话"中保留下来了。其所谓"礼失求诸野"。讲这个故事是说，并不因为我们读了多少书、识了多少字、会讲普通话、拿了什么学位就有文化了，从汉语语音学层面，即使面对随州当地不识字的老头、老太太，自己也经常会感到惭愧的。遗憾的是，这些乡音土语、乡土文化随着老一辈的离去开始慢慢丢失了。

第四个问题，乡村文化的传承与扬弃。

当今时代，中国工业化、城市化发展很快，人们也容易崇尚高大上洋、标新立异的东西，甚至以为自己做得最先进、最权威、最具代表意义，在传承意义上的事情做的比较少。当然，落后或赶超型国家在文化发展变迁上有一个先离异甚至抛却、后回归和寻根的过程。其实，今天的所谓城里人，不是农民的儿子就是农民的孙子，对乡村文化要有敬畏感和尊重意识。我们无疑需要吸收各个民族的先进文化为我所用、要具有创造性，但也要自知自省。改变了中国命运也影响世界格局的中国改革开放，最初也还是从农村改革开始的，其经济社会变迁、制度创新机理和乡村文化形态很值得研究。但是，我们的主流文化在传承意义上有它的缺陷性。其中既有计划体制的价值观念、制度形态、思想体系等文化舶来品，也有自己建立市场经济体制所创立的理论形态、制度模式乃至希望取得文化自信的愿景和追求。不同的意识形态混合在一起，在经济学上有一个悖论，就是希望减少交易费用的努力，却变成了因理想的冲突或文化观念的对立而加大了社会成本。不同意识形态、思想理念和文化观念混杂在一起，使统一思想以及向何处统一思想成为经常性的，甚至也是不可能完成的任务。

因此，我们要从乡村文化中摄取营养，寻找文化发展的源头、契机、特性和规律。包括对人性的描述，对生活的眷念和赞美，避免将其格式化、程序化乃至口号化。欧洲走向近代社会有一场著名的文化复兴，我们翻译成"文艺复兴"。我国历史上同样有抛弃百花齐放、百家争鸣的优秀文化传统的历史。也需要经历一个类似的文化复兴过程，而不是一味地崇洋媚外，要么全盘苏化，要么全盘西化，要么固守罢黜百家的经学传统，始终走不出"秦时明月汉时关"的历史梦境，造成今天有大咖无大家、有名人无名师、有经学无子学的社会病态，遍地充斥的是媚俗化、平庸化乃至低俗化、流氓化的文化垃圾。要学会从乡村文化"俗"的形态中寻找精神生活"雅"的境界，展现乡土文化、通俗文化的持久魅力。如一首《茉莉花》在国际上几乎成为中国文化的符号；一首通俗歌曲《咱老百姓》把当代官民关系表现得淋漓尽致。其实，农村处处都可以发现或揭示自然之美和人性特征。我个人曾尝试以"油菜花"为题，展现乡野之美和人性缺憾："桃李争芳斗艳开，知否菜花曾似海？满目金蕊连青冈，遍地玉叶生芸苔。公子无心浪迹去，蜂儿有意采蜜来。可怜世间人眼浅，不识金玉事多哀！"所以说，乡村文化及其创作源泉举目皆是，重要的是我们如何敬畏勤学、传承光大。

第五个问题，乡村文化的振兴及条件。

中共中央提出乡村文化振兴战略，各级政府都在积极努力，昨天在鄞州看了乡村文化振兴建设的卓越成就，尤其是地方部门介绍的5个故事，看了、听了以后很有感触，非常期待把这种文化创新的普遍意义总结出来，发扬光大。这些故事是乡村文化振兴的故事，也是中华文化传承的故事，更是中国文化自信的源泉所在。

但要看到，文化传承既是通俗品，也是"奢侈品"，需要一定的经济条件。我国现阶段已进入上中等经济收入水平阶段，有必要也有能力进行包括乡村文化振兴在内的文化投资。关键是如何进一步优化城乡制度设计，统筹城乡经济、社会和文化发展。几十年来，农村向城市输送了源源不断的廉价劳动力和土地要素，支持了工业化、城市化发展，创造了改革开放的中国奇迹。但过多的劳动剩余和土地增值收入长期片面向城市集中，滞后了农村经济发展和社会文化进步。要加快统一城乡要素市场，使农民劳动剩余尤其是土地增值收入能够适当地支持农村发展，包括乡村文化振兴。当前，每年有三四万多亿元的土地增值收入，如果有1/10能流入乡村，就是一项了不得的经济文化投资来源。征地制度是计划经济最后的堡垒，要通过相关改革尽快统一城乡土地市场，合理分享土地增值收入，为农村社会提供相应的经济建设和文化发展资本。

文化是社会公共品，这种公共品应当是全体人民所共享的。乡村文化振兴是文化大众化、共享化的具体体现。中国历史上，纸张发明以前，由于书籍体量笨重和刻写成本高昂，只能用最简约的语言记载最紧要的事情，文言文应运而生，知识分子掌握文言文，普通老百姓讲的是通俗白话，士林阶层与人民大众、精英文化与乡土文化之间存在着巨大的文化鸿沟。白话文推广后，二者开始接近、矛盾有所缓解，但草根文化、大众文化、精英文化和庙堂文化如何克服脱节现象、实现融合发展，仍然是今天包括乡村文化振兴在内的全新主题，需要人们在实践中不断探索，创新发展模式和文化形态。

最后讲一个与乡村文化振兴有关的小事情也是大问题。随着工业化、城镇化的发展，城市病尤其是大城市病开始出现，许多城里人尤其是富人、文化人包括一部分退休公职人员，希望"告老还乡"。但现行城乡体制相互隔离，资源要素、人文成果流动受阻。工商资本不能下乡，文化人士不能归故，官员告老"欲习陶令无寸地"，乡村丧失了城市资本支持和乡绅文化来源。这种体制束缚严重阻碍了乡村经济文化发展，应当尽快革除。刚才鄞州区领导介绍了当地乡贤文化的发展，很值得总结推广。这些乡贤带来的也许不仅仅是资本投资，可能还有他们几十年甚至几代人的文化积淀。全社会都要着力于打破城乡制度壁垒，推动城市工商资本、文化知识人才与乡村草根大众深度融合，走出一条乡村经济社会发展和文化振兴的康庄大道。

——在 2019 乡村文化振兴高峰论坛上的主旨演讲

注重乡村文化振兴　实现乡村全面发展*

　　"三农"问题历来是我国的战略性问题，涉及国家安全。过去我们讲无粮不稳，无商不富，无工不强。实际上中国上下五千年的古老文明，农业、农民、农村的问题就困扰了我们五千年，我们真正转入工业社会还没有多少年。只有农村问题解决好了，农民问题解决好了，我们这个国家才能真正稳定、安全。农村文化不振兴，中华民族的伟大复兴就是不完整的。这是我的一个感受。

　　去年因为扶贫工作，我大概走了全国 10 个县，其中有 7 个是国家级贫困县，各个地方的情况不一样，问题表现形式不一样，北方、南方也有差异，但是它们之间有一个共同点，就是农村文化的缺失，空心化问题严重。农村留不住年轻人，留不住孩子，甚至连老年人也留不住。在一个山西的贫困县，我看到村子里 300 多口人只剩下七八十个老年人，孩子因为教育问题都跑到省城里、县城里上学了，这些老人留在这里，就是为了拿国家给的农业补贴，只要种地国家就给钱。这样的情况我个人感觉，教育、医疗、文化这些东西都不足。

---

　*　康明，中华社会文化发展基金会党委书记兼秘书长。

这次看了宁波几个典型案例，我感到很有信心，感到很振奋，看来农村文化振兴的问题不是解决不了。在一定的资金支持下，在强有力的组织和党的领导下，做好乡村文化振兴还是有信心的。

乡村文化振兴除了很难，还是一个很杂、很大的工作，需要从多角度进行考虑。各地的情况不同，但是求同存异，首先是要高度重视，"三农"问题怎么样重视都不为过，必须要给予乡村文化振兴以足够的重视。中华文化的底蕴、"文化沉淀"在农村。要在农村发掘"文化积淀"、文明的"碎片"、文明的传承，要在振兴农村中这么考虑。2019年是"五四运动"100周年，对100年前的五四运动，我们应该有一个全面准确的认识。"五四运动"的积极意义不用我说，但是当时提出的一些口号和做法，现在恐怕要琢磨一下，比如说对中医的评价就不客观。振兴乡村要发掘什么、弘扬什么、保护什么，很高兴看到宁波的同志们在这些方面做了很好的工作。乡规民约变成了精神文明公约，自发的文化活动变成有组织的文化活动，这些都是宝贵的成功经验。

说到宁波我想多说两句，"人杰地灵"四个字被到处引用，大多数有一点夸张，但说到宁波我觉得这四个字是完全当得起的。1840年鸦片战争后五口通商，广州、厦门、福州、上海不用说，为什么定宁波，是由海上丝绸之路积淀出来的宁波经济、文化现实决定的，宁波是我们对外交流的窗口。现代史中宁波就更重要了，江浙财团的力量，对上海的发展和对香港的影响都毋庸赘述。

这次来主要是和会议的支持单位有一个合作，其实之前我们也跟宁波很多同志，有过比如纺织厂旧厂房的改造和房地产开发项目的合作，这次也希望得到宁波同志们的支持和帮助。我在这里代表基金会也做个表态，希望能尽我们最大的努力和宁波的同志们合作，在农村经济振兴方面，在历史文化遗产保护方面，我真的觉得宁波有很好的历史条件、文化条件。我们基金会愿意和宁波的朋友合作，把宁波的文化振兴经验推广到全国。

——在 2019 乡村文化振兴高峰论坛上的主旨演讲（根据录音整理）

第七部分

乡村振兴与交通产业发展

现代交通产业与乡村振兴 [*]

　　交通产业是国民经济的重要组成部分，现代交通产业是国民经济体系建设的重要任务。改革开放以来，特别是党的十八大以来，我国交通产业取得了长足进步，以高速铁路和高速公路为代表的先进交通机械制造业与现代交通服务业取得了重大成就。随着我国交通产业供给侧结构性改革不断深化，交通科技创新力度不断加大，交通服务业水平明显提升，形成了融合综合交通、智慧交通、绿色交通、平安交通的现代交通产业新格局。

　　现代交通产业迅猛发展，成为我国经济增长的重要引擎，为国家现代化建设和经济高质量发展提供了有力支撑，为实施乡村振兴战略和推进农业农村现代化注入了强大动力。现代交通技术发展，极大地提升了交通产业服务水平、物流效率与整体效应，特别是交通产业科技创新加快推进，在关键领域和重大技术方面取得突破，协调推进原始创新、集成创新和引进消化吸收再创新，促进科技成果转化为交通运输生产力，不仅带来了我国交通事业翻天覆地的变化，而且也带动

　　* 尹成杰，原农业部常务副部长、农业农村部乡村振兴专家咨询委员会委员。

了整个经济社会发生深刻变革。实践证明，现代交通产业对于经济社会发展和产业转型升级发挥了不可替代的重要作用，对我国现代农业农村建设正在或已经产生深远影响。

一、现代交通产业是乡村振兴的重要条件

现代交通带给经济社会的是什么？为什么人们这样喜欢现代交通？我认为，现代交通带给经济社会最为宝贵的是高速、高效和安全。高速、高效和安全是现代交通运输的基本特征。因为效率是衡量经济社会发展水平的重要指标。效率是成功的基础，是发展的基础，是效益的基础。现代交通高速、高效和安全的基本特征及其派生的功能，给经济社会发展带来同城效应、集约效应、高效效应、节时效应、节本效应，大大促进了生产和生活方式转变，有力促进了经济发展转型升级。

乡村振兴，交通先行。习近平总书记强调要加快农村"四好"公路建设。"四好"公路既是乡村振兴的重要任务，也是农业农村现代化的有力基础。"四好"包括：把农村公路建好、管好、护好、运营好。交通历来是农业农村发展、推进乡村振兴的前提条件和有力支撑。从古到今，农业发展总是伴随交通发展而发展，依靠交通升级而升级，依靠交通快捷高效而繁荣富裕。要想富先修路是最生动的概括。回顾农业发展史，传统农业向现代农业的转变，是以传统交通向现代交通转变为重要条件和前提的。研究表明，交通与农业农村发展呈现互为因果的正相关逻辑，特别是大国农业农村发展对大交通和高速交通的依靠性和需求性日益增强。没有效率就没有效益，提高农业经营效率是提高土地产出率、农业劳动生产率的基础和关键。农业与工业不一

样，受自然条件制约，具有时间性季节性，同时其经营对象是有生命的动植物。因此，农业经营运行的效率对建设现代农业至关重要。我国现代交通网络体系的快速形成，为农业供给侧结构性改革插上了翅膀、提供了动力，促进我国从农业大国向农业强国转变。

未来交通产业发展的快速区及辐射地区，将是我国农业农村振兴发展优势区、农产品需求扩大区、农产品流通快速区、农业产值快速增加区。农产品流通数量、范围及效率，主要取决于交通运输的效率和质量。我国"四横四纵"到"八纵八横"的高铁主要干线网络、城际高铁高速及一些地方的"两小时交通经济圈"，将从根本上改变我国农产品的流通方式和范围。未来高铁高速公路等现代交通沿线，必将是现代农业快速发展带，是农业新兴功能扩展带，是农业消费需求增长带，是农业资源高效开发带，是现代农业要素集成带。要充分依托和利用高铁高速公路网带的特殊优势，构建我国现代农业优势产业带。

二、现代交通产业是农业农村现代化建设的有力支撑

现代农业发展过程，是农业资源与投入的金融资本、设备设施、技术等农业外部要素移动交换结合的复杂过程。现代农业发展需要通过现代交通实现这一复杂的和系统的移动交换结合过程。我国现代交通产业发展、现代交通方式的重大转变和跃升，促进了农业生产力和消费方式发生重大变革，促进了农业经营方式和流通方式发生重大变革，促进了沿途乡村振兴、城镇功能提升和城乡融合发展。

我国幅员辽阔，农业功能区域庞大，农产品数量巨大、品牌品种

繁多，迫切需要和依赖快速便捷的交通。一是农产品数量巨大，品牌品种繁多，消费需求多样。农产品具有鲜活、易变质等特征，并且需要大范围、远距离、大批量调运。2018年，我国粮食总产量接近6.6亿吨，肉类产量8625万吨，奶类产量3075万吨，蛋类产量3128万吨，油料产量3433万吨，糖料产量11937万吨，水产品产量6458万吨，水果产量2.7亿吨，蔬菜产量7.69亿吨，木材产量5432万立方米。这些农产品及原材料大多需要通过现代交通调运。二是农村地域广阔，村镇星罗棋布，乡村建设需要的大量农业生产物资包括水泥钢材、农药农膜、农业机械、水利物资、植保药械等运输都需要现代交通支撑。三是现代农产品流通体系及农产品集散地和市场批发体系，迫切需要现代交通体系支持。四是2.8亿人左右的农村人口转移进城务工，常年多次往返城乡，高铁高速公路等现代交通的发展为其提供了前所未有的便利条件。五是交通运输产业是乡村文旅产业、观光产业、休闲康养产业等兴旺的先行条件。没有现代交通产业，上述产业难以发展。

现代交通产业发展，农村交通运输的加快建设，以及"四好"公路建设，将为解决困扰我国农业已久的效率低下问题提供难得的机遇和支撑。高速、高效和安全的现代交通将在我国农业供给侧结构性改革、优化调整农业结构和布局、建立健全现代农产品流通体系等方面发挥重要作用，给农业的生产链、效益链、生态链、环境链和价值链带来重大变革。

正因为现代交通的特殊效应和效率，使得我国现代交通产业加快发展，有力推动区域经济的产业转型升级，推动区域经济的产业布局变革，推动区域发展规划升级，进而推动区域资源要素流动提速、资源利用提效。现代交通产业对乡村振兴和对农业农村现代化建设将释放八大效应。

一是农业资源集约效应。促进农业资源深度开发，提高农业资源的含金量。二是农业优势互补效应。通过沿途站点的快速连接，使得资源互补效率提高，更好地发挥农业资源优势。三是农业要素统筹效应。快速连接使资金技术、信息、流通等农业各要素的统筹性和整合度大为增强，使现代农业要素投入效率提高、效果提升。四是农业资源增值效应。现代交通网络使沿途站点的城乡土地、水源、景区等资源的价值和价格提高。五是农业消费扩展效应。现代交通运输使得农产品大范围、长距离、快速度地流通，发展鲜活农业成为可能，大大缩短农产品从产区到销区、从田间到餐桌、从生产者到消费者的物流和时间，扩大了消费群体，提高了消费效率。六是农业产业的集聚效应。现代交通产业促进和带动了农产品流通业、加工业、服务业的发展和集聚，实现了从农产品到农业产业、从农业产业到农业农村经济的变革，为农村一二三产业融合提供交通支撑。七是农业新兴功能拓展效应。现代交通网络为沿途农业农村带来食品、旅游、文化、生态、休闲、养生的消费需求，进而促进沿途园艺产业、文化产业、旅游产业、养生健康产业的发展，使田园变公园、住房变客房、风景变景观成为可能。八是农耕文化的传播效应。加快沿途科技进步与转化，农业技术与文化异地交流传播。

三、大力推进现代交通网络沿线乡村产业兴旺

现代交通网络形成及其基本特征和功能，是沿线现代农业的新机遇、新动力、新翅膀。构建现代交通网络沿线现代农业产业带，要以沿途站点高速交通为依托，以现代交通网络辐射地带为载体，充分利

用现代交通运输的高速、高效和安全功能，发挥农业区位比较优势，建设现代农产品流通体系，构建纵向现代农业产业带和横向农业经济圈，把现代交通网络沿途地区建设成现代农业优势区。

一是构建种养产业。从现代交通网络沿线自然资源优势出发，发展种植业，比如粮食生产和油料作物。同时利用饲料资源，发展养殖业，比如畜牧和水产养殖等。二是构建农产品加工产业。利用农业原料和便利交通，开展农产品深度加工和流通，提高农业附加值，促进农产品加工转化。三是构建现代农产品流通产业。利用客流物流便利高效的优势，率先建立现代交通网络沿途市场流通体系，破除农业的"瓶颈"制约，早日形成高效快捷的农产品物流业，使农业成为鲜活农业。四是构建农业文化旅游产业。通过现代交通网络，可以把人们旅游的消费需求和当地的资源对接，兴办农村生态休闲观光旅游产业。五是构建农业社会化服务产业。农业社会化服务是现代农业的重要组成部分。现代交通网络有利于社会化服务更及时高效地、更大范围地为农民需求服务。六是构建生态休闲养老产业。现代交通网络把人们的休闲养老需求同沿途资源联结起来，带动和促进休闲养老产业发展。现代交通产业整合输送需求，需求拉动产业。

四、加快构建现代交通网络沿线现代农业产业带的重点路径

要采取有效措施，加快推进现代交通网络沿线现代农业产业带建设。一是制定国家现代交通网络沿线现代产业带建设规划，纳入"十三五"或"十四五"规划。二是充分发挥现代交通网络沿线农业优势区的作用。要充分利用现代交通产业功能要素，打造现代交通网

络沿线区的现代农业产业带。三是制定国家扶持现代交通网络沿线区农业发展的政策措施，用政策引导和激励，把现代交通速度优势转化为农业动力，把现代交通运输效率转化为农业效益。四是发挥现代交通网络沿线中小城镇对乡村振兴的带动作用，以农业及相关产业为支撑，加快沿线特色小镇和美丽乡村建设，带动乡村振兴，推进农业农村现代化。

——在 2019 乡村振兴暨交通产业发展峰会上的主旨演讲

加强农村交通基础设施建设
要把握好三点 *

    2019 年 9 月，中共中央、国务院下发了《交通强国建设纲要》。这个纲要明确提出了我国交通现代化建设发展的总体要求和总体发展目标。发展目标概括起来是三个词：人民满意、保障有力、世界前列。就是说要建设人民满意的交通，要成为国家现代化建设的一支有力的支撑力量，要使我国交通建设位居国际发展前列。

    农村交通基础设施建设是交通强国建设的重要组成部分。改革开放 40 多年来，农村交通基础设施建设取得了巨大的进步。过去人们常说，"要想富，先修路"，农村道路的相关建设，无疑成为改革开放 40 多年来，农村各项事业发展的一个重要支撑，也可以说是助推器和加速器。农村路网建设离农民越近，贫困离农民越远。路网建设越好，全面建成小康社会的步伐会越快。截止到 2018 年底，全国公路路网里程达 404 万公里，乡镇和建制村硬化路的比例分别达到 96.6% 和 95.5%。

---

* 李春生，第十三届全国人大农业与农村委员会副主任。

农村交通面貌发生了很大的变化，交通承担起了支持农村经济发展、民生改善、社会和谐的重任。要进一步发挥好乡村交通设施建设的引领、支撑和保障作用，助推乡村的全面振兴，有三点应注重把握好：一是乡村交通基础设施建设必须建设好、管护好、运营好；二是要注重好三个融合发展；三是应做好城乡交通发展的统筹。

建设好、管护好、运营好乡村交通路网

农村交通基础设施建设为实现全面建成小康社会的目标提供了引领和保障作用，为广大人民群众提供了更加普惠、更加优质的出行和运输服务。农民的出行条件，农业生产的环境和条件得到明显的改善，使广大农民群众有了更多的获得感、幸福感和安全感。党的十九大提出"五位一体"的乡村振兴战略。作为新时期"三农"工作的总抓手，实现乡村的全面振兴，无论是产业兴旺还是生态宜居，无论是乡村治理还是农民富裕，都离不开农村交通路网建设和相关交通基础设施的健全和完善。随着乡村振兴战略的实施，乡村交通条件的好坏越发显得关键和重要。它仍然是乡村振兴的基础，是重要支撑和保障。《交通强国建设纲要》着重强调继续推进"四好"公路建设，进一步把农村公路建好、管护好、运营好。"要想富，先修路"的口号并没有过时，为顺利实施乡村振兴战略，交通必须先行，路网的完善和提升仍然有着很大的发展空间和潜力。目前，全国仍有3100多个行政村未通硬化道路，2400多个行政村未通客车，自然村硬化道路率仅占40%，很多村仍然是晴天"洋灰路"、雨天"水泥路"，可见建设产业之路、生态之路、文明之路、致富之路仍然是做好乡村交通工作的关键，仍然是推进乡村振兴的基础性工程。

要建设好、管护好、运营好乡村交通路网等相关基础设施建设，应继续推进"四好"公路建设，加大投入力度，形成差异化的补助政策，形成管用、有效的工作机制。完善农村路网，促进农村路网优化升级，强化农村公路质量的保证体系，提升农村公路建设、养护管理的层次和水平，使农村的交通基础设施建设在农村各项发展及乡村振兴战略实施当中真正发挥支持和保障作用。

注重好三个融合发展

要注重好三个融合发展。一是要注重乡村交通基础设施建设与美丽乡村建设充分融合发展。目前，全国农村环境整治、特色小镇、美丽乡村建设都发展很快，各级政府都制定了发展规划和方案。在规划方案中，乡村道路和相关基础设施应积极跟上，并结合当前区域资源条件，依据美丽乡村等相关建设的要求，使路网与生态环境和人文历史相融合、相匹配，构建与养护并重，形成外通内连、安全舒适的乡村路网新格局，形成布局合理、排水通畅、设施相对齐全的道路网络，为乡村环境整治、美丽乡村建设打下坚实的基础。

二是要注重乡村交通与乡村文化旅游产业发展相融合。现阶段农村产业发展的业态日渐丰富，比如有"农业＋林、牧、副、渔"形成的循环型农业；"农业＋加工、交通、流通"形成的复合型农业；"农业＋信息产业＋智能产业"等形成的智慧型农业；"农业＋文化＋旅游"等产业形成的创意型农业。有些地方通过发展景观农业、会展农业以及有文化内涵的农业产业，实现乡村文化产业、乡村演艺业、乡村节庆活动融合发展，形成了复合型的文化产业；有些地方依托乡村绿水青山、田园风光等自然资源，结合本地特色、民俗文化等发展休闲农业、观光农业和康养农业等产业，努力打造多文化的产业综合体。应依据各地发展实际和资源状况，结合农村文化旅游产业发展的特点，将乡村交通基础设施与旅游景区文化、田园综合体、特色小镇等工程项目很好地结合起来，有目的地开发，形成完善的、相配套的交通基础设施，助力乡村多元化产业的发展。

三是要注重乡村交通与农村各项事业发展相融合。这些年全国各地先后创建了100多家农业现代化产业园，1000多家省级产业园和一大批县级农业产业园，1000多家农业、农产品的加工园区，几百家的农村产业融合先导区、示范区，还有一大批科技示范园，等等。应结合农村发展实际，规划建设好推动农村各项事业发展的交通基础设施，打通开发区、示范区的"最后一公里"，形成乡村交通与电商快递、乡村交通与特色产业、乡村交通与农村各项事业融合发展的模式。应进一步完善乡村交通设施，充分发挥引领和保障作用，形成新的产业业态、模式和功能，促进农村各项事业发展，特别是促进农村产业的发展。

统筹好城乡的交通发展

应统筹好城乡的交通发展。要统筹制定城乡交通发展的规划和实施方案，集中人才、资金、技术和相关要素投入，形成城乡联动、融合发展的良好态势。要努力推进城乡公共交通设施服务的均等化，尽快补上乡村交通基础设施建设这个短板，更好地促进乡村振兴战略实施，更好地推进乡村各项事业的发展。不仅要解决农民出行难的问题，还要使农民能够走得好，走得安全和舒适。不仅要解决农副产品运出来的问题，还要解决如何运得高效的问题，进而助推乡村振兴、产业兴旺，农村繁荣、农民富裕。

——在 2019 乡村振兴暨交通产业发展峰会上的主旨演讲

把交通发展与乡村振兴结合起来 *

　　小康建设、"三农"问题、脱贫攻坚这样主题的会议我参加过不少，把交通发展与乡村振兴结合起来的论坛，这还是头一次参加。

　　要想富，先修路，这是实实在在的道理。从我所去过的农村来看，发展比较好的都是因为路修得比较好。贫穷的农村地区一般都是比较偏远的，那里信息不畅通、交通不便利，外面的信息不能及时传到那个地方，那个地方的产品也很难运出去，到不了大市场。所以必然就是一种很封闭的资源经济。

　　我们的交通建设这些年有了长足的发展。我 20 年前去过广西百色考察，当时那是一个很贫困的地方。这次去我大吃一惊，百色发展得非常快。高铁通了，高速公路通了，这恐怕是最重要的原因。所以说乡村要振兴，贫困的地方要脱贫，首先要发展交通。但是发展交通也要实事求是地发展。这话什么意思呢？我是搞经济的，做任何事情都不能靠口号，要讲效益，要讲投资的回收期，要讲投资的回报率。如果盲目地去发展交通，可能会形成很大的浪费。这是我要说的一个

---

　　*　贺铿，第十一届全国人大财经委员会副主任委员。

观点，仅供参考。

这次论坛把乡村振兴和交通产业的发展联系起来，我觉得很有意义。我认为交通产业不仅仅是修路，还应该包括交通运输业，把交通运输业发展起来，特别是偏重于发展农村、边远农村的交通运输产业是非常必要的，也是非常重要的。例如百色这个地方，因为交通很方便了，所以旅游的人也不少，各种产业也发展起来了。那里有一个苹果县，是过去的贫困县，现在也都发展起来了。从一个贫困县成为广西的第一富县，这就说明了交通及工业产业对贫困地区的脱贫是非常重要的。

关于乡村振兴的问题，我的观点就是"三农"问题不能孤立地仅从"三农"谈"三农"，一定要放在整个宏观经济的角度来考虑"三农"问题。农村的劳动力没有了，农村萧条了，这些观点都是就"三农"谈"三农"。过去全国90%的人都在农村搞吃饭的问题，这肯定不是一个长远发展道路，美国只有3%的人搞农业，还能出口那么多农产品，这个问题值得我们想一想。20年前我到韩国去，当时韩国的农村就和我国这两年的情况完全一样，那些老人坐在村口叹息：年轻人都到厂里去了，田没有人种了。所以说在工业化过程中，农村要走向这样一个情况是肯定的。振兴乡村不是说要把农民拉回来，我主张振兴乡村就是要城市化，这个城市化也不是我们现在搞的大城市化，而是小城市化。把产业像日本一样引向农村小城镇，最后实现习近平总书记说的"让人们望得见山、看得见水、记得住乡情"，这才是真正的城市化。

让我们2.8亿农民工背井离乡，到珠三角、长三角以及北京打工，这个发展途径值不值得我们思考呢？对于日本，我们还是非常了解的。日本20世纪50年代提出新农村建设，就是建设900户以上的村，900户就是一个小镇了，再把工业、副业引进来那就是城市化了。所以日本的农业问题解决得很好，韩国也是如此。日本、韩国城市化率比我们高得多，城市化速度也比我们快得多，他们能够解决，我们怎么就不能解决呢？有人说我们的土地太少，我们的土地人均有 0.1 公顷，而日本只有 0.05 公顷，比我们少一半，韩国更少，只有 0.04 公顷，人家基本都解决了主要农产品的自给问题。我们现在的进口农产品越来越多，这是一个很大的问题。

说到农业的出路我也一直有一个观点，那就是农业现代化。改革开放 40 多年，关于"三农"问题的政策说了很多，但是我们往往是办法少、政策多，说得更难听一点就是空话多、实际措施少。一个好的东西刚开始做，下一个新口号又出来了，人们接下来就不知道要怎么做了。最近一个领导关于经济形势的分析有一句话是很重要的，那就是对许多问题要一以贯之，不能老是变。新农村建设本来是日本搞的，我们学过来没有什么不好，但我们一以贯之了没有？没有。也就热了两年。现在的乡村振兴战略，一定要坚持，要一以贯之，才能做出成绩来。

用发展交通产业来振兴乡村，这个观点我是非常赞成的。但是这个工作要落到实处，这个事情要能够一以贯之，这是我参加这个论坛最希望能够落实的一点。关于扶贫，我在谈这个问题的时候，总是强调教育要优先。贫困有多种原因，教育不发达、受教育的年限短是最根本的原因。世界银行的专家研究发现，如果一个地区的人们平均受教育 12 年，基本上不会贫困。我们现在还达不到这个年限，现在农村尤其是边远农村的教育越来越衰退。农村里有钱的、有办法的人都把孩子送到县城、地级市、省市去上学，农村的小学基本上办不下去，这样发展下去返贫的概率将会大大提高。所以说要解决农村问题，第一不能就贫谈贫，就"三农"谈"三农"。要解决问题的根本方向是城市化，根本途径是农业现代化，在确定一些基本的方向以后，一以贯之，我们就会做出成绩来。

我希望大家少讲一些概念，多做一些实事，把我们发展交通产业助力乡村振兴的问题落到实处！

——在 2019 乡村振兴暨交通产业发展峰会上的主旨演讲

乡村产业与基础设施建设 *

我一直非常注重对农业农村的实地调研，特别是去年下半年以后到农村的机会特别多，发现中华人民共和国成立 70 年、改革开放 40 多年，中国的农业正在经历千年之变，从传统农业发展到现代农业，从农业产业发展到乡村产业阶段，变化是巨大的。关于乡村产业与基础设施建设，我主要讲三个方面的观点。

乡村产业需要高度重视基础设施建设

新中国 70 年的历史从现代农业发展角度来讲，可以分为四个大阶段。

第一个大阶段是 1949 年到 1978 年，现代农业发展处于 1.0 版。全党抓粮食，但并没有把粮食产量搞上去，其他的农产品产出也处于

---

*　张红宇，清华大学中国农村研究院副院长，农业农村部乡村振兴专家咨询委员会委员，原农业部经营管理司司长。

短缺状态，但这一阶段的发展客观上也为实现农业 2.0 版打下了一定基础。

第二个大阶段是 1978 年到 2003 年，我认为是现代农业 2.0 版。改革开放在解决了农业特别是粮食安全的同时，使农林牧渔业也得到了大发展，农业产业构成了乡村产业发展的重中之重。

第三个大阶段是 2003 年到 2017 年，以从事农业的劳动力开始出现绝对数量的下降为标志，现代农业进入 3.0 版。我们在促进农产品总量增加、结构不断优化的同时，"互联网 +"、观光旅游休闲农业、农业生产性服务业、农产品加工业大发展，极大地改变了人们对传统农业的认识。传统农业是物质产出的，现代乡村农业既聚焦物质产出，也聚焦非物质产出；既可以是平面产出的，也可以是立体产出的。原来的农业产业有边有形，现在农业边界无限扩张，甚至可以是无边无形的。

第四个大阶段是 2017 年以后，党的十九大确定了乡村振兴重要方略，现代农业进入了 4.0 版。这个 4.0 版可以分三个方面来阐述：第一，从现代农业发展有的功能要强化，有的功能要弱化，有的功能要凸显。比如产品贡献功能要强化，但是土地、劳动力这类要素的贡献功能在某些区域、某些阶段就要弱化，与此同时，生态环境保护的功能要不断地强化。第二，从业态这个角度来讲，像我刚才讲的"互联网 +"、农产品加工业、农业生产性服务业，特别是现代科技、大数据、云计算等，在很大层面上给我们现代农业的新产业、新业态发展提供了丰富的想象空间。第三，从实现路径上来讲，乡村产业更加丰富多彩。把农业和生态结合，把农业和工业结合，把农业和旅游业结合，大大丰富了农村产业的内涵和外延。

现代农业进入 4.0 版，对基础设施建设提出了更高、更广泛的要求。如果说在传统农业阶段我们聚焦物质产出，围绕着土地的建设是我们更多关注的问题。将现代农业产业发展到乡村产业，不仅仅是土地的问题，还有交通运输的问题，以及产品实现方式的问题。基础设施建设要达到这样的要求，第一要产出来，第二要卖出去，第三要卖出好价格。产出来需要加强农业基础设施建设，特别是农田水利建设方面要做大做强。卖出去不仅仅需要道路设施，还需要冷链设施、运输工具、仓储设施等，这要求我们不仅要修好乡村道路，而且要护好、用好、运营好它。特别是现在农村旅游休闲产业、文化产业发展，都需要交通运输基础设施的强化。20 年前，甚至是 10 年前，由于交通运输条件差，很多非常具有特色的产品生产出来了却卖不出去。而今天由于交通运输条件改善，加上"互联网＋"、淘宝网这种平台的发展，过去的边远地区、贫困地区生产的好东西，不仅可以产出来，而且可以卖出去，甚至可以卖出好价格，这样就有了弯道超车的发展机会。

农村基础设施建设要抓重点

基础设施建设不仅仅是交通运输业的发展，水、电、路、气、网都跟农民群众的生产生活息息相关，更跟产业振兴有关。从农业产业和乡村产业来看，农村基础设施建设重点领域要抓三大方面。

建设产得出来的基础设施。事实上乡村产业也罢，农业产业也罢，要把握粮食安全这个重心，粮食是国之重器。因此，在这个问题上，党和政府有一以贯之的要求，农业农村部也按照这种要求加以落实。怎样把粮食产出来，最重要的原则是"藏粮于地、藏粮于技"。换句话讲，农田水利建设还要继续加大力度，旱涝保收，生产基础要坚实。

产出来以后怎么运出去，这就涉及交通运输条件改善，路要进村入户。对于行政村、边远地区，交通运输部门有明确的要求：管好、用好、运营好。除了修好路以外，运营好、管好它也是很重要的问题。交通运输部门要求无论是平原地区还是山区、行政村、20 户以上的自然村必须尽最大可能通公路。这也是实现农业现代化，特别是乡村产业大发展的重要条件。

怎样通过强化网络，特别是互联网这方面的相关工作，将产品卖出一个好价钱。所谓产出来、卖出去，卖出去容易，但能不能把价值 10 块钱的产品卖出 20 块钱，或者更高，于农民群众增加收入的意义就十分重大，当然，这也很有挑战性，与实现路径有直接的关系。阿里巴巴、京东等很多互联网企业都在从事这项事业，以阿里巴巴来说，淘宝镇有 1180 个，全国范围内在农村的互联网经营主体达到 1200 万个，事实上为我们解决了 2800 万农村劳动力的就业问题，在很大层面上既解决了农民群众生活所需，也解决了农产品货畅其流的问题。

宽松农村基础设施发展的外部环境

外部环境要发挥两个积极性，一个积极性是政府的积极性。事实上政府的积极性体现在两个方面：第一是公益性。交通运输也罢，基础设施也罢，按市场配置资源当然重要，但是在农村基础设施建设方面，更需要政府发挥主导作用。不要说我们平原农村地区的路网建设包括内蒙古、新疆这样广大的区域，即使是四川、贵州丘地山区，用市场的办法通电、修路，这个成本老百姓也是绝对付不起的。从这个角度来讲，在经济社会发展纵深推进的同时，基础设施建设必须体现公益性。第二要城乡统筹。我曾经到四川雅安汉源县调研，在海拔1000多米的山上，我问这个村里有信号吗？村里人说我们这里有WiFi。基础设施是有了，但是怎么管好、用好问题很大。最近我到一些中部地区农村调研，发现那里基础设施甚至不如贫困地区，公路到处坑坑洼洼，因为这是乡间公路，没有人管。城市公路、高速公路有管护，但是农村公路缺乏相应机制，养护机制是欠缺的，因此要城乡一体，统筹处理解决相关问题。

另一个积极性是要注意发挥企业家的积极性，政策一定要稳定。这体现了市场资源配置的作用。基础设施涉及土地建设，比如农家乐的道路修建是企业自己掏腰包，不能今天修好了，明天就让拆。上半年很多地方对农业设施大拆大建，不分青红皂白搞"一刀切"，搞得企业家们意见纷纷，投资农业的积极性受到严重挫伤。所以，第一政策要稳定，第二要因地制宜。我们的政策是好的，但是执行政策的时候一定要严格按照中央的要求，不能扩大化，更不能搞"一刀切"，以不损害老百姓的利益为基本原则，不能影响农村社会稳定，不能影响农村的基础设施建设。

——在2019乡村振兴暨交通产业发展峰会上的主旨演讲

建设"四好农村路" 引领乡村振兴 *

"中国要强，农业必须强；中国要美，农村必须美；中国要富，农民必须富。"我们国家实施了乡村振兴"三步走"战略。

习近平总书记说："交通基础设施建设具有很强的先导作用，特别是在一些贫困地区，改一条溜索、修一段公路就能给群众打开一扇脱贫致富的大门。"交通运输作为先导性、基础性、战略性和服务性的行业，必须牢牢把握"先行官"这个发展定位，努力为乡村振兴、经济社会发展提供先决条件，发挥引领作用。

习近平总书记多次对"四好农村路"建设作出重要指示批示，要求把农村公路建设好、管理好、养护好、运营好。交通运输部贯彻落实习近平总书记的重要指示批示精神，全面推进"四好农村路"建设。2015年3月，下发了《关于推进"四好农村路"建设的意见》。此后，又陆续出台了《"四好农村路"督导考评办法》《农村公路建设管理办法》《关于深化农村公路管理养护体制改革的意见》等一系列文件，构建起了涵盖"四好农村路"建设、管理、养护、运营和督导考评的

---

　*　陈济丁，交通运输部科学研究院副院长。

制度体系。交通运输部高度重视示范引领作用，通过开展"四好农村路"示范县创建活动，充分调动县级人民政府的积极性，落实主体责任，以点带面，全面推进。2018年以来，交通运输部与农业农村部、国务院扶贫办联合开展"四好农村路"全国示范县的创建与命名工作。

"建好"农村公路，包括：要把乡镇和建制村通硬化路的比例提高到100%；县乡道路安全隐患治理率基本达到100%，农村公路危桥总数要逐年下降；新改建农村公路一次交工验收合格率达到98%以上；重大及以上安全责任事故得到有效遏制，较大和一般事故明显下降；等等。

"管理好"农村公路，包括：县级人民政府主体责任得到全面落实，以公共财政投入为主的资金保障机制全面建立；县、乡级农村公路管理机构设置率达到100%；农村公路管理机构经费纳入财政预算的比例达到100%；农村公路管理法规基本健全，爱路护路的乡规民约、村规民约制定率达到100%，基本建立县有路政员、乡有监管员、村有护路员的路产路权保护队伍；具备条件的农村公路全部实现路田分家、路宅分家；等等。

"养护好"农村公路，包括：养护经费要全部纳入财政预算，并建立稳定的增长机制，基本满足养护需求；农村公路养护率达到100%；优、良、中等路的比例不低于75%，路况指数要逐年上升；等等。

"运营好"农村公路，包括：具备条件的建制村通客车比例达到100%（指具备条件的建制村，并不是所有的建制村）；城乡道路客运一体化发展水平3A级以上（含）的县超过60%；基本建成覆盖县、乡、村三级的农村物流网络；等等。

开展"四好农村路"建设以来，取得了显著成效。

一是农村交通设施不断完善。党的十八大以来，全国农村公路新增通车里程达到 30 万公里，新增等级公路 40 万公里，等级公路比例增长 4%；新增硬化路 46 万公里，硬化率增长了 7%；乡镇通达率99.99%，通畅率 98.62%，解决了 452 个乡镇通硬化路的问题；建制村通达率 99.82%，通畅率 94.45%，解决了 2100 个建制村通公路的问题。以前，"晴天一身土，雨天一身泥"；现在，"出门水泥路，抬脚上客车"。

二是农村运输服务水平显著提升。全国乡镇和建制村通客车率分别达到 99% 和 96%，9 个省已实现全部建制村通客车，公交、预约、客运等多方式服务，确保"开得通，留得住"；建成约 18 万个村级农村物流服务点，县、乡、村三级物流网络节点覆盖率分别达到 67%、65%、43%；县、乡、村快递网点覆盖率显著提升，城乡交通基本公共服务均等化效果显现。以湖州市为例，推行城乡公交一体化，开通城乡公交班线 249 条，投入纯电动公交车 448 辆，建成农村客运站40 个，各类停靠站 4730 个，实现行政村公交通达率 100%，农村港湾式停靠站 1 公里覆盖率达到 93%。

三是"四好农村路"引领了乡村振兴。路好了，人员流动便捷了，既方便了农民兄弟进城打工，也方便了城市居民下乡休闲。路好了，物资流动容易了，农民网上购物不仅便捷而且实惠，绿色农产品也可以第一时间端上餐桌。以长兴县为例，建成各类农村电商服务站点 550 个，冷链物流、仓储配送等新兴业态层出不穷，打通了农产品高效配送的"最后一公里"，2018 年全市农村物流订单量超 1000 万单，农村物流配送费用达 1.5 亿元，农产品电商销售额超 2 亿元。路好了，信息流动加速，人们的理念也得到了更新，城市的现代文明和农村的悠久传统相互交织融合，让城市居民"记得住乡愁"，农村吹来了都市新风，脱贫致富成为自觉行为。路好了，服务网络打通了，乡村便捷享受城镇教育、医疗、养老、文体等公共服务，共享公共资源，加快实现城乡公共服务均等化。路好了，拉近了乡村与城市的距离，极大方便了农民与毗邻城市的联系，农村和城市实现了"无缝衔接"，沿线产业加速集聚，为农村特色经济培育和综合项目招引创造了良好环境，进而融入区域一体化发展中。比如，安吉县农村公路推动了白茶产业振兴，溪龙乡因路而富、因路而强，全乡茶园面积2.2万亩，年产值6.2亿元，成功招引各类商贸投资超60亿元。又如，德清县农村公路促进了新型木材等特色经济发展，公路沿线形成钢琴小镇、通航智造小镇等特色小镇。路好了，一批宜居、宜业、宜游、宜养的特色小镇、休闲农庄、产游基地等串点成线、串珠成链，形成红色游、文化游、生态游、休闲游等特色旅游线路，乡村旅游蓬勃发展。以德清为例，形成了"洋式＋中式""景区＋农家""生态＋文化""农庄＋游购"四大模式和以"乡村十景"为主题的乡村旅游大产业格局，境内景区裸心谷仅一个床位每年税收就超10万元。

2019年9月，党中央、国务院颁布了《交通强国建设纲要》，目前，我们正在贯彻落实纲要要求，加快推进"四好农村路"建设。交通运输部等8部委已经联合发布了《关于推动"四好农村路"高质量发展的指导意见》，为推进"四好农村路"建设指明了方向。我认为，推进"四好农村路"，要把农村公路融入美丽农村建设和治理的生态体系当中，同时要结合美丽乡村建设来建设宜居、宜业的"美丽农村路"。

建设"美丽农村路"要从六个方面着手，即：主体工程要优质，附属设施要完善，绿色发展要到位，管护机制要健全，运营服务要良好，群众获得感要强。要实现这样的目标，就要建立财政投入增长机制，整合涉农资金，利用交通资源撬动资本，确保资金投入；要实施县、乡、村三级"路长制"，做到权责明确、分级管理、管养有效、奖惩有力；要建立政府主导、行业指导、部门协作、分级管理，县道县管、乡道乡管、村道村管，完善农村路的管养机制；还要强化责任落实与考核督导，把"四好农村路"建设纳入政府年度考核当中，上级交通部门加强对下级交通部门的考核，建立考核结果与投资挂钩的制度。通过建设"美丽农村路"，把乡村串成"珍珠项链"，让资源变资产，"让绿水青山变成金山银山"，让乡村的美丽走出去，让人们为乡村的美丽走进来！

——在 2019 乡村振兴暨交通产业发展峰会上的主旨演讲

交通规则是分享道路的一种方法 *

    我从交通工具的发展这一微观视角来谈一下感受，谈一谈规则为什么是分享社会资源的一种方法。这也是今天我所分享的主题。

    首先谈交通工具的问题。四种平常都在用的交通工具自行车、火车、地铁、汽车出现的先后时间可能跟大家心中想的不一样。自行车发明的时间是 1790 年，是由法国人西夫拉克第一次制作成功。火车是 1814 年英国人史蒂芬逊发明的，那时的火车很小，也很慢。当时有人骑马和火车赛跑还嘲笑火车的速度。地铁最早也是由英国人发明的，当时英国街上车水马龙，为了解决交通拥堵问题，1860 年出现了地铁，改变了当时伦敦非常拥堵的交通现状。世界上公认的汽车是德国人卡尔发明的，这也是奔驰在世界上具有如此大的影响力的原因。最早的汽车是三轮汽车，1885 年三轮汽车被发明出来，1886 年获得了世界上第一个汽车发明专利，标志着汽车的诞生。这几种交通工具出现以后，哪种发展最迅猛？毋庸置疑，一定是汽车。

    我们都知道美国率先成为车轮上的国家，而我国目前从汽车的需

---

* 李大伟，中国小康建设研究会法律委员会主任。

求量和生产量上来讲已经位居世界首位。工信部预测到 2020 年我国的汽车保有量将会达到 2 亿辆，未来汽车可能成为人们交通出行的最主要工具。刚才我所说的这个问题，绝对不是为了普及交通工具的发展时间，我想说的是，在各种交通工具同时存在的一个空间里，我们应该如何解决混乱的问题。为什么说要解决混乱的问题？因为去过欧洲的朋友可能会发现，很多国家马路上还允许马车横行。在这种情况下，必须要解决各种交通工具同时存在可能导致的交通混乱。然而，人类是非常聪明的。人类通过发明一系列规则，让这些交通工具能够有序地在各种轨道上运行。比如，火车必须在自己的轨道上行使；汽车和自行车可以在马路上行使，必须红灯停、绿灯行，各自必须在自己的车道上行驶。如果汽车和自行车发生交通事故，一般情况下，汽车要多承担责任。这些规则，也相应形成了一整套交通法规，包括我们经常遇到的罚款、消分等等，其实都是执行规则的结果。

这时你或许会问：我们现在已经有很多交通法规了，应该差不多能够适应社会的发展了吧？其实这还远远不够。为什么呢？因为交通工具的发展太快了。快到了什么程度？大家知道未来以汽车为主的交通工具发展的方向是什么吗？未来我们可能乘坐的交通工具会是什么吗？有些朋友早就有答案了，那就是无人驾驶汽车。说到无人驾驶汽车，目前从技术上已经非常非常成熟了。为什么在公路上还看不到无人驾驶汽车呢？无人驾驶汽车从技术角度上来讲，世界领先的公司是谷歌。谷歌在测试的时候遇到了两大问题：比如无人驾驶汽车正常行驶过程中，突然之间窜出一个人，无人驾驶汽车当场监测到这个人以后立即停了车，比我们人驾驶的汽车急刹车的速度要快得多。但是，无人驾驶汽车刹车了，后边的车一下追尾了，这是一个最大的问题。另外还有一个问题，无人驾驶汽车在经过红绿灯路口，尤其是十字路口的时候会被困在那里，为什么？因为无人驾驶汽车非常遵纪守法，非得要等到其他的车都停下来才会通过。但是人类司机大都见缝插针，你不抢道别人不会给你让。因此这个时候无人驾驶汽车就在十字路口变成了一个"傻车"，不会走了。

所以本质上讲，无人驾驶技术希望面对的是严丝合缝、人人照章办事的环境。但是在真实世界里，往往遇到的是不按套路出牌的人。人们在设计无人驾驶汽车的时候，万万没有想到这个问题。遇到这样的问题怎么解决？这就需要有一整套的规则来适应它的发展。比如车道的分配、速度的限制、交通事故的认定以及无人驾驶汽车和有人驾驶汽车的礼让规则等等。尤其是要对人的限制更加严厉。这可能需要一个非常漫长的过程，才可能建立起完整的规则体系。

这时可能有人会说，这么多条条框框不都是限制吗？没错。所谓的规则你可以理解成为限制，而且遵守规则未必会得到奖励，但违反规则一定会受到惩罚。可能我们感受到的是一条条冷冰冰的边界、"铁丝网"和"高压线"。但是规则也是有温度的，它也是在保护你我他，也是在保护道路上其他的交通参与者的安全。所谓的规则其实就是保障整个社会长久正常运行的机制。

刚才讲过，汽车和自行车发生交通事故时，往往汽车的责任会更大。这一点在《道路交通安全法》第七十六条有明确规定：机动车与非机动车驾驶人、行人之间发生交通事故，机动车一方没有过错的，承担不超过 10% 的赔偿责任。非机动车闯红灯与机动车发生碰撞，导致机动车驾驶人死亡的事故，机动车也是有赔偿责任的。听到这个你可能会感觉到不公平，为什么明明是非机动车的过错，还要让机动车承担责任。如果换一个角度来讲，会形成另外一个视角：你开着车上路，你的速度比别人快，你的质量比别人大，你开车可能比别人骑自行车收入更高。强者天然要承担比弱者更多的责任。就像《蜘蛛侠》这部电影里说的一句台词：能力越大，责任越大。当这种责任被规则长久固化的时候，这一套规则就自然形成了法律法规。如果没有可执行的规则，任何文明都不会存在，我们人类和黑猩猩之间最本质的区别并不是技术也不是智力，而是懂得遵守规则。

你可能会说，规则对社会、对整个国家有意义，但对于一个普通的个体来讲，它有什么好处呢？或者说是不是没有什么好处？这个想法其实是错的。我想请你想象这样一个情景：假如我们进了一个黑屋子，门一下子关上了，伸手不见五指，你的视觉一下子消失了，什么都看不见。请问这个时候你是如何感知这些屋子里面的一切呢？方法只有一个，那就是不断地摸索，不断地触碰边界，不断地受伤。当这些试错达到一定程度的时候，就能根据自己摸索后的经验知道黑屋子哪里有危险，哪里不能去，哪里不可碰。这间黑屋子是什么？它影射的就是超出我们感官之外的真实事件。我们现在能够利用的所有规则，都是基于无数人曾经触碰过的那个边界，在那个黑房间里横冲直撞、受伤流血之后形成的一整套被感知、被传承的经验，从而被今天的我们继承和遵守。

规则其实是用无数的牺牲作为代价换来的成果。

全世界每年死于恐怖事件的人类有 1.8 万人，但是交通事故每年会夺走 120 万人的生命。我们今天所享用的是很多人用生命换来的规则遗产，假如你不去遵守就浪费了之前所有的牺牲。过去我们总是觉得规则是对自己的限制和惩罚，而今天我想请你换一个角度重新来理解，规则其实是先祖给我们的礼物，它穿越时空继续守护着我们。同样，交通法规也不是用来惩罚你我他的，而是整个社会分享道路的一种方法。交通法规不是惩罚和限制，不要误解它，它是人类文明给我们的馈赠。

随着无人驾驶在未来的普及，汽车一定会回归到出行的本质。到那时人类也将从对汽车的所有权回归到使用权，最大限度地满足人们的需求。在未来，随着科技的发展，一定会有更多的规则来保障我们的幸福。同时我也期待，全社会都有规则意识，勇敢追求自己的幸福。

———在 2019 乡村振兴暨交通产业发展峰会上的主旨演讲

城乡市民卡：汽车新租赁的新模式 *

京津冀协同发展给我们带来了什么？我们的嘉宾提到，北京、张家口以冬奥会为契机，带来了对未来几年发展的展望。由于冬奥会的利好，北京北站这个长期以来很破落的小站，修了高铁，从北京往北边辐射，辐射张家口甚至内蒙古的呼和浩特、包头。这都是借助了强有力的事件来推动我们的发展。

京津冀协同发展，天津是不可或缺的一个话题。天津有港口优势。从天津港开车开到头，会发现天津港有很多车，那就是天津市民卡科技有限公司的停车场，市民自己的停车区。国家大的发展趋势给我们带来了交通产业的发展。

交通强国到底谁先行？这次论坛的主题是交通产业和乡村振兴。是公路先行还是高铁、飞机先行？在互联网领域有一个说法是"最后一公里"，在中国乡村"最后一公里"的交通问题其实就是公路问题。飞机和高铁注定不可能覆盖。我本人去过云南香格里拉好几次，第一次坐飞机飞到丽江，再坐7个小时汽车到一个县。第二次飞到香格里

＊ 张会亭，天津市民卡科技有限公司董事。

拉，也要再坐 4 个小时汽车才能到一个小县。公路是必不可少的。

这么多年来，高铁和飞机的建设都已经越来越好，公路建设也越来越好。路修好了之后，汽车如何满足？从这个角度来讲，乡村振兴中的精准扶贫，到底应该如何扶贫？哪怕最穷的人也有对美好生活的向往。北京市区有公交，很多城市有公交，乡村可能还没有公交。现在中国农村某种程度上很像洛杉矶那样的美国西部地区，没有那么多公交车运力满足日常出行。路网修好之后，汽车必须跟上，这样人民群众才会有获得感。

2019 年是新中国成立 70 周年，2021 年是建党 100 周年，2020 年是全面建成小康社会收官之年，如何让人民有获得感非常关键。汽车对于广大消费者来讲，不仅仅是消费者，有时候也可能是生产者。北京有多少人做货拉拉，用金杯车或松花江车等拉货赚钱。乡村也是，很多人买汽车特别是买一些大的 SUV，其实都是为了多拉货，SUV 的概念就是运动型多功能车。现在通过路网的满足，要让大家感觉到汽车不仅仅是消费品，还是生产工具。

当前中国汽车产业面临着一个困境，往左走是工信部要卖车，每年要卖出多少辆，往右走是交管部门要限号、要摇号、要限购。一方面鼓励卖车，另一方面限号。这个事情就像房地产一样是个困局，既要土地出让金，又让开发商限制房价，进价很昂贵，零售价却要求很低廉。汽车产业也是这样，现在有多少 4S 店日子过得很紧，店面很繁华，运营成本高，但是卖不了那么多车。

北京出台最严的限号令，尤其是对外地的车牌。今后对外地车来讲，一年只有 84 天能进京。全北京现在很多工作人员是外地人，由于没有北京户籍，买不了车。回龙观、亦庄成了"睡城"，白天几十万居住者去上班，成了空城；晚上几十万居住者下班回来睡觉，成了"睡城"。这么大的通勤压力用公交能完全解决吗？解决不了。这时候汽车的租赁就会诞生。汽车新租赁恰恰是左右平衡中的最优角色。为什么强调新租赁，过去汽车租赁是你掏押金，然后把车开走，甚至要驾驶证、身份证等其他相关证件才能开走。我们有新的模式，就是天津的城乡市民卡，把汽车租赁和市民卡电商的模式融合在一起，创造一个新的租赁模式。一方面车可以用很低的费用就能让你开走，满足日常出行的需求；另一方面又可以通过电商平台进行优惠购物。

京津冀城际铁路规划提出，在京津冀三地中心城市间往来，1—2个小时就能到达，如果在三地中部核心区间城市往来，半个小时就能走上一遭。但最困难也最重要的是"最后一公里"，汽车新租赁天津城乡市民卡正好可以解决这个问题。

——在 2019 乡村振兴暨交通产业发展峰会上的主旨演讲

第八部分

乡村人才振兴战略

大力推进乡村人才振兴 *

乡村振兴是我国新时代"三农"工作的一大战略。乡村振兴的实践证明，人才是乡村振兴的核心要素。深入研究人才振兴与乡村振兴的关系，对推进乡村人才队伍建设、加快乡村振兴实施步伐很有意义。

一、人才振兴是"五个振兴"的保障

党的十九大提出的乡村振兴战略的总要求，即 5 句话 20 个字，第一句话是产业兴旺。产业兴旺，首先要解决人才问题。乡村振兴总要求的五项任务，无论哪项任务的实现都离不开人才。生态宜居、乡村文明、治理有效、生活富裕的实现都要由人才来支撑。《关于实施乡村振兴战略的意见》提出："要培养造就一支懂农业、爱农村、爱农民的'三农'工作队伍。"这里核心就是人才，特别是乡村振兴的

---

* 尹成杰，原农业部常务副部长、农业农村部乡村振兴专家咨询委员会委员。

科技人才、管理人才、干部队伍是"三农"工作人才队伍的重中之重。

2018年"中央一号文件"指出："实施乡村振兴战略，必须破解人才瓶颈制约，要把人力资本开发放到首要位置。"习近平总书记指出乡村振兴的"五个振兴"，其中就包括人才振兴，并且人才振兴是产业振兴、文化振兴、生态振兴、组织振兴的有力支撑。当前，我们要破解乡村振兴的人才制约的"瓶颈"，是推进乡村振兴的重要任务。

党的十九届四中全会《决定》指出："坚持德才兼备，选贤任能，聚天下英才而用之，培养造就更多更优秀的人才的显著优势。"随着乡村振兴战略的全面实施，随着推进农业农村两个现代化的加快推进，随着农业向绿色高质量发展转型升级，加强农村人才队伍的建设日益重要。一是人才振兴是实现乡村振兴总要求、总任务的有力支撑。二是人才振兴是推进农业农村现代化建设的迫切要求。三是人才振兴是农业绿色发展、质量兴农和转型升级的有力保证。四是人才振兴是打赢脱贫攻坚战、实现农村全面小康的关键。因此，我们必须大力解决人才问题，建设一支懂农业、爱农村、爱农民的"三农"工作队伍。

二、以深化改革为动力，破解农村人才 制约"瓶颈"

改革开放以来，特别是党的十八大以来，农村的人才队伍建设取得明显成效，农村人才队伍在乡村振兴中发挥了重要作用。但是应该看到，当前农村人才队伍与乡村振兴的要求还有相当大的差距。一是人才总量供给不足，难以承担乡村振兴和推进农业农村现代化的重任。二是人才结构不合理，难以满足"五个振兴""四个优先""三个全面"发展的要求。三是人才队伍整体素质有待提高，难以适应农村科技创新发展，农业转型升级，应用现代生物技术，新能源新材料新肥料的新需求。四是人才政策还不完善，难以适应吸引人才、留住人才、调动人才积极性的需要。党的十九届四中全会《决定》指出："坚持党的干部原则，落实好干部标准，树立正确用人导向，把制度执行力和治理能力作为干部选拔任用考核评价的重要依据。要尊重知识，尊重人才，加快人才制度政策创新，支持各类人才为推进国家治理体系和治理能力现代化贡献智慧和力量。"因此，解决乡村振兴的人才"瓶颈"制约，应以改革为动力，用改革的办法来解决乡村振兴中的人才问题。

一是进一步深化乡村人才供给侧结构性改革，提高乡村人才供给能力。要着眼长远，加强农村人才的培养力度，培育农村人才的供给源。利用各类学校和培训机构，加大农村各类人才的培训力度，提高农村人才素质。

二是建立健全乡村人才制度和政策。鼓励农村人才安心农业、建设农村，为乡村振兴贡献力量。建立健全激励机制，完善相关政策措施和管理办法，鼓励社会人才投身乡村振兴。以乡情乡愁为纽带，引导和支持企业家、党政干部、专家学者、医生教师、技术人才等，通过下乡投资兴业、行医办学、捐资捐助、法律服务、担任志愿者等方式服务乡村振兴，允许符合要求的公职人员回乡任职。落实和完善融资贷款、配套设施建设补助、税费减免等扶持政策，引导工商资本积极投入乡村振兴事业。

三是采取多种形式吸引和使用农村人才。继续实施"三区"（边远贫困地区、边疆地区和革命老区）的人才支持计划，深入推进大学生村干部工作，因地制宜实施"三支一扶"、高校毕业生基层成长等计划，形成乡村振兴"中国行动""青春建功行动"。建立城乡、区域、校地之间人才培养合作与交流机制，全面建立城市医生、教师、科技、文化等人才定期服务乡村机制。

四是继续坚持深入实行科技特派员制度。习近平总书记对科技特派员作出重要批示，充分肯定了科技特派员制度，并提出新要求新任务。习近平总书记强调："创新是乡村全面振兴的重要支撑。要坚持把科技特派员制度作为科技创新人才服务乡村振兴的重要工作进一步抓实抓好。广大科技特派员要秉持初心，在科技助力脱贫攻坚和乡村振兴中不断作出新的更大的贡献。"在新时代推进实施科技特派员制度，要紧紧围绕创新驱动发展、乡村振兴和脱贫攻坚战略实施，进一步完善制度和政策环境，加快发展壮大科技特派员队伍，把创新的动能扩散到田间地头。

三、要建立健全乡村人才振兴的体制和机制

随着乡村振兴战略的深入实施和农业加快转型升级，应全面建成小康社会的新任务、新要求，农村人才需求发生了根本性转变：一是人才需求总量明显增加，需求的数量明显增多。二是人才需求质量明显提高，迫切需要高科技人才和管理人才。三是人才需求领域明显拓宽，要求优化人才结构，多元人才供给。四是人才需求时效性增强，要求适应农业生产的季节性、时间性。面对农村人才需求的新变化、新特点，必须建立健全人才振兴的体系和机制，从根本上来解决乡村振兴的人才问题。

一是进一步建立健全农村人才培育体系。发挥各类培训机构的作用，开展农村人才技能培训，依托社会培训机构或大专院校开展有针对性的定期培训。制定完善培训政策，对开展农村人才培训的社会机

构给予相应扶持。培训一批大中专学校返乡的"知青"，造就一批新型高素质农民。

二是建立健全农村人才吸引招录体系。鼓励高校毕业生到农业农村领域就业，并给予必要支持；鼓励城市离退休科技人才、管理人才下乡，参与农业农村现代化建设；鼓励各类企业科技人员下乡开展服务，传播科学知识。形成农业农村人才吸引招录体系和机制，吸引青年、各类人员和社会贤达返乡创业。

三是建立健全农业农村科技应用服务体系。按照"一主多元"的原则，建立健全农业社会化服务体系和服务产业，特别是要将科技服务放在首位。定期定向深入生产一线，实行面对面的科技推广服务。实行农业科技人员包村包户、进村入户，进行定村、定户、定点帮扶科学知识和农业技术。

四是建立健全发挥农村人才作用的体系和机制。要采取措施把农村人才留下来、稳得住、干事业、有回报，建设一个发挥人才作用的平台，营造农村创业干事的良好环境和条件。要发展吸引人才、留住人才、发挥人才的特色产业，让乡村人才有用武之地，以产业留人才。搭建乡村人才创业平台和农村金融支持平台，给予相应的报酬和条件来支持农村人才创业。

五是建立健全农村人才管理的体制和机制。把乡村人才纳入各级人才培养计划予以重点支持。建立县域人才统筹使用制度和乡村人才定向委托培养机制，探索通过岗编适度分离、在岗学历教育、创新职称评定等方式，引导各类人才投身乡村振兴。实施高素质农民培训工程，大力发展面向乡村的职业教育，加强一些高等院校涉农专业教育。

——在 2019 乡村振兴暨交通产业发展峰会上的主旨演讲

乡村人才振兴的现状与对策 *

    人才是富国之本,是兴邦大计,一个国家无论硬实力还是软实力,归根到底要靠人才。谈到乡村振兴的人才培养,不可否认,改革开放 40 年来,特别是进入 21 世纪 20 年代以来,我国农业农村人才的培养取得了显著的进步,为农村社会发展、公共现代化建设提供了有力的人才支撑。目前,全国农业科研人才 62.7 万人,农业科技推广的机构人员 55 万人,农村的实用人才超过了 2000 万人。

    随着全面建成小康社会的收官、乡村振兴战略的进一步实施,对人才培养需求提出了新的更高的要求。大到农村的经济发展、社会建设,小到企业进一步做优做强,都离不开合格的劳动者和高素质的人才。培养造就一支规模庞大、素质优良、结构合理的乡村人才队伍任务日益紧迫,现阶段农业农村人才短缺的问题还没有很好解决,具体概括为四个不适应。

    第一个不适应,农村劳动力的文化素质不适应。目前,全国农村具有劳动能力的人口 4.8 亿人,其中小学文化程度的占 40%,初中文

---

* 李春生,第十三届全国人大农业与农村委员会副主任。

化程度的占 48%，高中及以上文化程度的大体占 12%，受过职业培训的占 5%。这些数字可以说明目前我国农民整体文化素质的情况。全国农民工 2.8 亿人，其中乡内就业占 40%。2018 年，乡内就业增加 103 万人，增长了 0.9%；省内就业增加 162 万人，增长了 1.7%；省外就业减少 81 万人，下降了 1.1%。2012 年到 2018 年 6 年间，农民工、大学毕业生、退役军人、科技人员返乡创业人员将近 800 万人。这组数字说明，一方面农业农村各项事业发展的潜力和前景，正在吸引人才向农业农村流动，返乡人员正在增加；另一方面说明增加的数量有限，农业农村人才发展缺乏的状况还没有得到根本的改观。

第二个不适应，人才的知识结构不适应。一些高等院校和职业院校，在院校的学科、专业、课程设置上与农业农村产业发展，特别是新兴的产业发展不匹配。如果从教育优先经济发展的角度来看，培养能够站在农业科技发展前沿、引领农业产业发展新趋势的引领型人才，这方面的差距更大。

第三个不适应，实用人才与职业农民的培养不适应。目前，全国农业实用人才超过 2000 万人，其中新型职业农民 1500 万人，但平均下来每个村（包括行政村、自然村）不到 6 个人。新型职业农民总量不足，年轻后备力量文化程度比较低，农村既缺少与市场经济发展相适应的经营管理、营销、电商、金融等人才，也缺少与乡村产业发展相契合的本土人才。外部人才引不来、本土人才难培养、优秀人才留不住的状况还不同程度地存在。

第四个不适应，人才发挥智慧和才能的环境条件不适应。前不久我到四川去调研，四川农大的领导跟我说了一组数字，四川农大是我国规模比较大的院校，在校生 4 万多人，其中 20% 学传统农业专业，其余 80% 学近农业或非传统农业专业，这 20% 的学生毕业之后真正从事农业的并不多，到农村基层一线工作的就更少。全国农业高校每年毕业生 100 多万人，加上农业职业院校的毕业生数量是比较可观的，毕业学生的去向与四川农大的学生去向大体类似。这说明我国目前接受农业高等教育、职业教育的学生，毕业后有相当一部分没有从事农业农村工作。农业农村吸引人才、留住人才还大有文章可做。前不久湖北省的一位全国劳模，也是基层农技的推广人员，写了一封信，谈到目前全省农机推广人员的基本情况，他提到：一是人员少，2006 年也就是 13 年前全省有农技推广人员 7 万人，去年减少到 3 万人；二是年龄大，全省农技推广人员大都是 45 岁以上，工作基本是 15 年、25 年、30 年以上；三是待遇低，基层农技人员待遇普遍偏低，乡镇在岗的农技人员年薪只有 3 万元左右，普遍比其他部门的同级别人员待遇低，而且杂事多。很多乡镇的农技人员很少有精力能做农技推广。造成这种现象的原因是什么呢？有的同志认为，社会上对"三农"还存在偏见和误解，也有同志认为，农业院校的学生缺乏爱农为农的情怀。从某种角度上看这些想法有一定道理，但根本原因还是城乡差距，农业农村的环境条件还不足以吸引人才从城镇走向农村。

为尽快解决这几个不适应，加快人才的培养，满足乡村振兴的需求，有几个问题需要注重解决好。

第一，应注重高等院校和职业学校的教育，加大培养乡村振兴需求的高中端和应用型人才。这里指的高中端人才主要是农业科教人员、农业行政管理人员、农业企业经营管理人员、农业新兴产业发展的领军人物等。同时，高校科研机构、科研院所，还要通过产学研、产学企的融合发展来助推乡村振兴。最近国家发展改革委、教育部、工信部、人力资源部、财政部等 6 个部门联合印发了《国家产教融合建设试点实施方案》。这个方案要求通过深化产教融合，促进教育链、人才链与产业链相互贯通、相互协同、互为促进，通过校企共建，融合科技园区、众创空间等实现产学研、产学企有效地融合发展。这一举措可以说是战略性的，对教育机构、科研院所来讲，一是可以推进科技成果尽快转化，形成生产力；二是可以第一时间了解市场企业的需求，使科教人员的智慧才能得到充分发挥。对于企业来说，一是可以解决人才、技术需求的问题；二是可以推进产业的转型升级，推动企业的高质量发展。这无论对于高校的教育机构、科研院所，还是农业企业，都是一个利好的政策。

第二，注重不同形式的职业培训教育，培养造就乡村振兴需求的人才和新型职业农民。这方面中央有关部门和各地人民政府都制定了发展的规划，提出了实施方案，增加了投入。2018 年财政对培训农民工补贴资金就接近 50 亿元。农业农村部早在 2010 年就制定了《农村实用人才和农业科技人才队伍建设中长期规划（2010—2020 年)》，提出了《现代农业人才支撑计划实施方案》和年度应完成的任务目标。2019 年 6 月，农业农村部办公厅、教育部办公厅又下发了《关于做好高职扩招培养高素质农民有关工作的通知》，这个通知要求用 5 年时间培养 100 万接受不同学历教育、具备市场开拓意识、推进农业农村发展、带动农民致富的高素质农民队伍，打造 100 所学校。地方政府和有能力、有乡村振兴人才培养的优质条件的社会组织，也应有相关的计划安排，形成不同形式、不同层次、多元化的培养培训人才格局，解决培养造就一大批"三农"需求的人才队伍。

第三，注重人才引进。适应乡村振兴对专门人才的需求，加大建立支持人才的力度，解决好人才的工资待遇、社保衔接、职称评定以及发展空间、子女教育等现实问题。加快建立留得住人才的机制，进一步优化农村创业的范围。落实创业孵化的扶持政策，确保人才引进来、有作为、有发展、有成就。

第四，注重改善农业农村的环境和条件，吸引人才在乡村建功立业。习近平总书记在科技创新大会上强调，要大兴识才、爱才、敬才、用才之风，为科技人才发展提供良好的环境，聚天下人才而用之，让更多的千里马竞相奔腾。习近平总书记讲得非常重要，就是从国家层面应采取必要举措，加大相关资源要素向农业农村倾斜和配置，加快农村基础设施建设，加大公共服务供给，努力改善农业农村的环境和条件，为人才到农村建功立业提供坚实的物质基础。当然，这需要一个过程，但这件事情必须要做好。

第五，建立有效的激励机制。吸引人才到农村发展创业，让人才有为农为国的情怀，但关键还要建立一套切实、管用、有效的激励机制。如外来人员包括返乡人员发展农业农村各项事业的激励机制，农业农村创新创业的激励机制，从事基层农业农村工作的激励机制等。这方面，中央和地方都有一些优惠政策，各地都有一些有益探索。应进一步健全完善和加强提升，创造条件解决好基层农技人员的待遇问题，使其付出与回报成正比，甚至应优于其他行业同级别人员，形成一种正向的激励，逐步使农业农村成为人们向往的地方，形成积极到农业农村一线、到农村基层工作的氛围，使人才进得来、有作为、留得住。

——在 2019 乡村人才振兴战略高峰论坛上的主旨演讲

乡村振兴　人才先行 [*]

　　网络时代方便了交流新观点，启迪新思维，分享新趋势，探讨新路径。今天我们在西柏坡这个圣地，通过新媒体发出的声音将迅速传播出去。

　　党的十九届四中全会指出，我国现代治理能力有 13 个显著优势，其中第 10 个就是聚天下之人才而用之。乡村振兴，人才先行。乡村振兴，需要千百万农村人才齐心协力。劳动创造财富，劳动创造农民，互联网时代劳动还创造智慧。习近平总书记还讲，劳动创造幸福，这里的劳动既包括脑力劳动，也包括体力劳动。从人才是由市场决定配置的观点来看，我们今天在这里研讨乡村人才振兴，就不能仅仅从农村现状开始，而需要拓展到城乡流动这个大的人才市场。

---

[*]　杨志明，人力资源和社会保障部原常务副部长、党组副书记，国务院参事室特约研究员，中国劳动学会会长。

农民工城市化的四次大规模发展浪潮

1949 年中共中央从西柏坡走进北京城，新中国成立以后有 3 次大的农业劳动力转移。

第一次大转移，是 20 世纪 50 年代，中国全盘学习苏联发展工业化，大约有 2000 万农业劳动力进城；到 1962 年城市负担不起那么多的人口，因此 1000 万人回到农村。他们进城开阔了眼界、学到了技术，60 年代到 70 年代活跃在城乡买卖商品、兴办社办企业的多是这一批乡村人才。

第二次大转移，是 1968 年和 1973 年，也就是通常所说的 20 世纪 60 年代末 70 年代初。城市青年上山下乡，前后有 1750 万城市初高中毕业生到农村插队进行劳动锻炼。他们把知识带到了农村，成了这个时代农村最活跃的人才来源。到 70 年代中后期，这些城市青年陆续回城。

第三次大转移，是农村改革极大地提高了劳动生产力，也极大地解放了农业劳动力，因此出现了大量农村劳动力外流的现象，但城市一下子又没有做好接待他们进城的准备。这时候离土不离乡，农业农民工第一次大发展的浪潮产生了。这以后到 90 年代，在邓小平同志南方谈话的推动下，我国发展社会主义市场经济，农民工开启了进村又进乡、进村又进厂、离土又离乡的第二次大发展。

进入 21 世纪，由于我国加入 WTO，新兴工业化、城镇化的加速，大批的农民工走出深山老林，跨越大江南北到沿海打工，形成了大规模跨省就业的农民工第三次发展浪潮。仅广东就聚集有将近 30 万人。党的十八大以后，中央加快农民工技能提升。加快户籍制度改革，特别是党的十九大以后，农民工提升技能、融入城市，开启了亿万农民工城市化的第四次大规模的发展浪潮。

这四次农民工发展浪潮，锻炼了举世瞩目的中国现代产业工人。他们从当年放下锄头拿起榔头搞制造的农民，变成现在组装奔驰、宝马汽车，组装华为、苹果手机的现代经济产业工人；从当年放下镰刀拿起瓦刀搞建筑的农民工变成现在搞组装式房屋的新兴建设产业工人；从当年在城乡间倒腾服装、小商品到现在开网店、送外卖搞现代物流，成为现代服务业产业人员。2018 年，我国农民工有 2.88 亿人，预计到 2020 年接近 3 个亿，相当于欧洲劳动力的总和，规格之大、流动之大、潜力之大在世界农业劳动力转移史上前所未有。

将有 1 亿农民工成为知识型、技能型、创新型的高技能人才

就是在这近 3 亿农民工中，不乏一批勤修苦钻、提升自己，成为高技能人才的人。2018 年，我国有 4900 万高级技师，统称高技能人才，其中农民工有 2000 万人以上。德国、日本作为世界制造强国，他们 2018 年的高技能人才占到劳动力总和的 50%，我们尚有很大的差距，因此国家加大了职业技能培训的力度，实施三大计划：一是农民工技能提升计划，每年培训 2000 万人，如农业农村部的"阳光农村"、科技部的"兴国计划"等等；二是国家从失业保险资金中拿出 1000 亿元，3 年培训 1500 万技能人才；三是现在正在酝酿的加速重点培养高技能人才计划。这说明在未来的 15—16 年间，中国将有 1 亿农民工成为知识型、技能型、创新型的高技能人才。

"村归"成为走在前列的先锋人物

近年来，城市出现了经过打工和磨炼的"五有"农民工。哪"五有"呢？就是有点资金积累的、有点技术的、有点营销渠道的、有点想法的，特别是对乡村有感情的农民工返乡创业成为新"村归"，为什么这么称呼呢？因为改革开放以来，称出国留学回国发展的人为"海归"，现在我们把返乡创业的人称为"村归"。"村归"和当地的乡镇企业一样异军突起，除了无劳动能力的，从事创业登记注册办厂、办企业的有 600 多万人。

分析返乡、入乡创业的兴起，主要包含了两类能人，分为返乡和入乡两种情况。这些创新实践，将分散的生产要素重新组合产生新效益，成为我国经济转型中涌动出的新亮点。

目前返乡、入乡创业群体的七成以上是农民工，农民工具有劳动力、资金、技术、技能等生产要素双向流动的特点，构成了返乡的主体。农民工及各类创业主体经过城市打工的历练和积累，带着技术、项目、资金、营销渠道，返乡配置创业资源，惠及乡邻乡亲。"村归"主要是城市里有经济能力、有创业意愿的科技、管理人才和企业家等，看准乡村自然资源、劳动力资源禀赋，进入乡村创业创新，随着乡村振兴战略的深入实施，这类能人也逐渐增多。

这些人把现代技术、经营理念带到乡镇，催生了新业态和新模式。返乡、入乡创业群体人数之多、发展之快、潜力之大、带动就业之好，前所未有，正以独特方式破解着长期以来困扰城乡统筹发展，尤其是中西部地区经济发展的难题，丰富着新型城镇化的新实践，在中国经济转型中呈现新的闪光点。

我和课题组经过研究发现，"村归"正在破解困扰我们多年的三道难题：第一个是破解了中西部地区，特别是边远地区长期以来难以留住劳动力的难题。农村 70% 的劳动力到城市打工，"村归"返乡创业以后，使就业在中西部地区活跃起来，产生了新的经济增长点。第二个是破解了中西部地区发展县域经济，招商引资项目提的多、真正落地的少，真金白银进不来的难题。"村归"虽然办的是中小企业，甚至是小微企业，投资不多，但见效快，发展上由慢至快，收入上由少至多，就业上由不稳至稳，有效缓解了农村经济发展的难题。第三个是破解了东部劳动密集型企业向中西部转移过程中的困难，使"村归"在逐步推移的过程中给予"末梢神经"发力，涌现出一批一批令人敬佩的创业故事，我举几个例子。

第一个故事是老一代农民工张法蓉，她从江西到东莞打工，学会了制鞋技术，在那里办起了鞋厂，由于竞争太激烈，又返回老家赣州办起了鞋厂，带动当地 1 万贫困农业劳动力就业。近年来，在中非合作资金支持下，她又到非洲埃塞俄比亚办起了 8000 人的鞋厂，这里面 8000 人都是非洲女工，中国只去了二三百名技工，这些中国技工也是从农民工成长起来的。我看了一下资料，去年我们部派人去考察埃塞俄比亚，还教这 8000 名女工唱中文歌，不过唱得并不标准。张法蓉成为"非洲鞋佬"，可见巾帼不让须眉。

第二个例子是湖南人周青（音），他到深圳打工，发现一批又一批人拎着现金来企业买货。发现这个商机之后他就和同乡办了一个手机厂，第一桶金就是从当年的摩托罗拉、诺基亚来的。深圳证券交易所女总裁宋丽婷以发展的眼光发现他的创业潜力，帮他在深交所上市融资。之后他回到湖南办起了中国最大的手机零件加工厂，目前我们手上拿的不管是哪个品牌的手机，70% 以上都是他们加工厂生产的。去年我去实地看了一下，有汉族的、回族的、侗族的、维吾尔族的各族农民工大约 5000 人，一个厂区 20 个模块形成一个规模宏大的智能手机配件产区。2018 年，他被推荐为全国政协委员。

第三个例子是一个新时代农民工，我们通常把"80 后""90 后"在农村读书、到城市打工的那批人称为新时代农民工，当然现在"00 后"也进入劳动市场了。贵州有兄弟两个去广州打工，很快掌握了技术，回去乡起了厂。一辆辆乡村货车排着队等着拉货，产量不止几十万元，去年是 340 万元，今年是 400 多万元，仅次于美国、日本、巴西这世界三大主要生产制造基地。他们创造了中国民族品牌，也成就了"中国制造"。2018 年，他们被推荐为全国人大代表。

"村归"成为走在前列的先锋人物。为什么呢？这些"村归"投资创业，额度并不大，一般是七八十万元，二三百多万元，多的不会超过 1000 万元，办厂投资资金非常紧，边打工边开厂，所以建厂成本比社会平均成本低 20%—30%。他们在当地雇佣劳动力，挖掘人力资源，培育了农民工，进厂以后比社会平均人力成本低 30%—40%。"村归"把央企、国企给钱给物扶贫的"输血"功能和他们自己的"造血"功能结合起来，开创出了一片新的天地。

"村归"当年是坐着火车到沿海打工，现在是开着汽车回乡创业，"村归"身上蕴藏着深刻的经济学原理。概括起来叫拥抱"村归"，商机无限。预测到 2035 年，将有 1000 万—3000 万"村归"涌向乡村，给国家和社会提供最直接的、最现实的、最活跃的人力资源支撑。

——在 2019 乡村人才振兴战略高峰论坛上的主旨演讲

（根据录音整理）

教育扶贫是治根的扶贫 *

关于教育扶贫，我先谈一下此次开会地点——深圳。为什么说深圳是改革开放的前沿阵地？我想简单地叙述一下。

40多年前，深圳就掀起了改革开放的试点，我清楚地记得，由李燕杰等几位专家到深圳的蛇口大学和大学生们进行了一场人生观的辩论，在辩论时有一名大学生写了一封信叫《人生的路为什么越走越窄》，在这种情况下，中央党校一位副校长倡导"人生科学"的课题。当时，在清华大学专家云集，开了一个关于"人生"的研讨会，他在会上的演讲题目就是《论中国的人生科学》，引起了很大的反响。

为什么在改革开放的初期，对人生观有一个大讨论和辩论？因为改革开放的时候，计划经济向市场经济转型，有特色的社会主义刚刚形成，价值观、道德观、人生观的变化让人们感觉到迷茫。经过专家和大学生的辩论，经过不断地摸索和探索，改革开放形成了今天的深圳。深圳的发展和建设速度，在当时有句口号是"时间就是金钱，效率就是生命"。

---

* 关山越，中国人生科学学会会长。

党的十九大提出了"弘扬正能量，共筑中国梦"的伟大号召。什么叫"中国梦"？有一个美籍华人在人民大会堂的一次论坛当中说了一句话，"中国提出了中国梦，什么是中国梦？中国梦不是做梦，是行动"。2019年注定是不平凡的一年，它是"五四运动"100周年，是新中国诞生70周年，又是全面建成小康社会攻坚的一年。

扶贫必扶智，让贫困地区的孩子们接受良好教育，是扶贫开发的重要任务，也是阻断贫困代际传递的重要途径。"治愚"和"扶智"的根本就是发展教育。相对于经济扶贫、政策扶贫、项目扶贫等，教育扶贫直指导致贫穷落后的根源，牵住了贫困地区脱贫致富的"牛鼻子"。一个水桶能装多少水不是由最长的那块木板决定的，而是取决于最短的那块木板。贫困地区的教育水平就是扶贫攻坚战中的最短板，扶贫攻坚就是要克服教育这块"短板"。

据国家最新公布的农村教育数据显示，我国农村地区特别是老少边穷地区的教育发展还比较滞后。弥补教育"短板"，就得解决城乡、东西部教育资源分配不均的现状。首先要在观念和政策上向贫困地区倾斜，加强东西部教育资源交流。其次要加大对贫困地区的教育投入，吸引高端人才投身贫困地区教育事业。利用互联网为贫困地区的孩子提供平等、开放的远程教育平台，从而缩小城乡、东西部的教育资源差距。

高质量的教育扶贫是阻断贫困代际传递的重要途径和提升贫困群众"造血"能力的重要抓手，贫困家庭只要有一个孩子考上大学，毕业后就可能带动一个家庭脱贫。治贫先治愚，贫困地区和贫困家庭只要有了文化和知识，发展就有了希望，当前，国家已经开始高度重视教育扶贫，并采取了一系列推动贫困地区教育发展的切实举措。通过发力教育扶贫，在助力贫困家庭脱贫致富的同时，培养更多优秀人才，社会活力将进一步激发。我们有信心看到，贫困地区将享受到公平、高质量的教育资源，贫困家庭的孩子可以用自己的双手去创造未来、根除贫困。

教育扶贫，我们怎么做？在 2018 年 10 月召开的首届全国教育大会上，中央领导对教育工作提出了"德、智、体、美、劳全面发展，要立德树人"的要求。我们要在中华人民共和国诞生 100 周年之际，即 2049 年，实现中华民族的伟大复兴。靠什么？靠我们一代一代的青年、青少年，用他们的智慧、信仰和爱来实现。在教育部《教育脱贫攻坚"十三五"规划》当中，对教育脱贫、每个年龄段、范围和范畴都进行了具体的规划。现在我们国家贫困地区的孩子有多少？2015 年，财新网进行了一个全范围的调查，调查显示：中国贫困孩子还有 4000 多万人，如果孩子们还在贫困线上，那全面建成小康社会如何实现？所以说，教育扶贫是治根的扶贫。在教育部《教育脱贫攻坚"十三五"规划》当中谈到了两点："精准扶贫、精准脱贫"。无论是社会扶贫还是教育扶贫，不能光喊口号，而是要让它扎扎实实落地。所以我们的任务很艰巨，但是梦想一定要实现。

全面建成小康社会的日子即将到来，时间很紧，任务很重。所以，一定要把扶贫工作，尤其是教育扶贫工作做好，这是我们共同的愿景。

——在 2019 消费扶贫与乡村振兴（深圳）大会的主旨演讲
（根据录音整理）

如何培养和造就乡村振兴需要的人才 *

    治国兴邦，振兴乡村，人才是关键。说到人才，党和国家一直非常重视。我记得毛主席讲过，政治路线确定之后，干部就是决定的因素。毛主席讲的干部实际上指的是人才。毛主席当年在西柏坡指挥三大战役，说到底还是调动各方面人才，特别是前线打仗的一些优秀人才。

    来到西柏坡以后，我就想到毛主席当年能打败蒋家王朝，解放全中国，靠的是人才。习近平总书记今天领导我们进行三大攻坚战，还是靠人才，人才越多越好，人才的本事越大越好，要聚天下英才而用之。习近平总书记在十九大报告中讲道，培养造就一支懂农业、爱农村、爱农民的"三农"工作队伍。这句话分量很重，说得也很贴切。怎么样培养造就"三农"工作队伍？ 2018 年我到山东、江苏，2019年又到贵州做了一些调研，我觉得主要是培养四种人才。

    第一种要培养领军人才。火车跑得快，全靠车头带，党支部、村委会、党支部书记、村委会主任、合作社社长太重要了。一个村子怎

---

* 王韩民，中华全国供销总社监事会副主任。

么样，特别是村子经济怎么样，产业怎么样，带头人太重要了。我们看过多少农村，好的带头人、好的引路人太重要了。

第二种要培养经济人才。我记得有一个伟人讲过一句话，就是要让农民、商人充分享有经济自由，社会经济才能繁荣。如果农民得不到经济上的充分自由，这个社会很难繁荣。培养经济人才，就是培养活跃在农林畜牧果菜各个行业的经济核心骨干。

第三种要培养文化人才。农村的振兴需要文化人才。文化是农村的灵魂。文化对于现在的农村非常重要，现在农民生活好了，农村的经济发展起来了，农民最需要的是文化。过去乡里有文化专办，现在好多地方没有了。所以文化下乡、文化在农村的传播非常重要。农民现在吃饱了、穿好了，需要文化知识，需要办文化讲堂。

第四种要培养守护人才。这个名字起的不一定对，但是我觉得现在农村的农场、牧场、林场、渔场都要有守护人。好的环境都是这些守护人长年累月守护出来、培养出来的。农村好的风光、好的田园都要有一批守护人精心呵护。

除此之外，农村人才培养还要造就一批能手，具体需要四种能手。

第一种是致富能手。

第二种是行家里手。现在农村土地 60% 都流转到大户或家庭农场里面，20% 进入合作社，10% 进入农业企业，还有 10% 流入其他的人手里。粮食安全怎么保证，食品安全怎么保证，我觉得要有一批种田的行家里手来操作。

第三种是管理好手。大家知道农村有产业体系、生态体系、经营体系、治理体系，过去农村的管理有财务管理、土地管理、经验管理、人脉管理，现在转移到了市场管理、企业管理、知识管理、技术管理和民主管理。农民需要民主，所以要有管理的好手。

第四种是网络高手。农产品再好，质量再高，产量再大，但能不能卖个好价钱，能不能卖出去，要靠电商。我到陇南调研，发现电商非常有用。一个小村子一天发货少的时候 100 件，多的时候 300 件。电商给我的启发是，一定要培养农村的网络高手。现在农村年轻人不一定会种地，但是手机电脑网络用得非常好，可以让这批人发挥作用，把农产品卖出去，卖个好价钱。

因此，我觉得乡村人才的振兴，一个是要培养四种人才，再一个就是造就四种能手。

怎样留住人才，怎样用好乡村人才，湖南怀化有一个办法，我觉得非常好。就是"六小"工程：小讲堂，小食堂，小套房，小书房（图书馆），小册子，小运动场。有这"六小"工程，人才到农村以后就能留得下来、安得下心，发挥更大的作用。这"六小"工程虽然不是很大的事，但是我感觉是真正服务了大家，贴心、暖心。怀化留住人才的经验非常好，值得学习推广。

——在 2019 乡村人才振兴战略高峰论坛上的主旨演讲

（根据录音整理）

乡村人才振兴的三点思考 *

　　乡村振兴，人才是关键，我围绕如何实现人才振兴谈三点观察和思考。

　　第一点，人才振兴要与产业振兴相互促进。产业是巢，人才是凤，没有巢怎么能引凤呢？产业是平台，人才是主体，没有戏台怎么能唱戏呢？这两个要相互统一，特别是在培养人才和吸引人才的时候，要紧紧围绕产业发展的需要、产业发展的特点来培养和吸引，比方说大力发展休闲旅游、康养产业，就需要厨师做饭，就需要保姆、雇工，所以培养体系都要与产业发展相适应，这是第一点。

　　第二点，培养人才和吸引人才要相互补充。乡村振兴要立足农村，更要面向城市，吸引城市人才。从这两方面来看，培养造就乡土人才还是有效的，主要有这几个事情要做好。第一个就是要着力培养高素质农民。现在推进农业高质量发展，实现高质量发展要求，对农民的素质也要求很高。第二个就是要培养乡村人才。乡村有很多产

　　* 宋洪远，农业农村部乡村振兴专家咨询委员会副秘书长，农业农村部农村经济研究中心主任。

业，有很多事情，需要专业人干专业事，所以专业人才队伍建设要加强。第三个就是要培育打造乡村工匠。我们有很多传统文化产品、乡村绝活，要把文化做成产品，把产业化做好，就需要专业人才，也就是工匠。同时要向城市吸引人才，从近几年各地的做法来看，可以通过发挥新乡贤的作用，吸引城市公职人员，特别是离退休的公职人员到农村参与乡村振兴，成效显著。我举两个例子说明这个问题。有一位老同志曾经做过省委常委、省城的市委书记，退休之后就回老家了。他给当地说得非常清楚，第一你们的管理我不干预，第二村里福利我不享受；但是你们在生产发展过程中遇到难题找我的，我乐意帮忙，因为我是当地人。由于这个作用，8年来他把自己的村建得很好，周围的村也建得很好。这样一位身居高位的同志退休了，他有很多人力资源和人脉渠道，通过这个作用又把家乡也带起来了。还有一位将军，是少将，他回到老家之后，老家人说现有一座山没有人承包，你来包，结果他承包了，又反包给当地的村和农民，发展得很好。因为他有人力资源，有威望，有一定的影响力。过去当地包山，产品好的时候，市场好的时候，别人抢着包，市场不好的时候没人包，这个山就荒废了，他来包难题就解决了。

这两个例子说明什么呢？在城市大批的公务人员里，每年退休的干部有不少人，如果引导他们到农村发挥作用，促进乡村振兴是一个非常好的方法。广东还有一个地方，成立了新乡贤产业园，规划好之后，通过当地离退休干部为产业园解决了融资难题。所以，我建议大家在面向城市吸引人才上，首先要盯着离退休的公务人员发挥他们的作用。其次要吸引城市专业人才，我们农村没有人才，培养人才时间很长，专业人才需求量大，搞乡村振兴要规划师，要建农场没有建筑师不行，要办企业找不着会计不行，要保障你的权益找不着律师不行，这些都是要专业人才，要让城市的专业人才下乡发挥作用。乡村人才，以前是外出，现在是返乡。面向城市吸引人才，出去的人再返乡创业，要把培养人才和吸引人才结合起来，既发挥主体的作用，立足农村，又发挥另一个作用，面向城市吸引人才。

第三点是就地使用和统筹使用相互结合。人才不能孤立存在，一方面要就地培养，让乡村人才来振兴乡村，但更重要的还是统筹使用城市人才，因为人才是一个流动性最强的要素，如果不用流动性看待这个问题，静止地看这个问题，培养人才什么时候才能培养得出来？

我就这个问题谈以上三点思考。总而言之，第一点是人才振兴与乡村产业振兴相互协调，第二点是培育人才和吸引人才相互补充，第三点是就地使用与统筹使用相互结合。

——在 2019 乡村人才振兴战略高峰论坛上的主旨演讲（根据录音整理）

发挥乡村人才振兴的基础性作用 *

脱贫为乡村振兴筑底，小康为乡村振兴强基。当前，乡村振兴进一步换挡提速已具备了前所未有的良好条件和机遇。三项伟大事业的有效衔接，充分彰显了党中央顶层设计和决策部署的战略性、科学性、整体性和协调性。

功以才成，业由才兴。人才是乡村全面振兴的关键要素。乡村的产业要靠人才来干，文化要靠人才来兴，生态要靠人才来美，组织要靠人才来强。随着乡村振兴进入快车道，乡村人才培养也亟须提质增速，人才振兴一定意义上更需要先行一步。

具体如何推动乡村人才振兴，我结合采访调研的实践谈四点思考。

第一，谋划乡村人才振兴，需要注重统筹、多元和内外兼修。推动乡村人才振兴，归根到底是乡村人力资源的开发、积累和强化。乡村人力资源开发，需要放在五大振兴中来统筹谋划。随着我国户籍、社保和教育等制度改革的持续深化，以及城乡融合发展的体制机制、

政策体系、基础设施等的不断完善，人才作为重要的资源流动性日益增强。乡村的产业发展、生态环境、社会治理、文化氛围等对于留住、吸引、凝聚人才的作用更为显著。从这一角度来看，人才振兴不能单独来抓，要与产业振兴、文化振兴、生态振兴以及组织振兴通盘筹划，各方面政策的制定、措施的出台要协同、联动，在人才与产业、土地、资金等各种资源要素的良性循环和互动中，形成人才振兴持续向好的局面。乡村人力资源开发在结构上要多元并重。乡村振兴是一项大战略，需要方方面面的人才。村庄搞建设、促发展、保稳定、美环境，都离不开凝聚力、带动力、组织力强的村支部书记；发展农业产业、做强农村经济，需要思路活、眼界宽、经验足的企业家、合作社带头人；为乡村发展带来新思路、新理念、新活力、新动能，返乡下乡创新创业人员很关键。所有这些人，连同大量新型职业农民、小农户，才是构成实现乡村全面振兴的完整力量。乡村人力资源开发，在来源上要内育外引。乡村振兴是一项大事业，离不开社会各界力量的参与，要创造条件，吸引和引进四面八方的人才到农村来。与此同时，振兴乡村归根到底是亿万农民自己的事业，乡村人力资源开发说到底还是要坚持以农民为主体，重视土生土长的乡土人才的培养，推动农村人力资源水平的升级，促进亿万农民综合素质的提升，形成乡村人才培育和成长可持续、内生的机制。

第二，促进乡村人才振兴，需要特别重视农村基层干部培养。在我国农业农村发展中，乡村基层干部发挥着"主心骨"和"火车头"的特殊重要作用，基层干部人才培养是乡村人力振兴的核心与关键。农村改革开放实践和所取得的成就充分证明，办好农村的事情，关键在党；建设、发展好一个村，关键靠农村基层党组织、靠乡村基层干部。从现实看，一般来说，乡村基层干部队伍建设比较好的地方，乡村的产业发展往往更为红火、环境整治更有成效、文化氛围更加浓厚、社会关系更为和谐。农村基层干部从构成来看，主要是村里的能人、驻村干部和大学生村干部。近几年，驻村干部和大学生村干部也有很多典型。去年我在广西贵港采访时，有个清华大学毕业的驻村干部，他到村里之后只用了两年时间，就将村里的荷塘资源充分利用起来，将乡村旅游和特色农产品销售搞得红红火火。不久前在上海采访，一名毕业后回乡当村干部的大学生带着村民搞米粉加工业，并利用社交媒体和电商平台搞销售，干得有声有色。要让这些优秀的基层干部在农村安得下心、干得起劲，正向激励机制必须得有力，各级党委政府提供的政策支持是关键，尤其是市县一级党委政府要真重视、真投入、真有办法。面对基层干部自我发展和现实的需求和渴望，要放开放活管理制度，让基层干部在工作上更有劲头；要提高待遇和保障水平，让基层干部经济上更有甜头；要有成长、进步的空间，让基层干部政治上更有奔头。从调查采访实践来看，基层干部普遍最缺的还是学习和培训。在对乡村基层干部培训内容的设计和选择上，要强调一个"实"字，注重"实战性"，不能"空对空""耍花枪"，过多搞纯理论培训。他们更欢迎的是案例教学、观摩调研，喜欢从实践中来，到实践中去，"他山之石"往往更能引起共鸣、启发思考。

第三，推动乡村人才振兴，需要抓住新时代赋予的宝贵历史机遇。人才振兴是乡村振兴中的突出短板。过去较长一段时间，我国乡村人力资源开发方面存在一些难以解决的问题，突出表现为城乡发展差距大导致农村能人流失严重，这都是二、三产业和城市优先发展所带来的难以避免的问题。然而现在不同了，随着乡村振兴战略和农业农村优先发展原则的提出，情况开始扭转。要素配置、资金投入、公共服务优先满足、保障"三农"发展，开始让农业这片蓝海的色泽更为浓郁诱人，让乡村真正成为大有作为的广阔天地。在这种大背景、大趋势下，一大批对农业农村富有情怀的人、快速发展的互联网和交通物流网络，以及经济社会发展到一定程度后的"逆城镇化"，都开始成为乡村人才振兴的有利条件。在我国 2.8 亿农民工当中，有一大批人通过打拼、奋斗而事业有成，即使比例仅为千分之一，也有几十万人。这些人数量庞大，而且在市场大潮中历练多年，市场化意识强、理念先进，熟悉市场经济规律；经过多年发展产业，积累了丰富的管理经验和充足的资金。最关键的是，这批人从小在农村长大，对农业有着浓厚的情怀，对家乡的土地爱得深沉，回乡发展、带动乡亲致富的意愿强烈。这是乡村人才振兴机不可失，时不再来的宝贵机遇。抓住这一机遇，需要做的就是创新举措，进一步强化他们回农村来兴业创富的兴趣和信心。在这方面，四川成都推出的"蓉漂计划"、湖北武汉实施的"三乡工程"发挥了很好的作用。两地从待遇、荣誉、金融、税收等多方面释放政策红利，越来越多的优秀人才，从农村走出后，又带着技术、资金、经验和理念回到乡村发展。

第四，实施乡村人才振兴，需要结合村庄实际、聚焦需求施策。我国社会生产力水平实现了跨越式的巨大提升，然而发展领域、区域和群体的不平衡性仍然客观存在。我国有 50 多万个村，村与村之间千差万别，尤其是区位情况、路径模式、资源禀赋、发展程度等方面的不同，决定了乡村的人才需求状况、人才培养方式、集聚人才的办法都不尽相同。因此，结合实际、因地制宜、勇于创新就显得尤为可贵。其中，选拔、培养、配优乡村基层干部队伍要因村施策，吸引、留住优秀人才要抓住重点来补齐乡村公共服务和基础设施短板。市县一级政府则要帮助乡村做好发展规划，选准主导产业，指导发展方向和路径，搭建创业创新的事业平台。尤其是要根据村庄自身资源禀赋，在规划制定、产业选择、乡村发展等方面给予具体指导和政策支持，调动各类人才创业的热情，激发他们澎湃的创新活力。各类人才只有在乡村发展得越好，他们在农村的根才会扎得越牢、花才会开得越艳、果才会结得越硕。

——在 2019 乡村人才振兴战略高峰论坛上的主旨演讲

乡村人才发展的基本经验和创新建议 *

总结农业农村人才发展的基本经验，我以为主要有五条。

第一，始终坚持党管农业农村人才的重大原则。党管人才的原则，一直贯穿在农业农村人才发展过程中。早在2003年，《中共中央、国务院关于进一步加强人才工作的决定》就明确了党管人才的原则，要求"大力加强农村科技、教育、文化、卫生和经营管理等实用人才队伍建设"，要求"建立健全农村人才服务体系"。2007年，中办、国办下发《关于加强农村实用人才队伍建设和农村人力资源开发的意见》（以下简称《意见》），对加强农村实用人才队伍建设和农村人力资源开发作出了全面部署。习近平总书记要求"培养造就一支懂农业、爱农村、爱农民的'三农'工作队伍"。2019年9月出台的《中国共产党农村工作条例》规定，"各级党委应当加强农村人才队伍建设"。实践证明，只有坚持党管农业农村人才，才能更好发现人才、培养人才、集聚人才、服务人才。

第二，始终坚持把人才作为农业农村发展的第一资源。在农村经

---

* 雷刘功，中国农村杂志社总编辑。

济社会发展中，始终贯彻"人才是第一资源"的理念。2000 年中央提出制定和实施人才战略，2002 年首次提出"人才强国战略"，2003 年强调"人才是第一资源"。2007 年，中办、国办下发的《意见》强调，要牢固树立科学的人才观和人才资源是第一资源的观念，把大力加强农村实用人才队伍建设和农村人力资源开发作为实施人才强国战略的重要内容。《农村实用人才和农业科技人才队伍建设中长期规划（2010—2020 年）》强调："人才资源是第一资源，农业农村人才是强农的根本，是我国人才队伍的重要组成部分。加强农村实用人才和农业科技人才队伍建设，是农业农村人才工作的重点领域，是实施人才强农战略的关键环节。"2018 年、2019 年"中央一号文件"分别提出，"要把人力资本开发放在首要位置"，"把乡村人才纳入各级人才培养计划予以重点支持"，"引导各类人才投身乡村振兴"。只有始终坚持把人才作为农业农村发展的第一资源，才能够为农业农村发展提供最优秀的人力资源。

第三，始终坚持围绕农村经济社会发展大局开发人才。根据不同时期农业农村的中心工作，与时俱进地创设政策和调整工作重点，是我国农业农村人才工作的鲜明特点。1999 年，为进一步推动乡镇企业发展，人事部、农业部专门下发《关于加速农村人才资源开发加强农业和农村人才队伍建设有关问题的通知》，要求"建设一支门类齐全、素质较高的乡镇企业专业技术人才大军"；2011 年，着眼于发展现代农业、推进社会主义新农村建设，中组部联合农业部等四部委编制了第一部促进农村实用人才和农业科技人才队伍建设的中长期规划；2012 年，为应对农村老龄化、农业兼业化带来的"谁来种地"问题，农业部、财政部等部门启动实施新型职业农民培育工程；2016 年，为适应大众创业、万众创新的要求，国务院办公厅印发《关于支持返乡下乡人员创业创新促进农村一二三产业融合发展的意见》，提出了开展农民工等人员返乡创业培训等一系列培训计划。实践证明，只有服务农村经济社会发展大局，农业农村人才工作才能找到方向、找准着力点，也才能凸显人才在农业农村发展中的支撑作用。

第四，始终坚持用改革创新办法推动农业农村人才工作。改革创新贯穿农业农村人才队伍建设全过程，是农业农村人才工作的根本动力。农业农村人才工作开展过程中，市场作用原则逐渐增强。2007年，《意见》指出，要"充分发挥市场在农村人才资源配置中的基础性作用"。2016年，《中共中央关于深化人才发展体制机制改革的意见》指出，"充分发挥市场在人才资源配置中的决定性作用和更好发挥政府作用"。农业农村人才培养方式转向多元，由单一教育培训方式转变为学历教育、技能培训、实践锻炼等多种方式并举。农业农村人才的政策创新和体制机制改革不断推进，培养、吸引、用好人才的机制逐步建立健全。

第五，始终坚持以能力建设为核心加强农业农村人才培育工作。能力建设是农业农村人才资源开发的主题，是人才培养的核心。2003年以来，党中央、国务院出台了一系列政策文件，提出"努力提高广大农村劳动者的素质"，"以提高科技素质、职业技能和经营能力为重点，着力建设并稳定一支宏大的适应新农村建设需要的实用人才队伍"，并强调要实现"带领群众致富的能力显著提高"；2011年，《现代农业人才支撑计划实施方案》提出"以人才资源能力建设为核心"。多年来，各地以提升能力素质为导向，坚持学习与实践相结合、培养与使用相结合，推动农业农村人才快速发展，农业科技人才、农村实用人才、新型职业农民的能力素质得到大幅提升，有效适应了农业农村现代化建设的需求。

当前，我国正处在从传统农业加快向现代农业转型的关键阶段，农业农村经济的基础条件和主要矛盾发生了深刻变化，运行机制和外部环境发生了深刻变化，目标任务和工作要求发生了深刻变化。这些变化给乡村人才发展带来了深刻影响，提出了新的要求。

一是农村劳动力供求关系之变。大量农村青壮年劳动力进城务工就业，务农劳动力数量大幅减少，"兼业化、老龄化、低文化"的现象十分普遍。据统计，当前农业从业人员约为 2.15 亿人，较 2000 年减少 40%，平均年龄约 50 岁，而 60 岁以上的超过 24%。"谁来种地""如何种好地"问题成为现实难题，迫切需要加快培育乡村人才，吸引年轻人务农创业，形成一支高素质农业生产经营者队伍，确保农业后继有人。

二是现代农业科技发展之变。我国农业发展已从过去主要依靠增加资源要素投入进入主要依靠科技进步的新阶段，农业的生产方式已由以人力畜力为主转到以机械作业为主的新阶段，但乡村人才总量不足、整体素质不高、结构不合理，影响了农业科技进步的推进，制约着农业劳动生产率的提高。调整优化科技创新方向、推广应用绿色高效生产技术、加速农业科技成果转化，都需要农业科研人才、农技推广人才，需要提高农民运用科技成果的能力，这要求乡村人才工作必须紧跟农业科技发展趋势。

三是农业创业创新业态之变。随着农村创业创新的深入推进，一二三产业融合加速，农村新产业、新业态、新模式层出不穷，创意农业、分享农业、电子商务、农业物联网等创新人才严重不足，初创公司、小微企业"招人难、留人更难"的现象相当明显，迫切需要加快培养和造就一支既懂城市又懂农村、既会搞生产又会跑市场的创业创新人才队伍。

四是乡村治理体制体系之变。党的十九大报告强调要"健全自治、法治、德治相结合的乡村治理体系"；2017 年，中央农村工作会议提出"加快推进乡村治理体系和治理能力现代化"。提升乡村治理水平，加强人才队伍建设是保障。目前，村"两委"负责人年龄大、学历低，乡村法律、文化等专业人才缺乏，制约了乡村治理现代化的步伐，迫切需要通过乡村人才振兴提升乡村治理水平。

因此，提出推进乡村人才振兴工作的相关建议，主要有五个突出：第一，突出合力推动，完善乡村人才工作格局。坚持党管人才原则，进一步强化"一把手"抓"第一资源"的意识，在中央人才工作协调小组的指导下，推动形成农业农村部门牵头，各有关部门积极配合，全系统上下协调联动，各类社会主体广泛参与的乡村人才工作格局；建立县域专业人才统筹使用制度和农村人才定向委托培养制度，造就更多乡土人才；建立政府、企业、社会多元参与机制，共同加强乡村人才培养，形成推动乡村人才振兴的强大合力。第二，突出规划引领，编制乡村人才振兴规划。按照《乡村振兴战略规划（2018—2022年）》，结合《国家中长期人才发展规划纲要（2010—2020年）》和《农村实用人才和农业科技人才队伍建设中长期规划（2010—2020年）》，研究编制乡村人才振兴规划，制定今后一个时期乡村人才振兴的目标任务和政策措施，加快提高乡村人才队伍建设水平。第三，突出能力建设，大力培养乡村各类人才。推动设立乡村振兴人才发展专项资金，加大乡村人才培训投入，以提升能力建设为核心，大力培养乡村各类人才。紧扣一个"新"字，深入实施新型职业农民培育工程（高素质农民培育）、农业科研杰出人才培养计划、农技推广服务特聘计划，实施农村实用人才"职业素质和能力提升计划"，加快培养农村实用人才和农业科技人才；紧扣一个"缺"字，加强政策创设、创新培训模式，鼓励各类培训资源参与乡村人才培训，大力培养农村双创、农村经营管理、市场信息、种业等农业农村发展急需的紧缺人才；紧扣一个"专"字，支持鼓励高校、职校灵活设置涉农专业（方向），为乡村振兴培养扶持一批农业职业经理人、经纪人、乡村工匠、文化能人、非遗传承人等专业化人才。第四，突出开放聚才，大力推动乡村招才引智。本着聚天下英才而用之的理念，敞开大门、广招贤才，把社会各类人才致力于乡村振兴的愿望和力量引导好、利用好。进一步细化和完善扶持政策措施，鼓励和支持农民工、中高等院校毕业生、退役士兵和科技人员等返乡下乡创业创新；建立有效机制，吸引各类人才，通过各种方式服务乡村振兴事业；推动破除城乡人才资源双向流动的制度障碍，鼓励各类人才在城乡之间、农业和非农产业之间双向流动；加强对下乡组织和人员的管理服务，使之成为乡村振兴的建设性力量。第五，突出用好导向，健全人才激励保障机制。完善人才配套政策，强化金融、财税、土地等方面的政策支持，为乡村人才搭建干事创业的良好平台；按照城乡融合发展的要求，完善乡村人才公共服务体系和社会保障制度；推进人才发展体制机制改革，完善分配激励机制，建立规范有效的奖励制度，激发乡村人才活力；加强乡村人才工作宣传力度，在全社会营造识才、爱才、敬才、用才的良好氛围。

——在 2019 乡村人才振兴战略高峰论坛上的主旨演讲

要重视对乡村人才需求特点的研究 *

乡村振兴对人才的需求越来越大、越来越高。

第一，目前乡村对人才的供给很乏力。以往实施的各项工程，实际上很多都是输出性的培训，而转移性的培训很少。但乡村振兴需要的人才不足。为什么呢？对乡村人才的需求特点研究和重视不够。乡村人才需求的特征取决于乡村的特征，决定了乡村人才需求的特征。乡村具有多样性、差异性，资源禀赋不一样，发展阶段不一样，经济实力、产业背景、乡村文化、乡村民俗都不一样，所以，对乡村人才的需求也各不一样。我总结出四句话：乡村的现状千差万别，乡村的发展千变万化，乡村的形态千姿百态，乡村的问题千奇百怪。

第二，乡村发展受到的制约比工业、城市要多。乡村发展受客观制约因素比较多，比如有自然规律的制约，城市一般比较少。涉及的领域比较多——经济、社会、政治、文化、生态、党的建设等等。产业比较多，价值观念差别大，比较复杂，尤其是组织类型多，各种类

＊ 朱守银，农业农村部干部管理学院副院长，党校副校长。

型的组织在乡村都有，利益关系比较复杂。乡村产业发展周期长，储藏运输难度大，投资回报率低，对留住人才影响比较大。外来人才不愿意来，本地人才难培养，优秀人才留不住。现在城市发展的规律使人才在城市流动是必然的，这也是符合规律的，城市是人才高地，乡村是人才洼地，具有很多不利因素。

第三，乡村人才需求至少有三个方面。一是乡村人才的需求具有多样性、差异性、多领域、多层次的特点。不同乡村之间，不同产业之间，不同主体之间，即使同一层次的岗位，对人才的要求也不一样。二是乡村人才总体规模大，个体小而散，无论是需求主体还是需求规模，具体数量都很大，如村干部、农机操作人员等，具体到每一个需求主体，每一个村庄，每一个企业，每个市场主体，个体需求的规模比较小，而且比较分散。三是乡村实用人才流动性非常大，稳定性不足，现在除了城市的吸引造成农村人才稳定性不足以外，乡村内部也有诸多造成人才稳定性不足的因素，比如农业本来就有农闲农忙季节之分，农民还有兼业的趋势，乡村产业就业收入差异比较大。

农业生产的风险难度比较大，农业市场主体，尤其是新型主体更替非常频繁，所以也不稳定。在这种情况下，加强乡村人才培养培训，促进乡村人才振兴，无论是相关的政策设计还是人才振兴实践，都要充分考虑乡村人才的需求特征。要坚持因地制宜、因业制宜、因村制宜、因岗制宜。培训模式、培训渠道、培训方式、培训手段以及培训内容都要体现多样性、差异性、层次性，真正提升培养培训的针对性、精准性、有效性、社会性、实践性、市场性。很多人才是在实践当中、社会流动当中成长起来的。很多通过市场主体就可以培训，包括农业农村部干部管理学院，与浙江大学和一个企业市场主体签约联合开展乡村振兴计划，已经两年了，已培养1000多人，效果非常好。学员不需要交培训费，自己负担交通食宿费就行。学员都是全国各地的家庭农场主、合作社、农村企业老板里面选出来的，他们的带动作用是非常明显的。

——在 2019 乡村人才振兴战略高峰论坛上的主旨演讲

（根据录音整理）

第九部分

食品安全与健康中国

加强食品安全监管能力
推动健康中国建设 *

　　食品安全关系全民健康，没有全民的健康，就没有全面的小康。人民健康是民族昌盛和国家富强的重要标志。习近平总书记指出："推进健康中国建设，是我们党对人民的郑重承诺。"为进一步保障食品安全，全方位、全周期地保护人民健康，大幅提高健康水平，我想谈几点看法。

　　第一，保障食品安全是健康中国建设的重要内容。近年来，我国食品安全形势稳中向好，食品安全水平明显提高，安全指数持续提升，2017年，食品安全抽检的合格率是97.6%，比2016年和2015年分别都提高了0.8个百分点；追溯体系更加完善，婴幼儿配方乳粉实现了100%的可追溯；规模以上食品企业普遍实现了良好的操作规范，5000多家食品企业建立了诚信管理体系；舆情环境初步向好，风险监测能力稳步提升，食品安全科普效果凸显，国际影响显著增加。我国出口的食品合格率连续多年都保持在99%以上，为全球的食品安全贡献了强劲的中国力量。

---

　　*　张宝文，第十二届全国人大常委会副委员长。

—325—

食品安全水平的持续提升，保障了食品行业稳定运行，推动了食品企业的健康发展。2017年，我国农副食品加工的主营业务收入是6.4万亿元，占轻工业总收入的26.6%，利润是3147亿元，占轻工业总收入的19.8%。食品制造主营业务收入是2.3万亿元，占轻工业总收入的9.5%，利润是1851亿元，占轻工业总收入的11.6%。食品行业对我国轻工业的快速发展产生了积极的作用，为满足人民美好的膳食需要作出了卓越的贡献。

目前，我国食品行业整体情况向好，但仍然存在着重经营、轻管理等现象，部分从业人员食品安全责任意识还是薄弱的，影响了食品行业的整体形象，甚至有的危害人民的身体健康，冲击着食品产业。食品科普知识亟待加强。食品安全是建设健康中国的重要内容，健康离不开食品安全的保驾护航。食品安全是我们大家普遍关注的问题，食品安全指的是食品无毒、无害，符合应当有的营养要求，对人体健康不造成任何急性、亚急性，或者慢性危害。保障食品安全，实现国民健康长寿，是国家富强、民族振兴的重要标志，也是全国各族人民的共同愿望。

当前，我国居民主要健康指标总体上优于中高收入国家的平均水平。但随着工业化、城镇化、人口老龄化的发展，以及生态环境、生活方式的变化，维护人民健康还面临着一系列的挑战。关于食品安全与全民健康中较为突出的问题，需要创新体制机制，带动人人参与、人人尽力、人人享有，在"共建共享"当中实现"全民健康"，提升人民的获得感。

第二，全民健康是建成全面小康的重要基础。健康助力小康，民生牵着民心。人民健康是民族昌盛和国家富强的重要标志，习近平总书记的"没有全民健康，就没有全面小康"的重要论述，赢得了全社会的强烈共鸣。健康是促进人的全面发展的必然要求，是经济社会发展的基础条件，也是广大人民群众的共同追求。

为推进健康中国建设，提高人民健康水平，党的十八届五中全会战略部署，中共中央、国务院发布了《"健康中国2030"规划纲要》。党的十九大又进一步作出"实施健康中国战略"的重大决策，强调坚持预防为主，倡导健康文明生活方式，预防控制重大疾病。未来15年是推进健康中国建设的重要战略机遇期，经济保持中高速增长，将为维护人民健康奠定坚实的基础；消费结构升级，将为发展健康服务创造广阔的空间；科技创新，将为提高健康水平提供强有力的支撑；各方面制度更加成熟、更加定型，将为健康领域可持续发展提供强大的保障。

农业农村部启动了农产品质量安全专项整治工作，强调要深入贯彻习近平总书记"四个最严"的重要指示。按照中央的部署安排，以更加负责的精神和更加有效的措施，深入推进专项整治，保障群众"舌尖上的安全"。刚刚实施的《健康中国行动（2019—2030年）》，围绕疾病预防和健康促进两大核心，提出了15个重大专项行动和一系列健康指标，包括儿童近视、体育锻炼等，对心脑血管疾病、癌症、慢性呼吸系统疾病和糖尿病四大慢性病的防治提出了路径和建议，一条汇聚14亿人力量的"健康中国"道路正在铺就。这一系列的战略部署，为守护公众的健康、建成全面小康，指明了方向，提供了保障。

第三，提高认识切实加强食品安全的监管能力。食品安全关系人民健康，关系民族的未来。长期以来，党和政府高度重视食品安全，高度重视公众健康。习近平总书记曾在中央农村工作会议上强调，能不能在食品安全上给老百姓一个满意的交代，是对执政能力的重大考验。食品安全是"管"出来的。随着食品产业的不断升级和广大消费者的需求提升，食品安全的监管也随之产生了新的命题。面对新形势，要坚持以人民为中心的发展思想，树立"食品安全永远在路上"

的责任意识，引导食品生产经营者自觉履行主体责任，切实加强食品安全的监管能力，共同推动食品安全水平不断跃升。

一是要宣传贯彻《食品安全法》，提升食品安全法制意识。法律是治国的重器，良法是善治的前提。新的《食品安全法》的颁布，为人民身体健康和生命安全提供了有力的法律保障。要积极宣传食品安全的法律知识，创新宣传形式，丰富宣传内容，注重宣传实效，让食品安全法律知识走进企业、走进社区、走进校园，推动全社会形成"人人懂法、人人守法"的良好氛围。

二是要倡导规范、诚实、守信，提升食品安全的责任意识。习近平总书记曾指出："民以食为天，加强食品安全工作，关系我国13亿多人的身体健康和生命安全，必须抓得紧而又紧。"要引导行业企业建立食品安全资源数据库和食品安全追溯系统，大力推进食品行业诚信体系建设。要引导行业企业自我约束、自我规范、诚实守信，时刻铭记食品安全责任，坚决守护食品安全。

三是普及食品科普知识，提升食品的安全认知水平。近年来，食品安全谣言影响食品市场、冲击食品产业，食品科普知识普及亟待加强。要利用行业媒体，搭建科普平台，邀请权威专家，多维度答疑解惑，多角度破除谣言，提高全社会对谣言的甄别抵制能力。要加强食品营养健康教育，宣传健康饮食知识，传播科学食品安全理念，为人民群众提供科学有益的膳食引导。以生动丰富、通俗易懂、知识性强、普及面广的宣传教育，提升全社会食品安全认知水平。

四是创新食品安全监管模式，提升食品安全监管力度。当前，市场监管领域正在全面推行"双随机、一公开"的监管，这是市场监管理念和方式的重大创新。特别是其中的随机检查、异地检查体现了"双随机、一公开"的监管理念，而设区的市级以上食品监管部门对下级负责的监管对象的检查和调查处理，实际上打破了政府层级管辖的壁垒，为"双随机"制度增添了活力，进一步强化了食品安全监管部门对生产经营者的事中事后监管。

食品安全是一项关系国计民生的"民心工程"，直接关系到广大人民群众的身体健康和生命安全，关系到经济发展和社会稳定。保障食品安全是一项复杂的系统工程，从生产到流通再到消费，各个环节都要抓好。从政府到企业再到消费者，人人都要明白、家家都应参与，必须严厉打击破坏食品安全、危害人民健康的行为。要加强食品安全宣传教育，提高全民食品安全知识水平和自我保护能力，营造全社会共同关注、共同参与食品安全的良好氛围。

民以食为天，食以安为先。保障食品安全，守护人民健康，是人民美好生活的迫切需要，是我们义不容辞的共同使命。我们要深刻理解、准确把握，坚定不移地贯彻落实党中央、国务院的决策部署，以习近平新时代中国特色社会主义思想为指引，不忘初心，牢记使命，增强食品安全意识，加强食品安全监管能力，推动健康中国建设，不断提高人民的获得感、幸福感、安全感，为全面建成小康社会作出新的贡献。

——在 2019 健康中国与食品安全高峰论坛上的主旨演讲

强化食品安全　让百姓有更多的
安全感、幸福感*

民以食为天。食物是人类赖以生存发展的物质基础，是保障人类健康的先决条件，更是一个民族繁衍进步的重要标志。食品工业是天下第一产业，也是人类的朝阳产业。食以安为先。食品安全直接关系到食物供给的质量，关系到人民的健康。

改革开放 40 多年来，特别是进入 21 世纪 20 年代以来，随着人民生活水平的提高，食品安全、饮食健康越来越受到人民的关注和重视。食品供给从品种丰富、数量充足、供给有余，向提升质量、营养健康转变。党中央、国务院和各级政府近些年来高度重视食品安全工作，可以说采取了一系列的政策和举措，大力推进食品安全工作，推进人民的健康事业，取得了明显的成效和进展，让广大人民群众有了更多的安全感、获得感和幸福感。目前，我国每年的粮食生产超过了 6 亿吨，牛羊肉超过了 8500 万吨，鸡肉超过了 1100 万吨，水产品超过了 65000 万吨，蔬菜超过了 7 亿吨，水果超过了 2.7 亿吨。这么大的体量，在食品的生产、加工、经营等环节，都面临不少问题和

---

* 李春生，第十三届全国人大农业与农村委员会副主任。

挑战。

从种植业来看，过度施用化肥农药的情况依然比较严重。目前我国每亩平均化肥尿素施用量超过 20 公斤，是世界发达国家的 4 倍左右。农膜每年的施用量超过 260 万吨，世界第一。农膜的残留，每年近 100 万吨。农药过量使用甚至滥用，造成农产品、畜产品农药残留、抗生素超标。此外，大气、水源、土壤污染也都是影响食品安全的一些重要因素。目前，我国农村每年大体上有 50 亿吨的废弃物还没有得到很好的处理。农村 82.6% 村庄的生活污水没有得到集中处理，大多直接排放。全国地表水低于Ⅲ类水质标准的比例高达 32%，劣Ⅴ类水质达 8% 以上。土壤的重金属超标。所有这些给农产品质量造成了潜在和直接的影响。

从养殖业来看，虽然对于哪些药可以用、哪些药不能用、如何用，都有明确规定，但实际执行不规范。抗生素过量使用、滥用，甚至违规使用，明令禁止的药物也不同程度存在。养殖业产品质量的提升，还任重而道远。

从食品工业和经营环节来看，目前规模以上的食品工业企业超过 4 万家，获得食品许可证的食品生产企业超过 1100 万家，餐饮服务业超过 340 多万家，这些食品生产企业大都规模比较小，有的还是家庭小作坊，加工标准低，技术相对落后，有些实际并不具备生产合格食品的资格。还有数百万家的流通企业和经营企业，其中相当部分是个体商户，缺乏冷链运输的条件，缺乏有效的保障食品质量的措施。农产品安全，特别是食品安全，已成为大众高度关注的话题，已成为社会不稳定的重要因素。

广东著名的呼吸病学专家钟南山发文称，我国食品农药残留不解决，几十年后，广州多数人都生不出小孩。这不仅仅是广东的问题，恐怕在全国，也应该引起大家的警惕。坚持绿色发展理念，坚持质量兴农，生产加工符合健康标准的食品，保证人民吃得好、吃得放心、吃得健康，显得尤为迫切和重要。

为此，我提几点建议。第一，应进一步健全完善食品安全规划、相关规定及政策举措。2017 年，国务院下发了《"十三五"国家食品安全规划》，相关部门先后下发了具体的实施方案，提出了相应的政策举措。从食品安全的现实看，还应结合实际问题进行有针对性的研究，完善优化相关规则方案，做好顶层设计，认真梳理现有政策举措，使相关规划方案、政策举措真正落实到位，推进食品安全工作上层次、上水平。

第二，进一步健全完善食品生产、加工、经营各环节的安全标准。《食品安全法》2009 年 6 月颁布实施，2015 年 4 月进行了修订，国务院为此下发了实施细则，相关的规定、标准都有，从实际看，随着食品安全环境的条件以及人们食品质量安全意识等因素的变化，相应的标准需要适时进行修正和调整。特别是生产、加工、流通各环节的规则标准，应该相互衔接。各环节检测标准的衔接，对于提升各环节食品安全的规范有效性、提升食品质量的精准性和针对性，都是十分有利的。

第三，应进一步强化农业源头的有效治理。可以说，乡村振兴提出五个方面的振兴，无不贯穿着绿色、生态、环保的理念，坚持质量兴农，坚持绿色发展，已日益深入人心。应加大力度控制、减少农业的源头污染，加快农业废弃物的处理、乡村污水的处理，扎实推进生态环境的整治、"厕所革命"、美丽乡村建设等。加快改善农村生态环境和条件，做好技术、良种、土壤、水、有机肥等相关资源要素的合理配置和使用，努力减少农化产品、抗生素、添加剂的使用，推进种植业、养殖业、食品工业质量的进一步提升。

第四，进一步强化食品安全的监管。有法必依，执法必严。做不到这一点，再好的法律法规、规范标准都是一纸空文，没有任何的意义。实现监督管理的有效性，还要讲究方式方法，还要调动广大消费者的积极性，充分利用好科技手段，等等。比如国家市场监管总局印发的《市场监管领域重大违法行为举报奖励暂行办法（修订征求意见稿）》，其中有一条，凡是举报违反食品安全相关法律法规重大违法行为的最高可奖励 200 万元，这是一个很好的监管举措。要做到监管到位、监管有效，为食品安全提供坚实的保障。

第五，进一步强化食品安全工作的协调机制。食品安全工作牵扯的部门多，2007 年国务院成立了食品安全委员会，2018 年机构改革，这个机构撤销，所有职能并到了国家市场监管总局，虽然建立了非常设议事协调机构，但权威性大不如前。食品安全牵扯到方方面面，部门、单位比较多，面对食品安全纷繁复杂的形势，亟须强化协调机制，实现多环节、跨部门的组织协调，统筹利用好相关资源，形成工作合力，使政府各部门各负其责，相互衔接，形成联动，共同推进食品安全工作，让百姓得到更多的安全感、获得感、幸福感。

——在 2019 健康中国与食品安全高峰论坛上的主旨演讲

为食品安全保驾护航 *

非常荣幸能够在高峰论坛上跟各位领导来宾分享北京量子云世纪科技有限公司的专利技术，以及该技术在粮食安全和食品安全领域的应用。

2019 年，恰逢中华人民共和国成立 70 周年，70 年披荆斩棘，70 年风雨兼程。在这 70 年，中国由一个贫瘠的国家，化身为当今世界第二大经济体，取得的成就惊叹世人。伴随着国力的逐日增强，百姓的生活水平也得到显著的提高。党的十八大以来，以习近平同志为核心的党中央大刀阔斧推进民生领域的各项改革，民生事业发展取得历史性的成就，大幅提升了广大人民群众的获得感、幸福感、安全感。

党的十九大又以全新的"三步走"战略总任务和分阶段的长期规划，在制度层面上形成了更为系统的现代民生制度体系，在思想层面上形成了现代中国的社会主义民生观。心系民生，以民为本，身处这个民以食为天的泱泱大国，吃，永远是每一个国人心中的头等大事。新中国成立初期国力衰微，吃饱是每一个中国人的梦想。这个梦想虽

---

* 郑学纯，北京量子云世纪科技有限公司董事长。

然卑微，但暗含着那个时代民族的无奈和焦虑。时光荏苒，进入 21 世纪的中国，吃不饱早已成为老一辈传说中的故事，吃好、吃出健康成为国人在新时代里对"吃"这个字的崭新诠释。在物质极大丰富的今天，食品品类、品种急速扩增，食品行业的竞争进入了白热化，食品行业的机遇无穷大，诱惑也无穷大，一些不法企业黑心商家，为了牟取高利润、高回报，不惜以危害老百姓的身体健康与生命安全为代价，食品造假屡禁不止。食品安全关系到每个人的生命安全，更关系到中国的未来。

新时代吃得健康的重要性已经远远高于吃好，如何让人民吃得放心，这成为食品领域发展的重要命题。2019 年 5 月 9 日，为了贯彻党的十九大报告提出的"实施食品安全战略，让人民吃得放心"的指示，中共中央、国务院发布了《关于深化改革加强食品安全工作的意见》。这是党中央着眼于党和国家事业的全局，对食品安全工作作出的重大部署。这是决胜全面建成小康社会、全面建设社会主义现代化强国的重大任务。食品安全是食品行业的基础设施，基础设施的牢固直接决定了行业的未来发展。粮食与食品安全，除了依靠国家出台的法规和政策，并加大宣传的力度之外，还需要科学技术的支持。北京量子云世纪科技有限公司积极响应党和国家的号召，并顺应行业的发展趋势，近年来积极投身于食品品牌、食品产业的安全保护，食品质量的监测等领域，作出了一定的贡献。

北京量子云世纪科技有限公司是一家集环卫、安全追溯、销售渠道管理、大数据管理于一体的科技企业，我们的核心团队多年潜心研发出具有国际领先水平，完全自主知识产权的专利技术，该技术可以实现"一物一码"，极难复制，能在平方毫米级的面积内生成具有海量信息的智能图像和识别系统。该技术已经在食用农产品、食用畜牧产品，以及各类食品的外包装和农业生产资料等重要产品上应用。在生产经营过程当中建立了质量追溯体系，形成了追溯体系统一共享交换机制，实现国家有关部门和企业的追溯信息互联互通共享，实现来源可查、去向可追、责任可究的目标。

唯天下之至诚能胜天下之至伪，唯天下之至拙能胜天下之至巧。未来，北京量子云世纪科技有限公司将持续以工匠精神奉献于食品行业的基础设施建设，为大国食品安全保驾护航，为乡村振兴、小康社会建设添砖加瓦。

——在 2019 乡村振兴暨中国粮食安全战略高峰论坛上的主旨演讲（根据录音整理）

食品安全的三大新要求 *

党的十九大以来，党中央、国务院一系列重大决策部署和相关的文件对食品安全提出了许多新的要求，对我们把握食品安全的总体形势、明确面临的任务具有非常重大的意义。

我讲三点理解。一是新时代对食品安全提出了新要求。党的十九大指出，新时代我国社会主要矛盾已经转化为人民日益增长的美好生活需要和不平衡不充分的发展之间的矛盾，这和我们过去要解决日益增长的物质文化需求有了质的区别。经过几十年的努力，温饱问题已经基本解决了。现在我们说食品安全，不仅要吃得好、吃得健康，还要吃得幸福，这个题目很大。

改革开放之前，有7亿—8亿人处于贫困状态，更多的人经历过饿肚子的困苦。我们怎么解决这个难题？40多年来，我们没有发现巨大的新能源资源，没有得到巨额的无偿援助，没有发明一种短时间致富的新技术，更没有发动战争去掠夺他人财富，我们靠的就是中国人的勤劳、智慧、勤奋，解决了从站起来到富起来的问题，走

---

* 蒲长城，原国家质量监督检验检疫总局副局长、党组成员。

上了强起来的道路，这样的成就在人类发展史上是少有的。当然，我们也清醒地认识到我国仍处于并将长期处于社会主义初级阶段。

习近平总书记强调，按照"四个最严"要求做好食品安全工作，没有健康就没有小康。我们必须深刻领会，创造性地去落实。大家知道，食品的各个环节都可能出现问题，我们也有解决这些问题的办法和制度。只要真正做到四个从严要求，问题就会越来越少。但要满足人民群众对美好生活的追求，任务将非常繁重。人们对食品的要求五花八门，过去是把肉拿来就行，现在不行了，因为有的人要生吃，有的人要熟吃，而且这个肉要咸的、淡的、辣的、不辣的，有各种需求，还有不吃肉的，怎么办？在这一点上，搞食品安全的人，要真正理解中央的精神，不断提高自己的治理能力和工作水平。

二是新形势对食品安全提出了新要求。我国经济发展到今天，中央明确提出必须走高质量发展道路。高质量发展落实到食品安全工作中，按我理解，可以说是"食以安为先，安以质为本"，安全的本质是质量，质量不好谈什么安全？企业在食品生产加工过程中要考虑到一些生产的新工艺、新材料、新的饮食方式等的变化。我们要打牢自己的质量基础，特别是要考虑生产部门、供应部门现在的加工方式、生产的产品是不是能满足老百姓的要求？不管是哪个部门、哪个企业，一刻都不能放松。只有建立完整的质量安全保障机制，从原材料、生产工艺和生产过程的控制，到检验、检测等等这一系列环节从严把关、精细管理，才能把高质量发展落到实处。高质量发展是全过程、全方位的要求。过去，有一些企业、一些地方、一些部门往往对此重视不够，出问题也都在这些方面。基础不牢，地动山摇。高质量发展靠的是坚实的基础。今天大数据、网络化等科技的手段给我们提供了很好的便利条件，我们在这方面要下功夫。

三是新任务对食品安全提出了新要求。我国改革发展的实践和取得的成就，证明了中国特色社会主义制度的优越性，党的十九届四中全会的《决定》意义重大，影响深远。我们必须把现在已经形成的有中国特色的食品安全监管制度，无论是地方的、部门的还是企业的，都要按照十九届四中全会的要求，进一步完善和发展，建立共建共享的机制和体制，提高社会治理能力和水平。2019 年 12 月 1 日，国务院修订后的《中华人民共和国食品安全法实施条例》开始实施，条例强化了食品安全监管，完善了食品安全风险监测、食品安全标准等基础性制度，进一步落实了生产经营者的食品安全主体责任，完善了食品安全违法行为的法律责任，我们要认真贯彻实施好。我相信，经过不懈努力，我们一定能走出一条有中国特色的食品安全监管和发展的新路子。

——在 2019 健康中国与食品安全高峰论坛上的主旨演讲

努力实现高质量的现代农业发展 *

　　高质量和健康中国、食品安全高度相关。我以努力实现高质量的现代农业发展为题讲三点看法。

　　从纵向来看，新时代的中国农业正在经历千年之变。特别是改革开放 42 年的变化，超过了中华民族历史上的任何一个时期。从横向来看，美国农业谓之为规模化农业，日本农业谓之为精细化农业，中国农业典型表现为第三条道路——多元化农业。中国农业资源禀赋是多元的，在东北有类似美国那样广袤的粮食生产基地，在西南地区有独具特色的山区农业、丘陵农业，在西北有旱作农业发展，这在一定程度上表明中国农业资源禀赋多元，从而也决定了生产的农产品多元。事实上，全世界没有任何一个国家像中国农业这样，生产的农产品多元化，能满足不同消费层次的需要。从这个角度来看，中国的农业资源禀赋多元，农业产业结构、产品类型多元。农业经营模式也是多元的，有国营的，有民营的，有大量的家庭农户，也有农垦和工商

　　* 张红宇，清华大学中国农村研究院副院长，农业农村部乡村振兴专家咨询委员会委员，原农业部经营管理司司长。

企业。贸易格局同样多元，我们是世界上最开放的农业大国。农产品对外贸易一方面填补了我们的农产品，包括不同品种方面的欠缺；另一方面，我们的优势农产品也为我国出口创汇作出了贡献。

现代农业高质量发展聚焦四个方面

现代农业要求高质量发展，高质量是经济发展的主旋律，从高质量发展的角度来讲，现代农业应该聚焦以下四个方面。

一是确保国家粮食安全，特别是总量方面的安全。2019 年中国的粮食总量达到 13277 亿斤，比 2018 年增产了 119 亿斤，再创历史辉煌。这为实现高质量的经济社会发展奠定了坚实的基础。无论讲健康中国，或者讲食品安全，前提还是要吃饱肚子。解决了吃饱肚子的问题以后，才能谈质量以及健康食品等其他的相关问题。中国人的饭碗，要牢牢端在中国人自己手上。

二是实现农业供给的优质化。满足了总量安全以后，高端、优质、绿色、生态，甚至小众化的供给需求越来越大，这种高质量的供给可以归结为两句话：产出好东西，卖出好价钱。所谓产出好东西，就是在总量安全的同时，聚焦高端农产品和健康农产品产出。它一定是安全的，一定是有机绿色的，一定是吃得放心的农产品。在生产的过程中，质量控制让消费者愿意掏更多的钱去购买这个食品，是因为消费者确认是安全的。这个安全食品，第一是产出来，第二是卖出好价钱，这对于农民而言，意义非常重大。农民在生产高端农产品的过程中付出了心血，这个心血要通过价格得到回报，卖出去不是本事，卖出好价钱才是本事。现代农业从高质量发展的角度来讲，应该是产出好东西，通过优质化卖出好价钱。

三是坚守绿色发展理念。健康中国的前提是坚持绿色发展理念。改革开放以来，中国农业从生产和供给的角度来讲，确确实实要求高度重视绿色发展，关键是怎么样在生产过程中，包括在延长农业产业链的过程中将绿色发展理念贯穿其间。2015 年，农业部提出化肥农药减量使用，到今天应该讲成就巨大。化肥使用量在 2015 年达到最高点后，使用量不断减少，到 2018 年化肥使用量减少了 5% 以上，特别是农药使用量减的更多。化肥农药减量使用，但是产出并没有受到影响，这就是绿色发展。

四是高质量发展。一定要为从事农业的劳动力带来收入增长的机会。最近几年，农民收入越来越成为备受关注的重大问题。怎样增加农民收入，缩小城乡之间的收入差距，尤其在国民经济增速减缓的情况下，怎么样在农业内部增加农民的就业机会、怎么样在内部增加农民收入增长的机会就异常重要。在很多地方，包括贫困地方，最近几年通过产业结构优化，发展高质量的农产品，增加茶叶、柑橘、药材等特色产品的产出，使这类贫困区域，包括丘陵山区的农民收入增长速度远远超过了平原地区农民的收入增长速度。陕北农民收入的 80% 来自于苹果，江西赣南农民收入的 80% 来自于脐橙。从这个角度来讲，高质量的发展，应该为农民收入增长作出贡献。

高质量发展需要人才支撑

农产品安全也罢、产能提升也罢，总体上讲，是从业者生产出来的、监管出来的。农业从业者素质高低事关重大。经过改革开放 42 年，从事农业的人口、劳动力都在不断减少，比例在不断下降。1978

年，中国的农业劳动力占整个劳动力比例是 70%，到 2018 年，农业劳动力的比例下降到 26%，平均每年下降 1 个百分点。农业从业者比例下降，但是产出并没有受到丝毫影响，越来越少的人种越来越多的地，产出更加丰富多彩，这是发展的大趋势。

当然，由于人口总量在持续增加，在工业化、城镇化的背景之下，尽管大量农村劳动力转移出去了，但是从事农业的劳动力，还是在很长时期内保持增长态势，2002 年达到历史最高点，由 1978 年的 2.83 亿人增加到 2002 年的 3.66 亿人。从 2003 年开始，从事农业的劳动力开始直线下降，到 2018 年，从事农业的劳动力数量下降到 2.03 亿人。16 年间，农业劳动力由 3.66 亿人下降到 2.03 亿人，平均每年减少 1000 万人。很多人认为，2.03 亿农业劳动力，是老龄化的、相对知识水平不高的。但农业农村部最近讲，中国现在有 850 万的返乡创业人员，在农业内部创业的劳动力有 3100 万人，两者相加正好 4000 万人左右。换言之，相对于 2.03 亿从事农业的产业劳动力，这 4000 万新型劳动力正好占到 20%，从而表明农业内部人力资本的提升速度并不慢。

农业农村部还有一个数据表明，现阶段职业化的农民有 1500 万人，加上各种各样新型经营主体，主要是 60 万个家庭农场、220 万个合作社、8.9 万个产业化经营组织、115 万个各种各样的社会化服务组织和领军人物等，差不多是 2000 万人。因此，不论是前面讲返乡创业的 850 万人加上农业内部的 3100 万新农民，就业创业的人加起来近 4000 万人也罢，或者按农业农村部报告的 1500 万职业化农民，加各种各样的新型经营体的领军人物 500 万人，500 万人加 1500 万人正好是 2000 万人也罢，相对 2.03 亿农业从业者占比为 10%—20%。这 10%—20% 具有人力资本的农业劳动力，对确保国家粮食安全、对确保农产品总量安全包括质量安全，意义非常重大。

留在农业内部的 10%—20% 的高端人才，应该怎样继续培养？着眼点在什么地方？我认为他们需要具备四个方面的品质。

第一，有爱农情怀。所谓的高素质人才，所谓的人力资本，他们为什么愿意做农业？第一就是情怀，这种情怀就跟谈恋爱一样，喜欢干农业，把农业作为他的毕生事业，这是第一个大的品质。

第二，有工匠精神。工业里面有工匠，农业里面同样应该有工匠。现代农业需要越来越多的工匠。这种工匠生产的柑橘、生产的葡萄、生产的大米、养的猪，一定比别人或者说普通农民生产的同类产品品种更多、质量更优、价格更好。

第三，有创新意识。现代农业发展到今天，发展到乡村产业阶段，有很多产业，不是 42 年前可以想象出来的。比如"互联网+"、农工结合、农贸结合、农文结合，催生了多少新产业、新业态？去年阿里巴巴统计，全国有 4310 个淘宝村，从事"互联网+"的从业人员高达 2800 万人，从事观光旅游休闲的劳动力达到 800 万人，这些职业在过去绝不存在。很多新产业、新业态需要有创新意识。最近几年我到农村调研，发现很多过去不曾有的新职业，如从事乡村规划设计的、从事农村养老产业的，需要掌握各种各样的技能。互联网、智慧农业，催生了很多的新职业，需要我们有创新意识，才能从事好各项工作，才能干出名堂来。

第四，有社会责任感。所谓的社会责任感，就是从业者需要带领普通的农业劳动力，共同发展、共同提高，构建现代农业的产业体系、生产体系和经营体系，在运行机制方面、分配机制方面，让大家实现共同富裕。这就意味着我们的职业化农民也罢，或者叫领军人物也罢，在社会责任感方面还要加强。健康中国、食品安全、生产的食品是不是安全、卖出去的东西能不能让消费者放心，社会责任感就充斥其间。高素质人才具备了这四个方面的品质，我坚定地相信，生产出好东西、卖出好价钱、生产出安全的东西、让消费者吃得安心，这些目标就一定能够实现！

——在 2019 健康中国与食品安全高峰论坛上的主旨演讲

推进大农业与大健康产业融合发展 *

当前，中国有两个大的产业呈现融合发展的势头，一个是农业产业，一个是健康产业。我国已到了消费升级、产业转型的新阶段，健康产业与农业产业融合发展是大势所趋，这也是发达国家已经走过的路。

近年来，中共中央先后出台了《"健康中国 2030"规划纲要》《国家乡村振兴战略规划（2018—2022 年)》，这两个规划应运而生，为推进健康产业与农业产业深度融合带来了机遇。健康产业与农业产业的深度融合，必将推进我国农业产业和健康产业大发展、大转型。推进农业产业与健康产业的融合，可从三个方面发力。

树立大农业观、大食物观，满足城乡居民多样化消费需求

新中国成立 70 年来，改革开放 40 多年来，特别是党的十八大以来，

---

* 江文胜，农业农村部办公厅一级巡视员、副主任。

我国农业取得重大成就，粮食等重要农产品不断跨上新台阶。1949年的时候，我国的粮食产量只有 2263 亿斤，人均粮食占有量是 400多斤。2019 年，我国的粮食产量是 13277 亿斤，人均粮食占有量是940 多斤，比世界平均水平还要高 140 多斤。其他农产品产量也是极大地丰富了，2018 年，蔬菜产量是 7 亿吨，水果产量是 1.8 亿吨，肉类是 8625 万吨，水产品是 6458 万吨。可以说，我国已经彻底告别了短缺经济，解决了温饱问题，用占世界 9% 的耕地，养活了世界 20%的人口，这是一个了不起的成就。

粮食等重要农产品有效供给为大健康奠定了基础，一个重要标志就是中国国民人均预期寿命不断增长。据世界银行数据，1960 年中国人均预期寿命为 43.35 岁，1970 年为 58.68 岁，1980 年为 66.52岁，1990 年为 69.03 岁，2000 年为 71.73 岁，2010 年为 75.01 岁，至2015 年为 75.99 岁。2018 年，中国居民人均预期寿命提高到 77 岁。1960 年至 2018 年，58 年间中国国民的平均预期寿命增长了 33.65 岁，增幅达 77.6%。应该说，我国农产品供给更加充足、花色品种不断增多，人们衣食无忧，是居民健康长寿的重要原因之一。

悠悠万事，吃饭为大。随着人口增加、城镇化推进，我国粮食需求量将呈刚性增长态势，目前粮食安全的基础还不稳固，粮食安全形势依然严峻，什么时候都不能轻言粮食过关了。要始终把解决 14 亿人口的吃饭问题作为头等大事，实施"藏粮于地、藏粮于技"战略，稳定粮食支持政策，确保谷物基本自给、口粮绝对安全，中国人的饭碗任何时候都要牢牢端在自己手上，中国人的饭碗主要装中国粮。

现在老百姓生活水平高了，对食物需求更加多样化。人们的主食消费减少，肉蛋奶、果菜鱼等产品的消费大幅增加，牛羊肉等肉类产品、虾蟹等水产品都摆上了老百姓的餐桌。要树立大农业、大食物观念，合理调整粮食统计口径，科学开发各种农业资源，注重拓宽食物来源渠道，不仅要盯着耕地、盯着粮油调整，而且还要盯着山海、盯着林草调整。利用广袤的山区、林地、草原、海洋和丰富的物种资源，积极引导农民"念好山海经、唱好林草戏、打好果蔬牌"，挖掘各种资源的生产潜力。统筹粮经饲发展，推动肉蛋奶鱼、果菜菌菇全面发展，推动食物来源多渠道、多品种、多样化，为广大人民群众提供丰富多样的农产品供给。

树立大安全观、大营养观，增加绿色优质农产品供给

习近平总书记指出，现在讲粮食安全，实际上是食物安全。随着经济发展和消费升级，人们对农产品的质量要求越来越高，不仅要吃得饱、吃得好，还要吃得安全、吃得放心、吃得营养、吃得健康。我们不仅要保障粮食和重要农产品数量上的安全，也要保障质量上的安全。为此，要把增加绿色优质农产品供给放在突出位置，实施绿色兴农战略、质量兴农战略、品牌强农战略，促进农业转型升级，实现农业高质量发展，不断满足人们对美好生活的需要。

农产品质量安全，既是产出来的，也是管出来的。近年来，我国坚持一手抓标准化生产，一手抓质量安全监管，农产品的质量水平不断提升。据监测，农产品质量安全检测合格率维持在97%以上。当前，农产品质量安全风险隐患仍然存在，确保农产品质量安全必须坚持不懈、久久为功。要加快转变农业方式，加强农产品产地环境综合治理力度，推进农药化肥减量化，推进农膜、秸秆、畜禽粪污资源化利用，推进农业标准化生产、标准化健康养殖，从源头上保障"舌尖上的安全"。加强农产品质量安全监管，开展农产品质量安全县创建，

全面建设农产品质量安全追溯体系，推进管理服务网格化，确保不发生重大农产品质量安全事件。

　　食物营养乃生命之源、健康之本，是人类赖以生存的基础物质，在促进人体生长发育、预防疾病、修复疾病、维持人体健康等方面，具有不可替代的作用。人体所需营养成分主要从食物中获取，提高食物营养水平对保障人体健康、提高生活品质至关重要。要顺应新时代的营养健康要求，大力发展营养健康型农业，由过去的单纯追求产量逐步向以营养为导向的高产、优质、高效、生态、安全转变，由过去"生产什么吃什么"逐步向"需要什么生产什么"转变，由"加工什么吃什么"逐步向"需要什么加工什么"转变。针对当前我国微量营养素缺乏，以及超重肥胖、糖尿病、癌症等日益高发等一系列健康新问题，一些地方探索发展高锌小麦、高叶酸玉米、高叶黄素玉米、高花青素紫薯、高饱和脂肪酸花生等高营养品种，以满足消费者的个性化需求。今后看，发展营养健康型农业，关键要靠科技。要推动营养强化型产品在育种、种植、加工、检测、评价等多个技术环节方面规范化、标准化，加快食药同源产品开发，让更多营养健康农产品走进人们的生活。

树立大产业观、大健康观，打造
健康农业产业融合体

　　推进大农业与大健康融合，形成农业新产业、新业态，这是健康产业新的领域。可以预见，大农业与大健康融合，推动农业延伸产业链、提升价值链、打造供应链，这会带来一个巨大的市场。

　　要拓展农业功能，提升价值链。农业传统功能主要包括食物供给、吸纳就业、提供原料、创造外汇等方面，现在功能进一步拓展为文化传承、生态涵养、休闲旅游、健康养生等功能。要大力发展休闲农业、康养农业，让农区变成景区、田园变成公园、产品变成商品，让城市居民到乡村去吸氧养肺、悠闲静养、爬山玩水，白天晒太阳、晚上看星星，使农业成为健康的产业、农村成为养生的乐园。

要发展农产品精深加工，延长产业链。对农产品进行精深加工，将健康营养的成分提取出来，对于促进人体健康非常有益，也使得农产品的产业链延长，增加了农产品的附加值。如从蓝莓中提取花青素，对于帮助睡眠、保护眼睛非常有好处。要依靠科技创新，推动农产品加工成更多保健型、养生型产品，造福人类，同时也带动农民就业增收。

总之，大农业与大健康融合发展潜力无限，空间巨大。要按照中央决策部署，加大政策支持，强化科技支撑，健全法律法规，加强制度建设，推动健康农业持续健康发展，为全面建成小康社会、全面建设社会主义现代化强国作出更大贡献。

——在 2019 健康中国与食品安全高峰论坛上的主旨演讲

把好农村食品安全的"三关" *

　　"健康中国",是习近平总书记在十九大报告中讲的一个重大战略。"食品安全",是习近平总书记强调的重大民生问题,也是高水平全面建成小康社会的内在要求。我主要讲三点。

　　第一,讲一讲认识。习近平总书记多次强调,悠悠万事,吃饭为大。吃饭问题,牵扯到每个人、每个家庭,牵扯到全社会。我现在最担心的是粮食问题,尽管国家统计局已经把我们2019年的粮食总产量公布了,13277亿斤。尽管粮食产量16年持续高产,但是我还是担心,因为我们国家14亿人口吃饭,不可能像日本人在海外囤田,日本可以把粮食运进来,我们要运粮,太难了。我们也不像美国人,有那么大量的耕地可以耕种,可以卖粮食。我们耕地有限,人口众多,粮食问题太重要了。

　　第二,讲三个担心。1. 我担心会种地的农民越来越少,生活在农村的人不见得都会种地,能种地的、会种地的人越来越少。好在我们进城务工的人里面,有一半都在本省、本市或者本县务工,这些人农

---

　　* 王韩民,中华全国供销总社监事会副主任。

忙季节可以回去，但出省的农民也有一半多，我最担心的就是这些人。2. 能打粮食的农田越来越少，尽管各地搞占补平衡，但占的都是好地，补的都是差地，甚至是生地。2017 年跟 2016 年比，播种面积少了 1200 万亩。2019 年跟 2018 年比，播种面积少了 1400 万亩。减少的都是好地、粮田，补回来的差地多、生地多，能打粮食的地太少。3. 留在农村的垃圾太多。影响食品安全的化肥农药，尽管已经实现了连续 3 年零增长，但我国农药化肥的使用量还是世界第一。现在好多地方要求既要减量使用化肥农药，还要把包装袋、包装瓶都收回来，以减少对农田的污染。同时，城市垃圾现在总量有 1.5 亿吨，每年还以 8% 的速度增加，全国有 2/3 的城市垃圾堆山，这些垃圾，大部分流向农村、流向农田，所以我很担心，这些垃圾对农田造成新的污染。

第三，解决好健康中国食品安全的问题。我有三点建议：1. 要把好生产关。不仅要保证粮食的总产，还要保证粮食的质量安全。人们对高质量优质的农产品要求越来越高，生产关是第一关，生产关里面有三个因素非常关键：（1）种子关。育种这一块原本是没有问题的，但是转基因的问题要高度关注。（2）化肥农药的问题。我们国家从 1978 年至 2015 年，农药化肥使用量与粮食产量成正比。从 2015 年、2016 年以后，不成正比了。粮食产量稳步持续提升，总产量已经达到 1.32 万亿斤。化肥农药使用量虽然下降了，但优质的、高效的、低毒的农药比重还是不高，还是要持续地研发优质的、高效的、低毒的农药。（3）各种垃圾对农田土壤、水体、大气都造成影响。要减少城市垃圾向农村的排放、向农田的排放。2. 要把好流通关。农产品能不能产得出、卖出好价钱、怎么卖出好价钱，流通关非常重要。各级供销社就是承担农产品的流通，政府对农产品的进城、工业品下乡非常重视，要求供销社加大农产品进城，搞好流通，特别是要做好冷链物流。好多农产品如果没有冷链物流，大概在仓库、在运输过程中就会损失 20%—30%。好端端的农产品，如果没有好的条件运输和储藏，农产品卖不出去，更卖不出好价钱，所以流通关非常重要。全国供销社系统，大概有 5000 家农产品批发市场，年交易额 5 万亿元，我们要全力以赴保证农产品卖得出去、卖个好价钱，让农民增收有希望。3. 要把好监管关。农产品质量安全，各种监管非常重要。市场的监管尤为重要，现在农村有好多小超市，大量低质的产品充斥着农村的市场。农村的市场也好、城市的市场也好，食品监管非常重要。谁来监管？有国家市场监督总局，但远远不够。监管需要全社会参与，供销社非常重视进入农村产品的监管，也跟农业农村部、国家市场监管总局等部委，一起对农村市场进行监管。

生产关、流通关、监管关，这"三关"把握好了，农村的食品安全才有希望。

——在 2019 健康中国与食品安全高峰论坛上的主旨演讲
（根据录音整理）

农产品质量安全的现状与监管 *

  农产品质量安全是食品安全的源头和重要组成部分，也是推进健康中国的重要任务。我给大家报告一下中国农产品质量安全的总体情况。党和政府高度重视农产品质量安全工作，习近平总书记先后作出了"四个最严"、走高质量发展之路、走质量兴农之路等一系列重要指示，为加强农产品质量安全工作提供了重要指导。各级农业农村部门会同相关监管部门认真履行职责，在各个生产经营主体、广大的消费者、广大新闻媒体朋友们的共同努力下，我国农产品质量安全工作取得了很大的进展。农产品质量安全水平不断提升，保持一个稳中向好的总体态势。具体讲，体现在四个方面：

  第一，农产品合格率的情况良好。全国监测的合格率连续 6 年保持在 96% 以上，2001 年的合格率只有 60% 多，2019 年前三季度合格率是 97.3%，提高了 30 多个百分点。国家市场监管总局经常发布工业产品抽检的合格率，也就是 97% 左右。农产品生长在田间地头、池塘这种天然的环境中，能有这样的合格率非常不容易。跟国外比，

---

 * 黄修柱，农业农村部农产品质量安全监管司副司长。

美国也开展农药残留的监控，他们的蔬菜合格率也就 98% 左右，所以基于合格率来讲，我国农产品的状况总体上是有保证的。

第二，我国农产品的治理体系基本建立。从标准方面看，我们已经制定了农药、兽药残留标准 1 万多项，比国际上的标准不低。有的比一些发达国家还要严。无论哪个国家，制定标准的时候一定是把安全放在第一位的。在保证安全的前提下，根据本国是进口国还是出口国，更多地从贸易角度考虑。从检测方面看，"十一五""十二五"期间建立了 3293 个质检机构，农产品检测人员已经达到 3.2 万人，已经基本实现有发现问题的能力。从监管上看，省、市、县、乡都有监管机构，监管人员大约 11.7 万人。这些年，农业农村部门在加快推进综合执法，农业综合执法人员达到 3.2 万人，监管和执法人员加起来近 15 万人。

第三，突出问题治理取得明显成效。高毒农药占比已经降到 1%，基本打掉了瘦肉精生产经营的链条，特别是把地下的窝点都铲除了。2019 年在中央"不忘初心、牢记使命"主题教育专项整治过程中，中纪委牵头整治侵害群众利益问题，有一个专项任务就是整治农产品质量、安全问题。从 2019 年 9 月到 11 月，农业农村部会同公安部、国家市场监管总局，在全国范围内再次开展农产品的专项整治，提出了"4+2+2+5"的整治重点和目标任务。这次专项整治由中纪委牵头，各个相关部门指导协调，由省里负总责，市、县抓落实，目标就是形成可检验、可评判，特别是老百姓可感知的成果。中央电视台《新闻联播》也对工作的成效进行了报道。此次行动解决了一大批问题，突出问题治理取得明显进展。

第四，农业产业不断升级。农业农村部不断推进农业供给侧结构性改革，不断推进绿色化生产、标准化生产，发展品牌，认证了绿色有机和地理标志农产品 4 万多个，通过品牌引领来拉动农产品安全水平的提升。用一句话来概括：我国农产品质量总体上是安全的、可靠的、有保证的，大家可以放心吃、放心买。当然，我们也认识到，个别点上还有这样或那样的问题，特别是一些企业违规使用禁用药物，一些生产主体不按照规定使用兽药和农药，导致了这样或那样的问题。下一步，我们还是要按照中央的要求，按照习近平总书记的"四个最严"的指示精神，从"产出来"和"管出来"两侧推进农产品质量安全工作。

监管"六个化"包括：1. 规模化。只要生产企业有规模了，就一定会非常重视农产品质量安全，生怕在质量安全上出一点问题，从而影响企业的声誉，影响产品的销售，这是一个很关键的方向。要想从根本上解决质量安全问题，就要不断地推进规模化。要抓住企业、合作社、家庭农场，让它们落实生产质量安全控制措施。对于小散户，要推进"合作社＋农户""企业＋农户"，把它们纳入质量安全监管的范围。农业农村部正在抓紧研究制定和出台合格证制度，就是借鉴工业产品的理念，由生产经营主体自行开具承诺不使用禁用的药物、承诺遵守制度、承诺所上市的产品是合格的。开具合格证后，农产品进入批发市场，由批发市场来查验合格证，有证放行，没证检测，从而形成倒逼机制，让生产主体落实安全控制措施。从 2020 年起将在全国范围内试行。

2. 标准化。最重要的是标准的修订，要继续制定农药残留和兽药残留标准，从根本上保证好人民群众的身体健康。同时，要围绕产业是有机的、整体的来设计生产技术规程、标准体系，从种子、栽培、生产过程管控、采收、病虫害防治、检验检测等各个环节入手，形成一个综合的标准体系，让生产经营主体可以照单操作、按标生产，抓好标准的实施。农业农村部门要大力宣传标准，要让标准落地，而不是挂在墙上。要实施对标、达标行动，建立一批标准化生产示范基地。

3. 绿色化。农业农村部一直在抓"一控、两减、三基本","两减"就是指化肥、农药减量使用。围绕农产品质量安全，化肥、农药减量使用非常重要。前些年农业农村部搞了化肥、农药"零增长"行动，现在又提出"负增长"行动，要开展有机肥替代化肥，通过绿色化、减量化生产，从源头上减少药物使用，提高质量安全水平。

4. 品牌化。要发展绿色食品、发展有机食品，开展地理标志保护行动，让品牌深入人心，引领农产品质量安全水平的提升，引领农业产业升级。

5. 法制化。严格监管、依法监管，首要的是要抓紧修订《农产品质量安全法》。《农产品质量安全法》是 2006 年出台的，现在很多情况都发生了变化，所以要把《农产品质量安全法》的修订摆在首位。2019 年，农业农村部已经起草了一个修订草案，报到国务院和司法部正在征求意见。核心一个字，就是"严"。从初稿情况看，一是小散户要纳入，二是法则要跟食品安全法相匹配，三是要把合格证制度写进去，等等。要严格执法、加强执法，将体系队伍逐步建起来，下一步要强化农产品质量安全执法，加强相关监督抽查。党中央、国务院 2019 年出台了两个重磅级文件，一是《关于深化改革加强食品安全工作的意见》，二是《地方党政领导干部食品安全责任制规定》，都对怎么加强监管提出了一系列的要求。坚持发现问题是业绩、解决问题是我们的一种监管理念，坚持问题导向，哪儿有问题就向哪儿发力，开展突出问题的专项整治。我们目前正在跟公安部一起抓紧制定管理办法，以前是农业部门执法，有一些地方会有一些案子不移，也有一些移过去人家不接。出台这个办法，有利于促进农产品质量安全的刑事处罚工作。

6. 科技化。解决农产品质量安全问题，根本上还是靠科技。农业农村部在产业技术体系里设立了农产品质量营养岗和研究岗，在研究产业发展的时候，把质量安全和营养问题摆在更加突出的位置。同时，也在设立一些专项，来研究、来攻关质量安全突出的问题。此外，要探索智慧监管，推进农产品追溯工作。现在信息化技术飞速发展，在农产品质量安全领域的应用，就是用这些信息化技术、用机器代替人来智能监管，用大数据分析预警质量安全，锁定突出问题。还要研究方便检测的技术。我们有一个理想：有一天，大家可以拿着手机，在菜市场买菜的时候扫一扫，就知道农药超没超标。全民开始监管，我们就可以失业了。

——在 2019 健康中国与食品安全高峰论坛上的主旨演讲
（根据录音整理）

科学理性地对待新生事物 *

我谈几点我国农产品质量安全管理方面的情况。

第一，关于良好农业规范。就是现在大家说的全程质量控制，它的理念，就是重点关注源头控制。在农产品生产过程中，如果做不到全程控制，一旦哪个环节不合格，比如说农药使用不当造成超标，那整个农产品就报废了，报废了以后，可能就变成了有机垃圾，不仅对农民造成损失，也影响了农产品的有效供给。对于管理农业生产的产业部门来说，其职责是既要保证消费者的安全，又要保证农民的增收、农产品有效供给，还要关注农业的可持续发展，可以说良好农业规范把这些目标很好地结合起来，是实现工作目标的有效抓手。

20 世纪 90 年代，欧洲暴发疯牛病以后，消费者协会提出了倒逼机制，提出要建立农产品生产的良好农业规范，从源头上抓农产品质量安全。1997 年制定了《欧洲良好农业规范》，2007 年改成《全球良好农业规范》，后来一些国家陆续开始实施。我国在这方面的工作起

＊　寇建平，农业农村部农产品质量安全中心副主任。

步比较早，2002 年开始在中药材上推广这个理念，2005 年颁发了标准，2006 年就搞了《中国良好农业规范》，英文缩写是 GAP。2009 年中国的 GAP 得到国际上的承认。

认证 GAP 的好处主要有两个：一是只要使用全球 GAP 的标志，产品就可以在全球畅通无阻销售。二是获得这个认可以后，产品信息可以在全球主要零售商网站上发布。现在农产品买在全球、卖在全球，推行一些全球公认的品牌农产品，有利于我国农产品走出国门。

企业开展 GAP 认证，一般要经过受理、注册、审核、批准等几个步骤。我国有超过 1/3 的出口企业，通过了《中国良好农业规范》认证，或者通过了全球 GAP 的认证。通过认证的农产品价格大概提高 20%—30%，目前我国认证机构大概有 66 家，农业农村部农产品质量安全中心也是其中一家认证机构，截至 2019 年认证了 93 家企业，到年底达到 100 多家。

日本的农业跟我国的比较像，它也是小农，规模不大。日本农产品主要是通过推行 GAP 来保证质量。从易到难分成 6 级，最简单的是 1 级，其认证标准就是只要达到食品安全的标准，不认证，就可以标农协 GAP。2 级是县级的 GAP 认证，3 级是省级的 GAP 认证，4级是日本的 GAP 认证，5 级是亚洲的 GAP 认证，最高的 6 级是全球 GAP 认证。日本的产品质量控制主要是用的这个系统。

第二，转基因农产品安全问题。转基因农产品也是农产品，属于农产品安全管理职责范围。前面有的嘉宾也提到了转基因安全问题，这是一个非常重要的问题，也是大家关注的焦点问题之一。

现在我国农业发展进入了高质量发展阶段，特别是要参与全球竞争，那首先要降低成本。我国推广抗虫棉的时候，种转基因抗虫棉和常规的抗虫棉，施药由 20 次减到 7 次，可以减少农药使用 2/3，用工减少 41 天。现在用工一个工都要一两百元，由此可见，降低成本非常明显。从全球来看，目前有 67 个国家在应用转基因作物，24 个国家种植，43 个国家进口。大家觉得 24 个国家不算太多，但是，主要粮食出口国本来就不多，大概就是加拿大、美国、巴西、阿根廷、乌拉圭等国家。按种植面积排名。第一名是美国，中国现在是第八名。全球转基因作物的应用率，按作物来说，80% 的棉花、77% 的大豆、32% 的玉米、30% 的油菜都是转基因的。

我国 2001 年开始立法，对转基因生物进行管理。1982 年诞生了全球第一个转基因生物——转胰岛素大肠杆菌，从此胰岛素基本上就是用转基因微生物的方式生产。由于微生物繁殖力非常强，这样就极大地降低了胰岛素的生产成本。我国现在有这么多的糖尿病人，大家都能用得起买得到胰岛素，这也是转基因技术对人类的贡献。如果胰岛素都从动物胰脏提取，那情况就完全不同，一是买不到，二是价格很昂贵买不起。

农业转基因的产业化从 1996 年开始，研发起步更早，但各国依法监管都是后来的事，以前一直以常规技术的方式在监管，如我国 2001 年立法管理。大家比较关注的，转基因的安全性有没有定论？有定论。世界卫生组织、经合组织、粮农组织对转基因食品都有一个结论，目前上市的所有转基因食品都是安全的。从我国管理的角度来说，凡通过安全评价、获得安全证书的转基因食品都是安全的，可以放心食用。比如说电视机、手机，或者买任何一个产品，就看它是不是在正规的场所销售的、有没有合格证。大家一般认为，凡有合格证的产品，相关部门对它已进行了检测，大家就可以放心地使用了。转基因食品也是一样的，经过了安全评价，也发了安全证书，在正式场所销售，到了我们身边，它是安全的，可以放心食用，大家要用同一标准、同一态度对待转基因食品。

现在转基因安全评价采取的是个案分析原则。研发出一个转基因生物，我们就对它进行安全评价，看这个转基因生物是不是安全的。因此，不能笼统地说转基因食品到底是安全还是不安全。如果说把对人有害的或者过敏的基因转到小麦或者水稻里面，它肯定不安全。因此，我们只能说通过了安全评价、获得了安全证书的转基因食品是安全的。

还有一个事实，从1996年开始到现在大概快20年了，转基因食品还没有发生过一起被证实的食用安全问题。大家在网上炒作的问题，都被澄清是假的。大家应该有这样的基本认识，绝对安全的农产品是不存在的。有些人说，转基因食品要让它绝对安全再推广应用。但是事物都是一分为二的，有优点就有缺点，不可能都是安全的。比如说飞机、火车、手机，用的电、修的水坝、盖的房子，都不是绝对安全的，就连我们的食用盐也不是绝对安全的，吃多了也要中毒。因此，应该遵循风险评估的基本原则，即通过了安全评价、风险很小、风险可控，这样的技术就可以推广应用。

还有一个误区是认为我们吃的农产品都是天然的。我们现在吃的所有农产品都是人工培育的。玉米是现在种植面积最大的作物，也是人工培育的，天然玉米分8个杈，而我们培育的玉米不分杈。野生棉花是多年生乔木，可以长成参天大树，人工培育的棉花是一年生并长得很矮的植株。

我国发了7种农作物安全证书，真正种植的只有转基因棉花和转基因番木瓜。我们进口的转基因农产品有棉花、甜菜（糖）、油菜、大豆、玉米、番木瓜。只要在加工过程中，用到上述转基因农产品作为原料加工的食品就是转基因食品。

有些人担心转基因食品的安全问题。任何一个转基因产品上市的时候都要经过安全评价，包括环境安全评价和食用安全评价，也要采取必需的安全防范措施。如美国转基因蚊子，在实际操作上只向自然环境中释放雄性转基因蚊子，因为只有雌性蚊子叮人，所以不用顾虑对人的安全问题。雄性转基因蚊子跟野生的雌性蚊子交配以后，生的后代还没有达到性成熟就死了，从而减少了蚊子的数量。通过这个技术可以看出来，一是不会灭掉野外的蚊子，二是可以控制蚊子的数量，对其他的生物也没有什么影响。

还有美国转基因三文鱼也上市了，商业化生产的全是无生育能力的雌鱼。采取的是陆地培养方式，不会对海里的三文鱼产生影响。它的鱼卵在加拿大生产，养殖在巴拿马，鱼肉运回美国。这种三文鱼上市，不会对野生的三文鱼造成影响。

还有我国转基因棉花的例子。很多人担心，一旦转基因放开以后，我国的产业就沦陷了。在转基因抗虫棉种植之初，我国国产抗虫棉只占百分之几，美国的品种占 97% 以上，经过 10 年的发展，现在生产上，种的转基因棉花基本都是国产抗虫棉，美国的转基因抗虫棉退出中国市场，棉花放开以后是这样的情况，以后玉米、大豆如果放开，情况也不一定像有人担心的那样。

大家关心转基因舆情问题。转基因这个东西，要加强科普宣传，形成良好的舆论环境，要是科普做得不好，影响很大。转基因的争论是非常错综复杂的。虽然说舆情比较稳定，但是水已经搅浑了，再变清，还是很难的。

我给大家举了一些转基因的争论，分别来自贸易、宗教、伦理、经济、科学、道德、政治等诸多方面。我们科普只能解决科学问题，其他这些问题争论通过科普是解决不了的。比如说宗教问题，宗教界人士认为世界上的万事万物都是上帝创造的，人类改变了它的基因，等于人类创造了生物，所以他们坚决反对。

在伦理上，牛奶和人奶有差异，特别是人血中的血清白蛋白、球蛋白，奶牛都没有。有科学家把人的这两个基因转到奶牛身上，喝了这个更接近于人奶的牛奶应该对孩子成长发育更好。有些伦理专家会说这个做法违反了伦理。

在经济上，抗虫基因、抗除草剂基因，大大降低了成本，减少了农药用量，原来卖农药的那些公司，会出来坚决反对这个事。

还有政治上，特别是西方政治跟选举挂钩，为了选票，支持的人多的东西，他就大力发展，反对的人多就坚决禁止。

我们生活中是不是都有这种感受：主人和他养的宠物越长越像。但是为什么越长越像？因为人和狗之间有75%的基因是一样的。地球上所有生物都是从单细胞原核生物进化而来的，所以我们的基础基因是一样的。人类跟猪的基因的相似度，有专家说达到82%。

所有的生物进化都是从最底层的原核生物开始，太阳系大爆炸以后，形成地球，地球开始产生第一个单细胞生物，所有的现在千姿百态的动植物微生物都是从这个生物来的，基础基因都是一样的。

围绕转基因，因为它是个新事物，大家可以争论，也可以讨论。我们当然担心它的安全性，要不然国家为什么要专门制定农业转基因生物安全管理条例，为什么要立法管理？因为不能说转基因的技术一定是安全的，技术都是中性的、一分为二的。争论是正常的，但是一定要客观理性。上次跟美国管转基因的专家交流，他们说中国这个情况，跟他们国家20世纪70年代遇到的情况一样。包括电的推广也一样，一些反对人士就说电会破坏人的免疫系统，影响生育，电线在墙里面绕来绕去产生电磁场，也会影响生育。我后来在网上看了一下，当年关于电的谣言与现在的转基因差不多。

对一项新技术，担心是正常的。对任何一个新生事物，大家接受都有一个过程。汽车开始出现的时候，也有好多人反对，反对最厉害的是英国人。英国人为此专门出了一个"红旗法"，是说汽车在路上开，前面必须有一个人举着旗子让大家让开，这样汽车的速度永远超不过人走路的速度，后来英国的汽车工业反倒落后了。我最后再强调一下，转基因技术是个前沿技术、是个新生事物，大家认识有个过程，但是一定要科学理性地对待一个新生事物。

——在 2019 健康中国与食品安全高峰论坛上的主旨演讲

推动食品安全　为建设健康中国
贡献一份力量*

非常荣幸能够在 2019 健康中国与食品安全高峰论坛上分享一下个人对食品安全的观点，并简要介绍一下名优特产品推进委员会。

2019 年 7 月，在各位领导和同仁的大力支持下，中国小康建设研究会名优特产品推进委员会正式获批成立。我们的宗旨是为推进我国食品安全、农民增收、农业现代化作出贡献。挖掘和利用各地特色资源优势，推动地方特色品牌升级，促进名优特产品提升品牌影响力和竞争力，推动农业高质量发展，满足消费者对安全、优质、营养、健康的农产品及食品的追求，满足为脱贫攻坚提质提效发挥长效推动作用的迫切需要。

我们将全方位整合政府资源、商业资源、数据资源、商品资源、人力资源以及技术资源，通过开展调研、咨询、培训交流、宣传、渠道拓展等各项工作，为中小食品企业发展中遇到的一系列实际问题提供支持，如商品铺货渠道难、品牌知名度低、产品附加值低、地方产品上行难，利润薄，核心竞争力缺失等，助力其拓展市场、推广品

＊　郑学纯，中国小康建设研究会名优特产品推进委员会副主任兼秘书长。

牌、提升品牌价值，获得更大发展。

在食品安全成为国家战略的背景下，科技的力量将会被更多地聚焦。如何利用大数据、区块链、云计算、智能手段，全方位地把控食品安全，是我们比较关注的问题。北京小康佳选商贸有限公司是一个专门销售健康优质食品的电商平台，他们将作为名优特产品推进委员会重要的合作伙伴，为成员企业直接销售产品，推广成员企业的品牌，为中国名优特产品贡献一份力量。用科技手段确保食品安全是这家公司的一大特色，为了保证产品的安全与健康，小康佳选依托全球领先的追溯体系，采用北斗全球定位系统以及蚂蚁金服区块链认证技术、全程追溯体系，对产地进行追踪溯源，确保产地保真。

当下在健康与安全的目标指引下，以及市场之手的合力推动下，中国食品正在实现结构转型，中国小康建设研究会名优特产品推进委员会将谨记委员会成立宗旨，矢志为推动食品安全、建设健康中国贡献一份力量！

——在 2019 健康中国与食品安全高峰论坛上的主旨演讲（根据录音整理）

第十部分
社会养老的创新发展

用科技创新推进养老保障体系建设 *

自古以来，中国人就提倡孝老爱亲，倡导老吾老以及人之老、幼吾幼以及人之幼。人口老龄化作为世界性问题，对于人口数量庞大的中国来说尤为突出。养老创新是我们面临的亟待解决的问题。今天大家齐聚一堂，共同探讨养老问题具有重要的现实意义。下面我谈几点看法和大家交流。

一、人口老龄化已成为我国的基本国情

国家统计局数据显示，截至 2018 年底，60 岁及以上老年人口达到 2.49 亿人，占总人口的 17.9%，是目前世界上唯一老年人口超过 2 亿人的国家。我国已经进入老龄化社会。

人口老龄化对人类社会产生的影响是深刻持久的。据世界卫生组织预测，到 2050 年，中国将有 35% 的人口超过 60 岁，成为世界上

* 陈宗兴，第十一届全国政协副主席、中国生态文明研究与促进会会长。

老龄化最严重的国家。而根据老年流行病学调查发现，老年人慢性病患病率为76%—89%。患慢性病的老年人中，46%有运动功能障碍，17%生活不能自理，82.9%的老年人每年到各医疗机构看病。有文献报道，65岁以上老年人平均患7种疾病，最多达25种。其中骨质疏松症已经成为老年人中最常见的多发病之一。60岁以上的人群患病率已过半，其中女性发病率最多。在这样的社会背景下，如何优雅地老去？这不再是一个文艺的说辞，而是摆在每个人面前极为现实的问题。

党的十九大报告提出，要构建养老、孝老、敬老政策体系和社会环境，推进医养结合，加快老龄事业和产业发展。为推动老龄事业全面协调可持续发展、健全养老体系，国务院基于"十三五"规划发布的《"十三五"国家老龄事业发展和养老体系建设规划》提出，到2020年实现老龄事业发展整体水平明显提升、养老体系更加健全完善的发展目标。积极应对人口老龄化，加快发展养老服务业，不断满足老年人持续增长的养老服务需求，保障民众老有所养，推动我国老龄事业全面协调可持续发展，是打造健康中国的一项重要内容，也是全面建成小康社会的一项紧迫任务。

二、科技创新为应对人口老龄化提供战略支撑

人口老龄化的不断加剧将对我国经济社会发展和人民生活产生重大的影响。我国也已经进入新一轮科技革命和产业变革时期，科技创新为应对人口老龄化提供了强大的战略支撑。智能养老是现代科技与传统产业的创新融合，具有十分广阔的发展前景，将成为引领经济发展和社会进步的新兴产业。

　　新时代养老服务既要"专"，也要"广"。进一步丰富养老服务的内容和形式，有助于推动养老事业健康发展。深化医养结合是拓宽养老服务技能、推动养老服务改革创新的重要举措。早在 2015 年，国务院办公厅转发了《关于推进医疗卫生与养老服务相结合的指导意见》，指出要加快建立医养结合机制，到 2020 年让每个养老机构都能为老人提供专业医疗卫生服务。积极探索智慧健康养老，提高信息化水平；充分利用物联网、云计算、智能硬件等新一代信息技术，开发适合老年人的便携式健康监测设备、智能养老监护设备等多样化和个性化的健康养老产品；探索大容量、多接口、多交互的健康管理信息平台建设；实现老年人预约挂号、健康跟踪、病情诊断和实时监测等高层次医养结合一体化。

　　随着物质生活水平的提高，大健康产业生态康养业态的发展模式也迎来重大发展机遇，其拥有良好的市场环境，发展空间巨大，是一个值得开拓的方向。

三、加速推进多层次、立体化养老保障体系建设

　　新中国成立 70 年来，我国养老服务事业取得了巨大发展，养老服务体系政策框架初步建立，各地进行了广泛的探索实践。中国养老体系主要有三种基本模式：一种是居家养老，是以家庭成员作为养老支撑主体，与中国传统"养儿防老"思想相契合，广大农村人口以居家养老模式为主，占整体养老比例的 90%；一种是社区养老，依赖政府、家庭成员、社会力量为老年人提供养老服务，占整体养老比例的 7%；一种是机构养老，例如养老院、养老公寓（养老地产）等，

是以社会保障制度为根本，由复合型机构组件来提供养老资源的一种养老模式，占整体养老比例的 3%。从整体来看，在成熟的养老模式中，规范经营与专业化程度都较高，相较之下，我国养老产业的发展还有较大的成长空间。在子女与老人分开居住逐步成为趋势的情况下，养老需求将迎来"井喷"，我国作为家庭观念相对比较重的国家，居家养老仍将是我国养老行业的主流。

社区养老和居家养老的形式应更加多元，使老年人可根据家庭实际情况灵活选择养老方式。相比远离社区的机构养老，更多老年人青睐在地化的养老模式。一些国家开始推行养老机构回归社区的做法，即由老年人自主选择或分阶段挑选包括全托、日托和居家养老在内的任何服务类型。国内有条件的社区应积极鼓励、优先推进这种混合养老模式，实现分类服务、全面覆盖，充分整合社区养老资源，统一运营多种养老方式，提高服务效率与质量。

随着中国特色社会主义建设进入新时代，人民群众对养老服务事业发展提出了更多新要求。不管我们是否愿意面对，我们都终将老去。自 20 世纪 70 年代实施计划生育政策以来，第一代独生子女的父母已逐渐步入老年，过去大家族式的养老模式已不复存在，核心家庭（一对夫妇）照顾 4 位老人的模式逐渐成为主流。积极探索解决养老问题的痛点、难点，推进多层次养老保障体系建设，健全完善居家为基础、医养相结合的养老服务体系是我们亟待解决的根本问题之一。

让老年人老有所养、老有所依、老有所乐、老有所安，关系社会和谐稳定。我们要在全社会大力提倡尊敬老人、关爱老人、赡养老人，大力发展老龄事业，让所有老年人都能有一个幸福美满的晚年。让我们集思广益、共同努力，为社会养老构建美好的明天！

——在第五届社会养老创新发展论坛上的致辞

注重制度建设　积极应对老龄化[*]

如今，我国面临着老龄化程度越来越高的问题。对于老龄化，我们应该有一个正确的认识——它是社会经济发展的必然趋势，也是人类文明进步的一个重要标志。一个国家经济发展得越快，人的寿命越长；越进步，人的健康程度越高，老年人就会越来越多，老年人占国家总人口的比例也会越来越高。这种趋势不可逆转，只能应对，或者说积极地应对。而应对的方法之一，就是要注重制度建设。

党的十九届四中全会明确提出，要加强中国特色社会主义制度建设，推动国家治理体系和治理能力现代化。这也是有效应对老龄化的一个重点课题。我们不仅要研究一些具体的方式方法，更重要的是要研究一些思路、研究一些方向、研究一些制度建设。

目前，我国的老年人数约为 2.5 亿人。数字很大，但是需求千差万别。从年龄上来说，60—100 岁，应该分不同的情况采取不同的方式。比如说 60—75 岁的老年人，绝大部分可以自理，可以以自我保健、自我生活为主。75—85 岁，甚至到 90 岁，这一部分老年人，需要社

＊　高强，原卫生部部长。

会关照，要加强引导，告诉他们如何保健、如何强身、如何幸福生活。90 岁以上的老年人，大部分处于失能、半失能状态，他们应该是被照顾的重点。从经济状况来说，一部分老年人属于高收入人群，社会只要为他们创造一个良好的养老条件即可。中低收入者应是关注的重点。因为完全靠政府，力所不及；完全靠家庭，又没这个条件。所以只能是政府、社会、家庭，还有个人联合起来，共同解决这些老年人的困难和问题。

最近，党中央、国务院发布了《国家积极应对人口老龄化中长期规划》。其中提到的要求，值得我们深思。

首先，如何完善养老保险制度。截至 2018 年，我国的社会养老保险基金结余 5 万亿元，数字很大。但是已经参保的人数超过 3 亿人，平均来算，一个人也就 1 万多元，这作为养老来讲，是远远不够的。我国地区之间经济发展水平差距很大，有的地区是大大的结余，比如深圳，他们的人口都是外来人口，非常年轻，30 岁左右，他们的养老基金大量结余。但是有一些老工业基地就远远不足，要靠政府来扶持。

随着企业困难的增加，政府决定调低企业缴纳社会保险金的数额和比例。同时还要根据物价的上涨，不断地增加养老金发放的数额。财政也面临着减利让税、赤字增加、债务压力加大等困难。所以，养老基金的收缴就面临着一个萎缩的趋势。而完善我们的社会养老保险制度，有效补充养老基金，长期满足退休职工的养老金发放，才是一切养老的基础。只有保证养老金按时足额发放，才有社会养老、健康养老，才有幸福晚年。

其次，要改革退休制度。当前，我国的退休制度非常不规范。不同工种、不同岗位、不同性别，都有不同的退休年龄。甚至还有一些特殊情况，职工没有到老年人的年龄就已经退休了。

近年来，国家正在尝试渐进式的延续退休年龄。这种做法是可行的，但它同时也会带来一个问题：将导致我国长期处于一个养老年龄没有法律依据可循且不稳定的状态。我建议实行弹性退休制度。如果工作者身体好又有知识、有能力，且单位有需要，就可以签订契约，经过劳动部门批准延续退休，但延续退休期间照常缴纳养老金，并推迟养老金发放。这样既可以增加延续退休者工资收入，充盈国家的养老金，同时也不会给养老金发放造成负担，一举三得。

第三，是老年人的基本医疗保障问题。按照相关规划，到2020年，我国要建成基本医疗卫生制度。但到底这个基本医疗是什么定义？服务的范围是什么？服务的标准是什么？缺乏有效的规定。而在这个全民通行的基本医疗卫生制度中，如何体现对老年人的照顾和保障，也是一个大问题。

众所周知，老年人的医疗卫生服务需求不可能和青年人、中年人一样。如何为老年人提供特殊的、优惠的基本医疗卫生服务，是制度中必须要考虑的问题。目前，老年人的报销比例和青年人的报销比例没有区别，但对于老年人，特别是那些失能、半失能的老年人，就应该在报销比例上给予照顾和倾斜。否则，很多老年人可能就享受不到应有的基本医疗保障。比如，有的地方按照规定，会送一些有困难的老年人去社会机构养老。但如果这些老年人是失能、半失能的，往往就会被养老机构拒收。理由是经济负担过重，机构承受不了，而老年人自己又承担不起。作为社会养老机构，拒绝不是没有道理，但是怎么办？留到家里谁去管他、谁去照顾他？政府要如何保障这部分人的基本医疗？长期照护的费用能不能列入基本医疗保险保障的范围？能不能报销？这都是需要考虑的问题。总之，应考虑老年人的权益，各个方面都要照顾到。

第四，国家现在有《老年人权益保障法》，其中提出了一些原则，也提出了一些要求。希望能够根据现在应对老龄化趋势和面临的实际问题，进行调整、补充、修改，使之对老年人的权益保障更加具体、更加明确、更加可行。

什么是制度？制度就是大家必须共同遵守的规则、规范、规定、规矩，甚至有的要上升到法律，这就是制度。制度的制定要有先进的理论做指引，要有丰富的经验做基础，还要有充实的民意体现到制度中，便于落实、便于执行、便于广大的民众能够享受到实际的利益。关系到应对老年人的问题、老龄化的问题，制度的完善必不可少。

党中央、国务院发布的《国家积极应对人口老龄化中长期规划》中，明确提出到 2022 年，要基本建立起积极应对老龄化的制度框架。在未来的 3 年中，希望有关部门以及专家学者加强对制度框架的研究，特别是要对保障老年人权益的制度加强研究，继而提出一个完整的方案，供党中央、国务院参考。

——在第五届社会养老创新发展论坛上的主旨演讲

创新发展老年照护服务 *

2019 年中央经济工作会议指出，应对当前经济下行，要激活蛰伏的潜能，其中强调了要开放巨大的中国市场潜力，要发挥庞大的人力资本和人力资源。特别让人高兴的是，会议提出了要解决"一老一少"的问题，作为 2020 年经济工作的重点。这样的话，就把全面建成小康社会所包含的老有所为、老有所医、老有所乐，朝着精准性、有效性大大推进了一步。我就结合中国劳动学会承接中国科协《关于老年照料人员调查报告》所形成的一些成果和大家交流。

老年照料是目前老年事业、老年产业发展中的一个短板，应该说老年照料是传统产业和现代产业相融合的朝阳产业，每天清晨起来中国就有亿万人开始了照料的服务。但随着全球化、新技术革命，老年事业也出现了新的趋势。经过国际比对，世界上发达国家平均 30%的家庭有家庭服务需求，中国由于妇女的勤俭持家，仅有 15% 的家庭有家庭服务需求。近年来，北上广深和一些省会城市发展较快，已

* 杨志明，人力资源和社会保障部原常务副部长、党组副书记，国务院参事室特约研究员，中国劳动学会会长。

经上升到 20% 以上。

这个家庭服务从中国的实际出发，包括了四个基本业态：1. 家政服务；2. 老年照料服务；3. 医患陪护服务；4. 小区照料服务。在这四种服务中，唯独老年照料服务供给不足，那么是什么原因呢？经过 5 万份的老年抽样调查，发现大概的情况是这样的：60—70 岁年龄段普遍身体很好，一部分人自己还要照料老人，所以这时候老年照料的需求总体上看是不需要，或者说聘用的比较少。70—80 岁这个阶段，主要是三助：第一是助洁，家庭清扫保洁；第二是助餐，需要聘用小时工等做饭；第三是助急，家庭突然发生了一些变化需要雇人。80—90 岁年龄段又发生了新的变化：第一是需要助行，出外行走得有人陪同；第二是助医，看病也需要有人一同前往；第三是身体不太好的需要助浴，也就是帮助洗浴。90 岁以上就进入了全天候需求。大概就是这样的情况。另外还有失独家庭、孤寡老人、病残老人等等，全国有一两千人是刚需。

面对刚需，目前在全国家庭服务市场包括老年服务市场上，出现了"五轴联动"。

第一动是市场拉动。一是中国城镇化的加快，城镇化率每增加 1 个百分点，就增加 280 万个家庭；二是老龄化的加快，全国老年人口有 2.5 亿人；三是家庭服务社会化的加快，在北京，家里生了二胎，不雇个育儿嫂、月嫂，光靠老人来帮助照料显然很困难；四是二胎政策的普及化也使市场出现了缺口。所以，这"四化"造成了在中国今后 20 年内，家庭服务将进入旺季，到达黄金发展期。

第二动是政府推动。2010 年国务院常务会议研究通过《关于发展家庭服务业的指导意见》，到 2019 年 5 月又通过《进一步发展老年事业激活老年产业》，这一系列政策包括老年照料在内，国家降税减费的扶持、从事家庭服务业给予 3 年免征营业税的支持、给予最大限度减少各种新费的支持等，吸引了全社会的关注。

第三动是企业带动。全国出现营业收入 100 万—1000 万元的优秀家政企业 1000 户，1 亿元以上的 100 户，叫"千户百强"引领家庭服务业发展。在老年照料方面，北京发展得比较好的是"爱侬"，可以去朝阳区爱侬家庭服务培训大楼看一下，他们的口号是"您有所需，我有所助"。在全国发展比较好的是杭州的 3T 公司，也是全国最大的家庭服务企业，"替人受苦，替人受累，替人分忧"。家庭服务大企业做大做强，家庭服务中小企业做大做精。

第四动是环境的松动。怎样给老年照料人员更多的支持呢？目前愿意从事这个行业的，国家给予人均 800 元的培训补助。北京率先按照国务院的要求对家庭服务人员给予 30% 的社保补贴，紧接着成都也跟上，全国大城市陆陆续续也都出台类似政策。不给家庭照料人员一些超出一般外出务工人员的优惠，是难以吸引从业人员的。我到石家庄的劳动力市场，看到有人在排队搞家庭服务业培训，大概就是现在所说的"40 后""50 后"农村妇女。

第五动是科技驱动。家庭保健机已经进入了许多家庭，老年助浴机也逐步发展起来。两款德国制造的机器是 1 万元左右，芬兰的是 2 万多元，经过中国的改进提升发展以后，价格大大降低，只相当于进口的 60%—70%，而且还有进一步降低的空间。我曾经应邀到阿里巴巴，看到两件事：一是看一下他的全国电商客服技能大赛，二是体验一下智慧酒店。我进去之后深有感触，一进门把身份证一放，自动办理入住手续，从上电梯，到开楼层门，再到进门以后拉窗帘、开电视、放音乐等，一切都是人脸识别系统指挥下的机器人操作。一个叫"天猫精灵"的机器人会和你对话，你需要什么，比如你说今天晚上需要个荞麦皮枕头，它很快就通过酒店的信息系统发指令给你送来了。我早上去吃早餐的时候就碰见一个机器人和我一起等电梯，因为它要给酒店内客人送餐。无论是床单、枕套还是零食饭餐，只要手机一点，随时都可以快速送到。所以智慧管理可以大大提升老年照料"六助"中的至少"三助"。我又一次对人工智能产生了思考：一是它可以替代危险劳动，包括井下和地面采掘、危害化学品生产等劳动；二是替代苦脏劳动，包括城市保洁、短途物流搬运等等；三是简单枯燥的劳动，像大家都看过的卓别林电影里生产线上的劳动；四是替代一般的生产和服务劳动。那么阿里巴巴开发的这个"天猫精灵"，它超越了德国的机器，可以给人提供互动性强的、非常好的服务。

这"五动"是积极的趋势，那老年照料行业有哪些难题呢？经过调查发现，有"三难"。

第一难是照料老人的意愿低。为什么呢？调查过程中照料人员讲，照料小孩经常有欢乐，看着孩子一天天长大很高兴。但是照顾老人，他最怕老人家唠叨，尤其是七八十岁的人常常拿自己的经验积累套用现在的规矩，比如说在家庭服务培训里，剩饭、剩菜都要倒掉，但老人要放到冰箱还等着吃下顿，所以经常为这些事情发生不愉快。

第二是招工难。家庭服务人员现在的市场需求至少是一两千万人，但是去年市场供给仅仅有 300 万人，这是个庞大的缺口，是一个硬短板。需要源源不断的人员，让他们有体面的劳动、有优厚的报酬，然后进入到家庭服务业。我长期兼任国务院农民工办的主任，也是国务院家庭服务业联席会议办的主任，有的领导就问我：保姆，特别是月嫂在北京挣多少钱？我说一般的 8000 元，好的 1 万元。这不是我们的指导价，也不是谁定的，就是市场供需决定的。现在家庭服务最新引入了一些院校的学生，从事中高端家庭服务，一个月 1 万元到 1.5 万元，在北上广深率先进入市场。

第三难就是家庭老年照料陪护没有一个行业标准。发生一些不愉快的争执难以理断，劳动争议难解决。菲佣为什么会成功呢？首先他们都是中专、大专毕业，受过专业的训练；其次菲佣的行业基本规范就是不与雇主发生争执，即使雇主说的不对，菲佣也说我反思反思，所以菲佣赢得了全世界的认可。当年阿基诺在机场铺上红地毯，像迎接奥运冠军一样迎接菲佣回国，因为他们给国家挣了40%的外汇。

所以我认为破解"三难"需要"六有"。

第一是上岗有培训。目前国家正在实行两大计划。一是农产品技能提升计划，每年培训2000万人，一部分人是新进劳动力市场的，一部分人是提升服务的。像人社部的"春潮行动"、扶贫办的"雨露计划"，加上住建部、教育部共同完成的职业技能终身培训，人均补助800元，扶贫办的比较高，有1300元。二是从2019年开始，国家拿出失业保险金1000亿元，3年培训5000多名技工，包括家庭服务人员。这是新中国成立以来，最大的一次对于职业技能培训的国家投入，北京是几十亿元，广东最多有200亿元。

第二是发展有龙头。扶持一大批优秀的家庭服务企业，逐步扩充员工队伍。为什么呢？目前家政市场企业员工仅仅占到15%，40%是中间机构，另外40%多是朋友介绍，好多都不需要劳动合同。要把口头吸引变成劳务契约，就需要发展上前有标兵、后有追兵，才能解决这个问题。

第三是服务有补贴。要把养老照料人员的养老补贴发放快速推向全国各个大城市。不少人问我，50岁退休交不够养老保险怎么办？国家有规定，不够15年的补交后，就可以享受退休以后的养老保险，所以要推动这个事情尽快落地。

第四是行业有规范。尽管"盗窃保姆""纵火保姆"是个案，但是给社会造成的负面影响很大。所以各级政府12个负责养老产业的部门和行业协会都要加强治理，基本的一条就是要求他们都要有就业服务计划。如果有这一条，那么"杭州纵火保姆"事件就不会发生，因为她已经有前科,不符合家庭服务规范。但是目前没有注重诚信记录,所以就发生了悲剧,因此行业要自律。

第五是环境有宽松。就是说各级政府,包括街道、居委会都要把降税、减费、补贴这些政策落实到位,使人流、物流、资金流、信息流源源不断地涌入家庭服务和养老产业。

第六是小区有驿站。这是老年人普遍反映的问题。老年产业最需要的就是就近服务,包括钟点工服务,住家保姆的服务。所以小区驿站的建立将成为2019年民政部等12个部门,落实国务院指导意见最重要的抓手。

老年产业又叫"银发经济"。开发"银发经济"永无止境,我们希望通过这次论坛吸引社会上越来越多的人投身到老年照料的行业里,让愿意照料的人基本满意,让愿意消费的人基本满意,让愿意投身这个产业的人基本满意,共同创造绿色的、低碳的、环保的、便捷的、源源不断的照料服务,创新管理、创新服务,给老年人带来全面的服务!

——在第五届社会养老创新发展论坛上的主旨演讲
(根据录音整理)

积极适应健康产业发展的新需求 *

　　社会养老问题是当前中国很热的话题。为什么这么说呢？因为我国已进入老龄化的时代，60 岁以上的老人已经超过了 2.5 亿人，占全国总人口的 17.9%。回顾一下 21 世纪初的时候，我国老龄人口是 1.26 亿人，这 19 年来净增长 1.23 亿人，平均每年净增长 683 万人，近几年每年增加超过千万人，增速是世界第一。据预测，到 2050 年，我国老年人口的数量会接近 5 亿人，将占到我国人口总量的 1/3 多一点。这样一个庞大的群体，他们的健康是全民健康进步的一个重要标志，他们需求的满足，也是相关产业发展繁荣的一个重要标志。

　　国家对如何应对老龄化的问题非常重视，2019 年以来中央和有关部门以及地方各级政府都下发了规划、方案、指导意见，提出了不少含金量很高的优惠政策。比如 2019 年 4 月，国务院办公厅下发了《关于推进养老服务发展的意见》，这个意见提出在 2022 年确保老年人人人享有基本养老的服务基础上，有效地满足老年人多样化、多层次的养老服务需求。2019 年 8 月，国务院又建立了应对老龄化的

＊　李春生，第十三届全国人大农业与农村委员会副主任。

养老服务部际联席会议制度。2019 年 11 月，党中央、国务院又下发了《国家积极应对人口老龄化中长期规划》，规定到 2022 年，基本确立起积极应对人口老龄化的制度框架；到 2035 年，积极应对人口老龄化的制度安排更加科学有效；到 21 世纪中叶，就是到 2050 年，与社会主义强国相适应的，应对人口老龄化的制度和安排进一步成熟完备。随后国家发改委、卫计委、民政部、财政部、税务总局密集下发了指导意见、实施方案、规划标准以及相应的政策。中央已经把应对人口老龄化的问题上升为国家战略，目的就是加快建设居家、社区机构相协调，医养、康养相结合的养老服务体系，把老龄人口的问题最大限度地解决好。

应对人口老龄化，做好社会养老，一方面应继续做好政府主导的公共医疗和养老服务事业，另一方面应积极引导社会力量兴办养老、康养产业。二者实现有机结合，互为补充、相互促进，共同推进社会健康养老事业发展。

从老年人的需求来看，相对其他年龄段的群体，健康是他们最大的需求。他们对健康的需求尤为迫切，这也是现阶段医疗健康养老公共服务事业加快发展，特别是健康或者康养产业迅速发展的一个重要原因。谈到保障老年人的健康，这次论坛的主题提到创新，当然，医疗健康公共服务事业的发展需要创新，很重要的是健康和康养产业发展需要很好的探索创新。目前，健康和康养产业发展很快，但从社会的需求来讲，这些产业发展也仅仅处在初步阶段，发展的潜力空间还很大。对健康和康养产业发展理念、业态、模式都应该进行深入探讨，积极探索实践和创新，真正使产业发展适应市场需求，适应老年人的需求，与国家医疗健康的公共服务事业发展相适应，与国家相关方案的规划相匹配。

从农业产业的发展来看，以康养为目的的农业产业方兴未艾，产业的业态模式可以是丰富多样的，发展种类很多。

第一，田园的生态养生。就是依托当地独特的自然资源、生态环境和优良的气候条件打造的生态体验，如田园养生、休闲农庄、度假养生等。2019 年 6 月，我到广东的大埔，那里素有"常来大埔，健康长寿"之说，山清水秀，风景秀美，被誉为"中国长寿之乡"，荣获"全国深呼吸 100 佳城市"。这个县把绿色生态作为发展的最大资源、最好条件、最佳机遇，几年来积极开拓生态宜居康养产业。生态宜居康养产业已成为当地富民强县的重要产业之一。

第二，田园健康养生。将医疗、康养、休闲、度假等多种元素融合，结合当地独特的温泉疗养、矿物质疗法等特殊的资源条件，发展康复疗养、田园休闲养生。

第三，田园文化养生。通过挖掘当地独特的宗教、民俗、历史文化等资源，利用先进的科技手段打造具有文化特色的休闲养生区，回归本心，修身养生。前不久我到浙江的永嘉县，它位于浙江的东南部，是千年古县。当地充分利用特有的自然风光、历史文化和深厚的人文积淀等条件，引进有文化专长的乡贤回乡创业，建立了多个文化艺术书院。我参观的南溪书院很现代，坐落在环境非常优美的地方，它吸引了大量的海内外艺术家到当地写生，艺术院校的学生到当地实习，带动当地发展民宿、休闲、养生、度假产业，是典型的以文化为依托把产业做得很好的案例。

第四，田园饮食养生。我们国家食品种类非常丰富，相当一部分食品是药食同源。一些地方发展绿色种植业、生态养殖业，进行健康、绿色食品研发，生产适应特殊群体特别是老年人需求的具有保健功能的生态健康食品，与休闲农业相结合，这样的产业在农村产业发展中还是很多的。

随着农村健康产业的发展，康养小镇、生态小镇、文旅小镇等特色小镇不断涌现，催生了农村健康产业的新模式、新动态，助推形成健康产业发展的新动能、新趋势。至于如何把这些产业进一步发展好，适应社会养老的需求，我想从宏观的层面谈三点建议。

第一点，应按照《国家积极应对人口老龄化中长期规划》以及相关方案，结合区域资源的条件，制定具体的指导意见，积极引导社会经营主体参与社会健康产业的发展。

第二点，应结合养老健康产业发展中的实际。针对当前社会经营的养老机构普遍存在融资难、运营难、用工难等问题，政府应该认真提出应对举措，给予必要的支持，如土地的供给、资金的补贴、税费的优惠、共同项目的委托、相关技术的支持等，为社会养老、康养产业的发展创造有利条件。

第三点，应制定和提出管用、有效的举措来推进工作。比如结合老年人群体的需求分类施策，针对不同的年龄段有不同的政策，根据国家相关的规划方案制定相关的制度规范和标准，同时要形成工作运行的机制，形成正向的激励和导向，促进社会健康、养老事业和健康产业的快速有序发展。

应注重统筹各方资源，形成工作合力，为农村养老健康产业提供可靠的保证。因为健康养老事业绝不是一个部门的事情，而是牵扯到多个部门、社会的方方面面，所以要把各方面的资源有效地衔接统筹起来，发挥合力，来解决我们社会的养老问题，来促进我们社会健康产业的发展。

——在第五届社会养老创新发展论坛上的主旨演讲

社会养老事业的机遇和挑战 *

我非常关注社会养老事业的发展。讲三个观点，第一是机遇，第二是挑战，第三是发展。

第一，机遇。

我觉得社会养老事业不仅仅是现在的机遇，而且是一个永远的朝阳产业。因为每个人都有生老病死，中国有这么多人口，过去又是比较落后的国家，现在可以说提前进入了老龄社会。有 2.3 亿以上 60 岁的老年人，这还是 2018 年上半年的数字。这么多的老年人，怎样度过晚年生活？这是一个全方位、全过程的需求。所谓"全方位"，即老年人的衣食住行，都离不开社会养老事业。"全过程"就是从生到死整个过程都有需求。人进入老年以后，医疗、服务、生活料理等都需要社会养老事业来保障。所以说，社会养老事业不仅仅是机遇的问题，而且是一个永远需要发展的问题。之所以说现在是机遇，是因为党的十九大明确提出"健康中国战略"，战略就是大事，不是小事。

---

* 贺铿，第十一届全国人大财经委员会副主任委员。

是长时期的问题，不是短时期的问题。2019 年的经济工作会议，在民生这个条目下着重提到了"一老一小"问题，这就是说，从今年开始，是做好社会养老非常好的时机。

第二，挑战。

当前发展社会养老事业确实面临着许多挑战。凡是从事这个行业的企业家、社会组织等，都知道现在竞争非常激烈，许多人都在做这个工作。如何让自己所从事的社会养老事业在行业竞争中站住脚跟，顺利地做下去，这就是一个挑战，需要拼质量。一部分同志把社会养老的目的还没有弄得太清楚，只作为一般产业来考虑，甚至把它当房地产事业来考虑。这样就把社会养老问题搞偏了。所以，把社会养老概念搞准确非常重要，明确社会养老事业的重点也非常重要。因为竞争很激烈，如果不把这些问题搞清楚，在这样激烈的竞争中就可能搞不长，就办不下去。中国的许多产业寿命很短，改革开放 40 多年来民营企业的平均寿命有人说是 2 岁，有人说是 4 岁。就算是 4 岁，那也是寿命不长。其中一个很重要的原因就是没有真正把自己的事业理解深透，只把赚钱放在中心位置上，致使产品质量不高、产业发展的水平不高、科技进步不快。社会养老事业涉及许多许多的问题，医疗、康养、老年人的生活需求等等。百姓的实际情况是什么样的，收入水平是什么样的，要针对这些实际情况确定方向、定好位，才能把事业做好。国外的养老事业有很多经验值得我们学习，但是他们的经验也应该与中国的实践相结合。我们的收入水平、生活习惯跟西方是有差异的，所以需要研究，明确了方向，才能保证将自己的事业做好，使自己的事业有竞争能力。

第三，发展。

要结合中国的实际情况，把养老的标准定好。不能一味地搞高端。大多数中国人月收入不超过 1 万元，他们需要什么样的养老，心中要有数，所以要定好位。健康中国不是健康一部分人，而是整个中国，所以我们的养老事业应该是高、中、低各类养老事业都要发展。

我觉得要重点把社区养老工作做好，广大农村的养老更是需要研究。我有许多农村亲戚，他们现在都面临养老问题。对农民的收费标准肯定不能太高，这一部分养老事业要怎么发展，也需要认真研究。还有一些康养工程，比如说建立一个健康小镇，在山清水秀、住着很舒服的地方办养老事业，还需要考虑产业布局问题。老年人有三个方面的需求要考虑：一是老年人要与社会接触，不能把他孤单地放在一个所谓气候好的地方。二是不能远离医疗资源。一个康养机构不可能把医疗设施办好，也不太必要。三是中国人家庭观念与西方人不一样，中国人老了希望跟自己的亲人、子女经常接触。所以康养机构不能一味放在偏远的气候好、风景好的地方，而是要考虑到方方面面的需求，把位置选择好。选址当然不仅仅是企业家的事，政府也要做规划。

最后，要讲一讲康养点建设问题。我曾经向贵州铜仁的同志提过建议，我说你这个地方适合发展康养事业，在发展中，第一，是要注重文化元素，例如书画。老年人中可能有许多人都喜欢诗词歌赋、书画。你要考虑让他在康养点可以做这样的事情。第二，可以发展一些休闲农业。他们希望种一点什么，就帮助他们种些什么。这样既有益于他们的身心健康，还能发挥余热创造财富。因为有活动能力的老年人在家里一个人生活比较难，如果有这么一个能满足自己需求的地方，他是很乐意出一点钱去养老的。所以说，养老这个主题要不断创新、不断丰富内涵。不能简单地把西方的一些经验搬到中国来，一定要根据中国的实际情况创新发展，把质量提高。这样我们的社会养老事业就会越做越大、越做越好，就会真正实现党的十九大提出的健康中国战略。

　　我衷心希望中国小康建设研究会把这个事情抓深、抓全面，引导各方面的人士在一个明确的体系下共同把社会养老事业做好。

　　　　　　　　　　——在第五届社会养老创新发展论坛上的主旨演讲

社会养老创新要关注农村老龄化问题 *

目前农村康养产业主要解决的是城市人的养老问题，而不是农村人。所以我借此机会就农村的老龄化问题谈一点观察和思考。主要谈三点。

第一，农村老龄化形成的原因及其特点。农村的老龄化有三个特点：一是一部分人由于人口的自然生长，达到了老龄化的边界或者范围，所以成了老龄人口。二是外出就业到了年龄之后返乡的人口，从"50后"到"60前"都是60岁的人，这些人口到了一个比较集中的返乡时间段，这样给农村的养老带来了一些新的压力和挑战。三是农村人口居住比较分散，不像城市人口都在一个社区，有一个活动中心，能经常到一起聚聚。特别是那些边远的地方，户与户都不挨着，这个其实对老龄人口的身心健康带来了很大的影响。基于这些特点，我们在研究如何应对农村老龄化问题、怎么样落实规划的时候，要有特殊的考虑。要根据农村老龄化问题形成的原因和特点来施策，否则

---

* 宋洪远，农业农村部乡村振兴专家咨询委员会副秘书长，农业农村部农村经济研究中心主任。

不可能真正地解决问题。

第二，农村老龄化问题对经济社会发展的影响。首先就是对农村的劳动力有效供给带来的影响。当前农村劳动力整体上年龄偏大，而且最近几年又出现了一个新情况，就是农村出现了大量的适婚男女，这就给农村劳动力的供给带来了不利影响，既影响了人力资源的素质，又出现了开发利用难的问题。所以老龄化带来的影响不仅是经济的问题，还有社会的问题。其次就是农村劳动人口的年龄越来越大，他们不接触新事物，不知道新产业、新业态，所以发展难，产业竞争力受影响。最后就是在养老、孝老、敬老的理念和意识上，农村代际之间差异很大。年轻人都到城市打工，受到城市的影响，与老人的观念不同，出现了很多不敬老、不孝老、不爱老的问题，这给农村的养老问题带来了一些挑战。

第三，不能老用城市的思维去说农村的事、解决农村的问题。健全、构建城乡统一的应对老龄化的体制机制和政策体系，要关注以下四个问题：一是经济基础和保障标准的问题。经济基础决定保障标准的高低，城乡要一体化对接，但这个钱到底是城市出还是农村出？所以要构建城乡统一的应对老龄化的体制机制和政策体系，首先就要考虑经济基础和养老标准的衔接问题和适应问题。保障高了当然对老人好，但是农村的基础能力不够；低了就跟城市差距很大，又会有新的洼地，导致不公平。二是居家养老和社会养老这两个方式的选择。农村的养老主要是居家养老，其实农村人也希望社会养老、公共机构养老，问题是农村的社会机构覆盖不足，提供的服务不够。我觉得农村居家养老以后面临的挑战和压力会越来越大，因为农村好多贫困人口，还有老弱残的人口，所以也要考虑社会养老的方式，不能只依赖居家养老。要考虑到居家养老和社会养老之间的配合。三是养老和医疗的结合。在城市人看来医养结合非常容易，养老的地方都有医务室，附近就有医院。农村的医院是县、乡、村三级医疗机构，很多村没有医疗机构。老人住在村里，看病还要出去，这个是有困难的。所以农村养老的医养结合还是有一些工作需要衔接的，有很多制度上的问题、体制上的问题都需要考虑。四是要考虑发展养老事业和发展康养产业的区别。有的事情可以市场化，有的事情不能市场化，是需要政府做的。就是说，在养老事业的发展上，政府做哪些事、市场做哪些事，这些都需要研究。所以农村的养老问题，在构建养老体制和政策体系的时候、在进行社会养老创新的时候有很多需要研究，这是和城市不一样的，有其特殊性。

我的建议是这样的，第一，还是要做试点，让基层去做。在调研中发现基层有很多好的养老模式、理论方式，这是很好的试点。要鼓励基层自己去干，自己去试。第二，要选择一些有特点、有代表性的地方去试，试完以后再全局推广。这样通过试点找到一些路径和办法，然后再进一步促进城乡养老体制机制和政策体系的衔接与融合。

——在第五届社会养老创新发展论坛上的主旨演讲

（根据录音整理）

创新社会养老制度体系
提升老龄社会治理能力 *

推进社会养老，根本上要靠制度。党的十九届四中全会提出，要健全老有所养的国家基本公共服务制度体系。要从国家治理体系和治理能力现代化上应对我国的老龄化问题，构建适应老龄社会要求的制度体系，推进社会养老健康有序地发展。

我认为，推进社会养老制度体系，应该着重从以下三个方面进行制度创新。

第一，创新医养结合的制度体系。推进全民健康的最大问题是老年健康，发展社会养老事业最核心的是提高老年人的健康水平。党的十九届四中全会明确提出，要强化提高人民健康水平的制度保障，特别强调要积极应对人口老龄化，加快建设居家、社区、机构相协调，医养、康养相结合的养老服务体系。目前，在我国 2.49 亿 65 岁以上的老年人中，患慢性病的有 1.2 亿人，失能、半失能的有 4000 多万人。我国的卫生与养老服务衔接还不够到位，医养结合的服务质量还不高，相关的支持政策还不够完善。因此，要创新促进

---

* 凌先有，水利部离退休干部局党委书记、局长。

医疗卫生和养老服务融合发展制度，深化医养签约合作，促进医养结合。要创新预防保健疾病增值制度，促进优质的医疗资源和优质的药品向社区和家庭延伸。要创新康复护理保障制度和市场化资源配置制度，促进医生和护理人员为老年人开展上门医疗服务和精神慰藉服务，引导商业保险公司开展长期护理保险业务。我们要促进各种医养结合政策制度的衔接，增强制度政策的合力，为提高老年人健康水平提供制度的支撑和保证。

第二，创新养教结合的制度体系。文化教育养老是体现当代人人文关怀、促进老年人身心健康的一种新型养老方式。习近平总书记指出，"老年是人的生命的重要阶段，是仍然可以有作为、有进步、有快乐的重要人生阶段"，并且强调要适应时代的要求，创新思路，推动老年工作向注重老年人的物质文化需求、全面提升老年人生活质量转变。我们要认真落实习近平总书记的要求，创新老年教育管理制度，实施发展老年大学行动计划，并使之纳入国家的终身教育体系。在老年教育的体制机制、队伍建设、经费投入等方面加强保障，促进老年教育与经济社会的协调发展。要创新老年大学资源共享制度，促进各个行业与城乡社区融合的，各具特色、互为补充的老年教育网络建设，扩大老年教育资源的有效供给，切实解决当前老年大学"一票难求"的问题。要创新养老机构开展老年教育的制度，在社区老年人日间照料中心、托老所等各类社区养老场所设立固定的学习场所，配备教学设施设备，开展形式多样的老年教育，推进养教一体化，推动老年教育融入养老服务体系，丰富老年人的精神文化生活。

第三，创新养为结合的制度体系。老有所为，奉献社会，是一种积极进取的养老方式。老年是仍然可以有所作为的重要人生阶段。老年人的需求不仅局限在物质和医疗方面，更有实现自我价值的愿望和需求。习近平总书记强调，要为老年人发挥作用创造条件，引导老年人保持健康心态和进取精神，发挥正能量，作出新贡献。要按照习近平总书记的要求，把老有所养与老有所为结合起来，使老年人不仅是经济社会的共享者，更是改革发展的奉献者。目前，我国在发挥老年人积极作用方面还存在着思想观念和政策制度等制约因素，老年人参与社会活动的渠道、机会和平台比较有限。我们要创新老年人人力资源开发利用的制度，充分发挥老年人的智慧优势、经验优势、技能优势，为其参与经济社会活动搭建平台、提供政策支持，激励老年人在科学普及、环境保护、社区服务、治安维稳等方面积极服务社会、奉献社会。要创新老年人就业政策，使相对贫困、低收入的老年人在社区服务、养老服务等活动中获得更多的兼职机会，提高生活水平和质量。

总之，要通过社会养老制度的创新，推动老龄社会治理体制的创新，激发老龄社会发展的活力，为推进国家治理体系和治理能力现代化作出贡献。

——在第五届社会养老创新发展论坛上的主旨演讲

社会养老的趋势和模式 *

中国小康建设研究会以养老创新为主题举办的论坛，主题抓得准、切入比较实，体现了小康建设研究会的社会责任和担当。

我认为，讨论养老，必须从老龄社会长寿时代的大背景去研究，才有针对性。相比于年轻社会，老龄社会是一个全新的社会形态，对一国乃至全球的经济、政治、文化、社会、生态建设都具有全面、持久、深刻的影响。从现在到21世纪中叶，我国人口老龄化将经历三个阶段：第一阶段（2020年前）老年人口增至2.55亿人，老龄化水平提升至17.8%。其中，受人口惯性规律的作用影响，随着1949—1958年第一次出生高峰人口进入老年，到2020年，少儿人口数量略高于老年人口数量，达到2.66亿人；劳动年龄人口数量达到9.13亿人，占届时总人口的63.7%。之后，老年人口数量开始逐渐超过少儿人口数量，我国从此进入以抚养老年人为主的时代。第二阶段（2020—2035年）是急速人口老龄化阶段。老年人口数量从2.55亿人增至4.18亿人，人口老龄化水平从17.8%升至28.7%。在此期间，随着1960—1975年第二次出生高峰人口进入老年，老年

＊　王深远，中国老龄科学研究中心主任。

人口迎来第二个增长高峰，年均净增加 1087 万人，老年人口年均增长率为 3.35%，是同期总人口年均增长率（0.1%）的 33.5 倍。在此期间，少儿人口净减少 5500 万人，劳动年龄人口净减少 8600 万人，社会总抚养比由 57.1% 快速提升到 76.1%。随着人口老龄化持续加重，到 2035 年，老年人口数量超过少儿人口数量将近 1 倍，老年抚养比将达到 50.5%，比少儿抚养比高 1 倍。这个时期是 21 世纪人口年龄结构变化最剧烈的时期，老年人口增长速度最快，老少比翻一番，达到 198∶100，这种人口老龄化速度在人类发展史上绝无仅有。第三阶段（2035—2050 年）是深度人口老龄化阶段。老年人口数量增至 4.83 亿人，人口老龄化水平从 28.7% 升至 34.1%。其中，2046—2050 年，随着第三次出生高峰人口进入老年，老年人口迎来第三个增长高峰。在此期间，总人口数量从 14.56 亿人持续减少到 14.17 亿人，少儿人口规模基本稳定在 2.1 亿人左右，劳动年龄人口数量从 8.27 亿人持续缩减到 7.13 亿人，而老年人口以年均净增 433 万人的速度继续稳步增加，2053 年达到峰值 4.87 亿人，相当于新中国成立时总人口的九成，比届时发达国家老年人口总和多约 6700 万人，约占届时亚洲老年人口的 1/2、世界老年人口的 1/4。这一时期的典型特点是：高龄人口加速增加，80 岁以上高龄人口从 0.6 亿人增加到 1.08 亿人，年均净增 320 万人，年均增速为 4%，比同期老年人口年均增速快 3.85 倍；2050 年老年抚养比将达到 67.7%，少儿抚养比为 31%，社会总抚养比达到 98.7%，社会抚养负担持续加重。

从以上三个阶段的人口比例变化和发展趋势不难看出，在我国实现新时代两步走战略的征程中，人口快速老龄化将始终伴随我们。老年人总数的压力、起伏波动的压力、高龄老人基数迅速增长的压力、年轻劳动力减少的压力以及社会总扶养比近百的压力，给我们的个人、家庭、社会和国家都带来极大考验和挑战，是任何国家不曾经历的。

因此，解决好养老问题，必须放眼我国人口老龄化的长轴线考虑，必须从老龄社会的大局和战略视野研判，树立与老龄社会相适应的理论、观念和思维方式，回答和解决影响养老发展的深层次根本原因。

面对我国艰巨复杂的人口老龄化形势，做好养老服务保障，就必须以积极备老和战略应对为出发点。我们常说在继承的基础上创新，那么围绕养老创新这一主题，我们不妨先从近几年我国养老发展的总体情况和客观评价说起。

"十三五"以来，我国养老服务体系建设取得了长足发展，呈现出四个转变的良好势头：由民政单部门主导向政府多部门综合发力的转变，由重养老机构建设向社区居家养老支撑能力提升的转变，由重养老设施硬件建设向养老服务软件建设的转变，由重养老服务供给向老龄产业甚至老龄经济发展的转变。这反映了政府和社会在我们迎来老龄社会和长寿时代的形势下，对全面、科学、综合应对老龄问题有了新认识、新觉醒和新定位，是把养老问题放在我国经济社会发展的新常态、放在亿万老年人品质生活的新需求、放在推动经济发展新动能背景下思考谋划的显著标志。也可以说，正因为有了 2013 年以来我们对养老思路、发展机制、保障重点的不断探索，才有了目前较好的发展态势。

面对我国养老发展的新形势，特别是在深入推进健康养老和医养结合的当下，我想和大家交流的就是三句话：把握一个趋势，抓住三个融合，关注一个现实。

把握一个趋势

居家和机构养老是基本发展趋势。

未来老年人服务面临的突出特点是，以独生子女父母为主体，家庭进一步小型化核心化、少子化和长寿时代同时到来，既想清静又怕孤独同时伴随，狭义养老置于广义享老之中。因此，单纯从养老居住地来说，未来养老方式无非就两种：第一种，是生活能够自理，又珍视所谓的"天伦之乐"的老人就选择居家养老；第二种，"父母的家永远是儿女的家，儿女的家却不是父母的家"，对于高龄、失能、怕孤独和身边无子女，需要多方援助的老人，只有机构养老是根本选择。

少子化（2016年，法国1.92，是欧洲生育率最高的国家；德国1.59，是1973年来的最低。欧洲平均1.6，南欧1.34。全球224个国家和地区，日本1.41、韩国1.26、中国台湾1.13、中国香港1.19、新加坡0.83，东亚文明圈全球生育率垫底）和长寿时代同时到来，倒金字塔型人口结构家庭增多，养老社会化是必然选择。

这里我们必须明确三个不确定：攻克肿瘤的时间不确定，攻克细胞衰竭的时间不确定，控制慢性病根本转变的时间不确定。但两个是确定的：长寿和老年人越来越多是确定的；年轻人不结婚、不想生，少子化是确定的。这就带来了我们老年人数量巨大和养老人才短缺的矛盾，这将是未来养老服务的巨大挑战。

抓住三个融合

第一个融合——"医"和"养"深度融合。医养结合要落地，其公共政策讨论的语境必然要具体化、清晰化，不能过于宽泛，即医是医、养是养，"医"和"养"作为两套服务保障体系，首先要有结构分化和功能分化，在解决各自问题并获得充分发展的基础上，通过不同结构之间的功能耦合，实现"优势互补""整体大于部分之和"的有机整合。在医养结合的语境下，要缩小"养"的边界，将"养"限定为社会服务性质的"照护"，即老年人的生活照料，以及社会服务性质的康复与护理；而医学性质的康复和护理，应将其纳入"医"的范畴。在此基础上才是以健康管理为前提的深度融合，才是在身体功能不同状况下医和养的转换、转化和转变。

第二个融合——服务元素的深度融合。无论居家养老还是机构养老，起决定作用的是各自链条上的服务元素整合、融合。社区居家养老层面，需要空巢独立养老和居家养老服务丝丝入扣、深度融合，不断完善社区在医疗、监控、上门服务、无障碍和精神文化上对居家养老的硬支撑。例如，如北京丰台区福海棠华苑社区驿站的功能复合化：熟食、超市、老年餐桌、康复理疗、听力测试、咖啡饮品、体育健身、自助餐，老少一体（老残一体）。通过解决好刚需，增强90%以上老人的安全感、归属感和幸福感。

机构集中养老层面，则应该是更多服务元素的集成。通过多级、多个性化、多品类的机构养老建设，为失能、高龄、独居和无子女老人（高度脆弱老人）开展专业化、个性化、家居式、亲情式的医养结合、养老照料，降低机构养老的心理成本。

第三个融合——牵头部门的深度融合。2018年国务院机构改革后，"九龙治水"养老的现象得到改善。但在当前过渡时期，部门真正跳出"自我领地"，一切从服务老年人出发，搞好所制定规章的衔接、融合、拾遗补阙，尤为重要。2019年2月，国务院下发《关于在市场监管领域全面推行部门联合"双随机、一公开"监管的意见》，要求建立部级联席会议制度，就是思路、制度、路径、方法统合的具体措施。

关注一个现实

真正失能了去哪养老？先从人口结构，即家庭供养能力分析，我认为未来失能老人 60% 得去养老机构养老。下面分析一下当前我们的老年人中到底哪部分人需要养。在一次研讨会上我提出过只有6000 万老人需要养的数据，很多企业家反映这么点老年人需求，我们还做什么养老呀。2019 年我国老年人大体数是 2.5 亿人，基数总量是很大，但实际上真正需要养的不多。也就 5000 多万的失能老年人加上 2000 多万的高龄老年人，除去这其中的重复统计老年人，真正需要生活照料养老的老年人也就 6000 多万人。这对于我们 14 亿人口的大国来说，抚养压力应该不大。到了 2035 年左右的时候，我们的老年人口数量为 4.18 亿人，人口老龄化水平为 28.7%。而少儿人口净减少 5500 万人，劳动年龄人口净减少 8600 万人，社会总抚养比由57.1% 快速提升到 76.1%，老少比达到 198∶100。这也是进入了我们国家独有的、典型的、计划生育家庭为主体的养老时代，就是我们常说的"421"家庭。这样的家庭结构，失能老人居家养老可能吗？我认为，去养老机构，既解脱了孩子，又解放了自己。

再从养老意愿分析。老人入住机构养老意愿的比例，国际上平均为 5%，中国为 10%，欧美国家为 35%。北京、上海也提出了"9073""9064"的概念，即只有 3% 或 4% 的老年人入住机构养老。这两个数据都是从老年人总数的全口径占比分析的。具体到失能老人，随着我们国家养老观念的改变、家庭支持功能的弱化、老年人观念的转变和养老机构个性化的多元发展，我给出的判断还是 60%的失能老年人会入住机构养老。我在前不久发表的文章中对此也进行了详细阐述。

因此说，真到老了不能动的那一天，对大多数人来说，未来（10年后）养老的最好方式就是养老机构，也就是我们常说的养老院。

——在第五届社会养老创新发展论坛上的主旨演讲

社会养老创新要关注老年人的特性需求 *

    人离不开生死，这就是生活。生也容易，活也容易，生活真不容易。每一个人的生活都要经历四个阶段：成长期、谋生期、休养期、依赖期。从1岁到25岁左右是成长期，身体和学习都需要成长，为将来美好的生活奠定基础。25岁到55岁是谋生期，不管自由不自由，不管有没有尊严，不管想不想，为了生活和工资都必须要工作。但是55岁到75岁，就进入了休养期。什么叫休养期？就是根据自己的特点和爱好，想干什么就干什么，进入了所谓的自由阶段，活出了自我，是一生中最快乐的时候，也是最能总结自己的经验出成果的时候。其实这个阶段应该更好地发挥出来。因此，说中国进入老龄社会还为时尚早，中国应该实行积极的养老政策，根据老年人的特性需要设计社会习惯和政策制度。休养期其实是人的第二成长期，只要发挥每个人的特性就能活出精彩。75岁以后在生活上就要有点依赖别人了，到了依赖期，才进入真正的老龄社会。20岁我们只学不干，打

---

* 张利庠，中国人民大学教授、博士生导师，教育部重大课题乡村振兴课题组组长。

基础；30 岁边学边干，搞一技之长；40 岁边干边学，养成习惯；50 岁总结经验；60 岁自由掌握；70 岁换个玩法；80 岁边玩边养，适可而止；90 岁自主坐卧就很优秀。老话说，十七十八披头散发，二十七八抱养娃娃，三十七八等待提拔，四十七八疲疲沓沓，五十七八退休回家，六十七八养鱼种花，七十七八振兴中华！人就这么简单。

积极的养老政策就是适应老年人的特点和需求建设社会习惯、形成社会风气。老年人的性格很怪，比如颓废型、愤怒型、自卫型、安乐型，最理想的是成熟型。中国的养老产业虽然缺资金、缺设备、缺队伍、缺人才，但最缺的是对老年人的尊重和对老年人性格的研究实施精准政策。我身边好多老年人没人管没人问就送医院了，他对死亡非常恐惧，但是又没有人给他开导。我们要尊重老人，就要落实在行动上，不能落实在嘴上。比如老年人进入卧床不起的阶段，就要给他光明的希望。

积极的养老政策，要提前培训老人。因为人一辈子就老一次，谁也没有老的经验。所以老年人是对老年一无所知的"孩子"。老年人的生活特性第一是身体功能发生了变化，比如说弯腰、弓背难，运动能力下降，骨骼脆弱。这是老年人的特征，而不是病，是正常的状态。第二是老年人过去感知功能也发生了变化，比如听觉、味觉、视力、平衡感都下降。心理上变化更大了，过去的东西忘不掉，当前的事想不起来，更加脆弱。老年人的生活也发生了变化，休闲的时间比较多，睡眠时间不规律。

现在我国养老的硬件都满足了，但是软件比较差。我们怎么样才能增强软件呢？养老是一个朝阳产业，它分为一产、二产、三产、四产、五产、六产，老有所养、老有所医、老有所学、老有所为，都是养老产业要解决的。一产就是老年的休闲农业、农产品；二产就是老年的生活用品、保健品；三产就是老年的家政、医疗、保健、房地产、文化、旅游、教育、商贸；四产就是老年的服务；五产、六产是快乐宗教产业。任何一个产业单做都会亏本，比如说养老房地产业，养老的糕点、保健品，因为六个产业你只赚了一个产业的钱，六个产业的成本你都支付了，因此你肯定是亏的。所以我们国家养老，第一要立法，第二要有资金，第三要有理念，第四要有产业生态，做大养老产业链和价值链。

微观养老要主动参与，中国的老年问题产生的最大原因就是缺活力。要积极养老，如果老年人没有目标，那就只能看到死亡。既然每一个人最后都要死亡，我们就慢下来，优雅从容地享受老年生活。科学的养生是每个人的健康医疗占 10%、遗传占 15%、环境占 20%、生活方式占 55%。均衡的饮食、适量的运动、充足的睡眠、良好的心态、生态的环境，这就是庠式养老生活方式五大要素。我们在北京成立了康之道养老俱乐部，康之道的歌曲是：细嚼慢咽七分饱，五谷杂粮不可少，瓜果蔬菜补维 C，蛋白纤维矿物水，营养均衡体质好！生态环境是个宝，心态良好笑一笑，适量运动睡好觉，健康三宝要记牢，提升免疫康之道！老年人要适度运动，运动是多样的，血管、筋骨、肌肉、思想要全面运动。

老年最脆弱的就是对死亡的恐惧。不但要优生，还要"优死"。要临终关怀、沟通和安慰，带着走向光明的希望安静舒适有尊严地离开。

——在第五届社会养老创新发展论坛上的主旨演讲

第十一部分

乡村全域治理体系建设试点（鄞州）经验案例

宁波市鄞州区社会治理工作情况 *

　　一直以来，我们认真贯彻落实习近平新时代中国特色社会主义思想，特别是习近平总书记关于乡村振兴的一系列重要讲话精神，按照中共中央、国务院《关于加强和改进乡村治理的指导意见》要求，围绕乡村全域治理，举办了三场重要研讨会，分别是全国乡村振兴与扶贫协作（宁波）论坛、全域治理研讨会，以及今天的乡村全域治理体系研讨会，每一次都是群贤毕至、集思广益，可谓好戏连台、成果丰硕，所以很感动也很感谢各位领导对我们长期以来的关注、支持和帮助。

　　2015 年 1 月，在中共中央党校第一期县委书记研修班上，习近平总书记专门论及王安石任鄞县知县时的治理业绩，我们深受启迪。这传递出两个信息：一是鄞州区地域独特，二是鄞州区治理独到。下面，我围绕这"两个独"，向各位领导作一汇报。

---

　　* 褚银良，宁波市委常委、鄞州区委书记。

鄞州区地域独特

一是地名独特。鄞州的"鄞"字，至今已有2200多年历史，秦朝时置鄞县，历史上先有鄞县后有宁波，明朝时改明州为宁波，这里文化底蕴深厚，拥有天童寺、阿育王寺、七塔寺三座千年古刹，以及宁波首个世界文化遗产——庆安会馆。习近平总书记讲道，宁波、泉州等古港口是记载海上丝绸之路的活化石，海上丝绸之路就是指从宁波的鄞州这个区域出发的。这里名人名贤辈出，王安石、梁山伯治理过鄞县，《三字经》的作者王应麟、书法泰斗沙孟海、生物学家童第周、大提琴演奏家马友友等都是鄞州人，目前就有鄞州籍院士30余位。

二是禀赋独特。鄞州"拥江揽湖滨海"。东仙湖在区域的心脏位置，是西湖的4倍。靠海有山，沿山、江而建城。城乡林田、山海江湖各种资源一应俱全，是鄞州区非常独特的地方。同时也是宁波市的都市核心区，宁波已经进入了"万亿俱乐部"，鄞州区占宁波市17%多的经济总量，是宁波的政治、经济、文化、金融、会展、航运和商务7大中心，同时也是宁波高教中心，是中国美丽乡村建设示范区(县)，拥有一大批文化名村、生态美村、旅游强村和特色新村，荣获浙江省新农村建设"九连冠"。

三是发展独特。我们抓住了改革开放、撤县设区、区划调整三次重大机遇，实现了从"农业大县"向"工业大区"到"经济强区"三次质的飞跃。特别是行政区划调整后，现代都市与美丽乡村统筹融合，先进制造业与现代服务业"双轮驱动"，大众创业与万众创新"双创拉动"，去年GDP达1820亿元，今年可以突破2000亿元，总量居宁波第1位、浙江第3位，连续4年名列全国综合实力百强区第4位，居全国中小城市绿色发展百强区第2位、科技创新百强区第3位。

四是前景独特。我们始终牢记习近平总书记对鄞州的谆谆嘱托，着眼把总书记考察调研地建成县域发展示范区，大力激发"实干、担当、奋进"的新时代鄞州精神，"二次创业"再出发、"两高四好"勇攀高，加快推进高质量发展、建设高品质强区，打造政治生态好、经济生态好、社会生态好、自然生态好的全国示范区，朝着全国综合实力百强区前三位的目标阔步前进。当标兵、走前列、立潮头，是鄞州的特质，更是鄞州的追求。

鄞州区治理独到

一是治理形态的典型性。从空间看，鄞州区半城半乡、各有特色。目前都市建成 117 平方公里的都市核心区，有 700 平方公里的美丽乡村，沿湖、沿海、沿江、沿山，处在全域都市化快速的完善期和推进期，对探索以城带乡、城乡一体的现代化治理模式有着重要研究价值。

二是治理体系的系统性。作为沿海先发地区，鄞州面临的问题比别人早、面对的挑战比别人多、遇到的情况比别人复杂，例如商务楼宇的治理是一个重要的领域和阵地。我们聚焦推进乡村治理体系和治理能力现代化，初步探索出了"一核三治五共"的全域治理体系，具有典型的推广意义。

三是治理研究的先行性。中国小康建设研究会乡村振兴研究院、浙江大学社会治理研究院宁波中心先后落户鄞州，下一步将对照中央乡村治理 2020 年、2035 年发展目标，出台全域治理的《决定》和《三年行动计划》，举办全域治理全国论坛，形成鄞州全域治理研究成果，发布县域社会治理指数。我们有信心、有决心，也有基础、有条件建成全国试点示范区。

全域治理的"五个全"

鄞州的全域治理，从乡村治理开始，以乡村治理为基。如果说王安石是过去鄞县乡村治理的奠基者、开拓者，那么习近平总书记就是当代鄞州乡村治理的擘画者、指引者。2003年9月，时任浙江省委书记习近平到鄞州湾底村视察，殷切嘱托我们把村庄整治与发展经济结合起来，与治理保护农村生态环境结合起来，走出一条以城带乡、以工促农、城乡一体化发展的新路子。16年来，我们始终以习近平总书记的重要指示精神为指引，一张蓝图绘到底，一任接着一任干，创新探索出乡村全域治理的新路子，把习近平总书记的"湾底嘱托"干成了乡村治理的"鄞州解法"，主要体现在"五个全"。

第一个"全"是全域覆盖。鄞州乡村治理的一大特点，就是全域覆盖，是基层治理的升级版，也是我在宁海实践基础上的升级版。主要体现在两个方面：一是乡域全覆盖。我们把传统的镇村治理，延伸到每个平台、合作社，深入到每个组织、群众，延伸到每个网络、网民，做到网上网下全域覆盖。二是领域全覆盖。乡村治理应该是经济、政治、文化、社会、生态文明"五位一体"的大治理。我们坚持走"接二连三"的农业发展之路、"全景打造"的环境治理之路、"串珠成链"的镇村建设之路、"五金富民"的增收致富之路，"三融五美"（发展融合、形态融合、民生融合，打造产业美、镇村美、环境美、生活美、乡风美）乡村样板，这与中央要求的"紧紧围绕统筹推进'五位一体'总体布局"、全国试点示范区创建要求的"探索乡村治理与经济社会发展协同发展机制"相契合。

怎么做到两个全覆盖？重在建好"党委领导、政府负责、社会协同、公众参与、法治保障、科技支撑"的现代乡村社会治理体制。其中，党的领导是核心，我们着眼"完善村党组织领导乡村治理的体制机制"，大力实施基层党建"百千万"工程（百个品牌大提升、千个支部大进位、万名党员当先锋），在堡垒建设上"下抓一级"，区委下抓一级到村社（每个季度召开村社党组织书记交流会）、镇街下抓一级到网格（同时把工作下抓一级与队伍上管一级结合起来，试点推进村社党组织书记备案、重大事项报告制度等），更好发挥基层党组织战斗堡垒作用；在第一书记选派上，结合村党组织带头人整体优化提升行动，采取全脱产任职、全日制住村的方式，把部门优秀年轻干部下派到攻坚任务重的矛盾复杂村去摸爬滚打，与老乡同吃、同住、同劳动。中国工程院的陈剑平院士，听到我们这个做法也很感兴趣，主动请缨到他老家村子里担任第一书记，充分发挥党组织先锋模范作用。多方协同是关键，我们按照"多方主体参与乡村治理"的要求，综合运用传统治理资源和现代治理手段，推动共建共治共享，创新民生实事项目人大代表票决制，特别是做好"后半篇"文章，创新"1+1+N"动态监督、群众评价等办法，新华社、《人民日报》、中央电视台等媒体作了报道。创新"请你来协商"机制，我参加了多次"书记与委员面对面"协商会，还有"部门回应＋书记点评"的专题协商、"现场协商＋网络连线"的互动协商、"委员工作室＋委员一点通"的常态协商等，得到全国政协副主席张庆黎调研时的充分肯定。此外，开展全媒体矩阵"局长问政"，让群众当考官、局长来答题，通过现场提问、当场答复、下场整改，倒逼公共服务、环境整治、交通出行等问题的有效解决，得到各级媒体多方关注。

第二个"全"是全面创新。中央明确指出，鼓励各地创新乡村治理机制。当前，鄞州正开展解放思想大讨论，创新乡村全域治理是重中之重。一是坚持理念创新。我们坚持以习近平总书记在浙江工作时提出的"两座山""两只鸟""两只手""两种人"等理念为指引，创新运用"四划并重""三圈理论"，特别是推进自治、法治、德治"三治融合"，共建共享、共治共管、共同缔造"五共联动"等。"两只鸟"是腾笼换鸟和凤凰涅槃，整治村一级的集体留用地和村一级的小微工厂园区，建设成为中小企业产业的集聚园和都市产业园，这样既提高空间利用，又优化环境，促进转型，提升效率。在政府有形的手和市场无形的手"两只手"的应用方面，我们也有很多典型，不仅政府在这样做，农村基层也这样做。区里的一个农村文化礼堂是个综合体，采取市场化运作，每个月平均文化活动有 15 场，每年群众参与量高达 9 万人。政府不仅不需要出钱，还给村里赚钱，一年给村里将近 20 万元，这是浙江省的典型，是以理念的领先来促进治理的率先。二是坚持方法创新。好的方式方法，往往能事半功倍。我们用好移花接木法，结合推进"放管服"改革和"最多跑一次"改革向基层延伸，把"最多跑一次"改革理念拓展到民生领域，创新推进最多改一次的信用体系。比方老旧小区改造，我们是小区"最多改一次"。在原来宁海涉农资金整合基础上，把 14 个县的资金、事项整合起来，让一个平台发光，一个主体实施，一批项目整合。今年 7 个小区全面试点，我们要用好推陈出新法，推广湾底村幸福工作法，来增强群众获得感和幸福感。城市社区实施"三个五"工作法，这也是得到习近平总书记充分肯定和批示的先进经验。同时我们创出了"陆家堰契约式"治理，通过村干部履行初心契约，骨干队伍讲风险契约，与老百姓达成姐妹契约，实现议事契约，让乡村干干净净、和和美美。陈黄村书记采用"一点通"，只要村民一按手机键，所有问题都由村里面去解决，简单问题当场解决，复杂问题 24 小时答复，疑问问题一周解决。三是坚持模式创新。针对村社小微权力不透明、群众不明白等问题，我们把实施村级事务阳光工程、规范乡村小微权力运行、健全小微权力监督制度等结合起来，做了升级版。创新实施基层公权力"三清单"运行法，建立部门责任清单、10类31项权力清单、7个严禁负面清单和运行流程图，实现城乡基层公权力规范运行全覆盖。同时发挥村监会"村级纪委"作用，真正以"群众明白"还"干部清白"。针对涉农资金中存在的廉政风险隐患，我们全面整合涉农资金，一个区整合8大类25个项目，整合资金达到8.25亿元，通过搭建项目集中申报、公开比选、联评联审，做到"多个管子放水、一个池子蓄水、最后一把龙头放水"，让村社不必跑资金跑项目，集中精力一心为村民谋发展、抓建设、干事业。

第三个"全"是全景打造。一枝独秀不是春，百花齐放春满园。我们搞乡村全域治理，就是把"点上盆景"串成"全域风景"。一是做好"提标扩面"的文章。我们坚持发展新时代"枫桥经验"，"小事不出村、大事不出镇"。宁州的"老潘警调"是全国模范，是司法部部级样板，老潘警调有36计，建立了覆盖全区的"老潘警调"中心，现在老潘工作室有23个，形成"老潘＋小潘"、"远程＋上门"、"线上＋线下"、110警情纠纷化解调节这样的"骨架"。目前全区建立了444家调委会，完善调解、仲裁、行政裁决、行政复议、诉讼等有机衔接、相互协调的多元化纠纷解决机制，上半年调解成功率达98.8%。二是做好"串珠成链"的文章。在景观打造上，结合农村人居环境整治三年行动，把传统村落保护、传统文化传承、民间特色节庆等融合起来，把散落在各村的资源整合起来，打造十大风情镇、百个特色村、千里游步道"十百千工程"，利用万亩农业园来推进全域景区化，把全域旅游和全域景区结合起来。在村集体经济发展上，统筹用好土地流转金、股金分红、养老金、经营租金和劳动薪金"五金富民"的做法，帮助对口帮扶地区共建飞地产业园、共享稻田等多种模式，增强集体经济"造血"的功能。在新村建设上，借鉴老旧小区加装电梯群众自筹的做法，采取群众筹、联户建等模式，解决新村建设资金问题。三是做好"联点成网"的文章。发挥信息化支撑作用，探索建立"互联网＋网格管理"服务管理模式。在网络覆盖上，打破各单位之间的网络壁垒，建成一体化视频监控点4600余个，村社重点区域覆盖率达60%。打造智能警务实战平台，将人联、车联不同的设备整合起来，把全国的逃犯协控等数据库按照系统的特点，做到人不留痕、车不留痕、物不留痕，有力地提升了智能化、精细化、专业化水平。在网络治理上，针对鄞州区网络企业多、网民数量多、分布散、分布不强的问题，把各类网络社会组织整合起来，成立浙江省首个联合会，建立"178"平台，即谐音"一起办"，形成网络社会柔性治理平台和机制，一起画好网上同心圆。

第四个"全"是全民参与。我始终认为，智慧力量在民间，所以我们坚持发动群众、组织群众、依靠群众，增强村民自我管理、自我教育、自我服务能力，凝心聚力推进乡村全域治理。一方面推行"三民治村"。全力构建民事民议、民事民办、民事民管的多层次基层协商格局，主动拜群众为师、汲取群众智慧，坚持村事民议，大力拓展村民参与村级公共事务平台，创新建立说事长廊，干部与群众面对面议、心贴心谈，做到群众点单、干部收单、镇村办单、区里督单、群众签单；坚持村务民定，对村里建设、发展等事项，与群众一起商量、民主决策；坚持村权民管，按照基层公权力"三清单"运行法要求，强化群众对村务决策、执行、成效的全过程监督。另一方面推行"三治融合"。比如在自治上，用好村规民约，把出台村民自治章程和村规民约结合起来，发展壮大群防群治力量，做到以群众管群众。在法治上，围绕法治乡村、平安乡村建设，推进社会治理综合服务实体化。把分散在各部门的各类社会治理中心，全部整合起来，建成治理的"超市"，像"放管服"的办理中心一样，跑一个地方跑一次就可以把问题全面解决好。同时，创新了信访机制，网上对半、信访对半，群众信访不必跑，我们替他跑。公检法联合保障重大工作部署，包括攻坚战、安全专项整治，扫黑除恶专项斗争。在德治上，大力推进新时代文明实践中心向基层延伸，深入实施乡风文明培育行动、公民道德建设工程，依托获中华慈善奖的"善园"等平台，强化全国道德模范俞复玲、周秀芳等典型的引领，深入推进正面人物评选、家规家训的传承，引导广大群众践行社会主义核心价值观。同时发展壮大服务性、公益性、互助性社会组织，建成了各类志愿服务团队3200多个，志愿服务品牌上百个，进一步扩大了"义乡鄞州"的影响力。

第五个"全"是全员出征。充分发挥党员干部在乡村治理中的带头示范作用，一级做给一级看，党员领着群众干，形成千军万马奔腾之势。一是以"三进三访"沉到一线。推进党员联系农户、承诺践诺等具体化，领导干部带头进企业、进社区、进农村，开展"五夜六送"活动，即夜学、夜访、夜询、夜谈、夜议；送信心、送政策、送服务、送措施、送点子、送关心等，机关干部进国企、进社会、进农村。截至目前，已走访企业4500多个，解决问题90%以上，走访村社3300余次，收集问题4800余个，解决率达90%。开展大接访、大走访、大回访行动，一些信访问题得到解决。领导干部到乡镇，开门办公接访，做到群众在一线联系、干部在一线担当、问题在一线发现、成效在一线显现。二是以"三办两不过"提升效率。着眼提升为农服务的能力和效率，目前全区正在开展效率大革命，对重大部署、重点任务、群众关键小事等，推行"马路办公、马上就办、办就办好"机制，严明"小事不过夜、大事不过周"要求，建立闭环解决体系，做到闻风而动、闻过则改、雷厉风行。三是以"六赛六比"争创一流，即瞄准先进地区。例如，中国百强区排名在我们前面的顺德、南海等，深入结盟，交流学习，激励比学赶超，以"六赛六比"村社治理竞技赛作为载体，邀请全省各村的村书记，作为考察的专家，到现场当裁判。专家点评，群众打分，赛出了非常好的效果。四是以"三亮三考"提升实效。以"五聚焦五整治"为抓手，坚决整治形式主义、官僚主义，向工作拖沓敷衍的"亮灯"、向办事推诿扯皮的"亮牌"、向回避矛盾问题的"亮剑"，实行群众考干部、企业考干部、基层考部门，特别是创新一线精准培育识别选用干部办法，在赛场赛"马"、选"马"、治"马"，倒逼党员干部说到做到、做就做好，以干部辛苦指数换企业发展指数、群众幸福指数。

乡村治理是一个永恒的课题，只有进行时，没有完成时。尽管在乡村全域治理上，鄞州区做了一些探索，闯出了一条路径，但我们始终觉得这是万里长征的第一步，建设全国乡村治理体系试点示范区，对我们来说是一次对标找差距、全面提升的过程，是一次探索创新、争创一流的过程。中央鼓励基层开展改革试点、勇于探索创新，我们一定举全区之力，高起点、高水平、高质量做好试点工作，既把标准要求做到位，又把自选动作做出彩，为全国乡村治理提供可复制、可推广的鄞州元素。通过提炼鄞州治理的模式，宣传推介鄞州治理的解法，同时把更多的试点项目平台放到鄞州，共同开创乡村治理的新高度、新境界。

——在 2019 乡村全域治理体系研讨会上的发言

（根据录音整理）

乡村全域治理体系建设的四点启示 *

乡村治理是国家治理的根基，也是乡村振兴战略实施的重要基础。党中央明确提出建立健全党委领导、政府负责、社会协调、公众参与、法制保障、科学支撑的现代乡村社会治理体制。坚持自治、法治、德治相融合，确保乡村社会充满活力，社会和谐有序。实际上，实现这样一个目标要求绝不是一日之功，可以说是一个具有前瞻性的要求，鄞州区委、区政府充分认识到乡村治理的极端重要性，超前安排，明确思路，提出举措，努力实践，为我们提供了可借鉴的宝贵经验。

鄞州区委、区政府探索实践乡村全域治理体系建设，坚持理念和方式模式的创新，开辟了对话式共商、多元式共治、清单式共管、契约式共建、普惠式共享的"五共"乡村全域治理之路，把城乡统筹发展融入全域治理当中，形成了空间上城乡一体，内容上由点带面，网络上多方参与、全网融合，成效上普惠全体群众的全域治理模式，效果非常好。采取的做法、取得的成效、获得的经验可以说难能可贵、可喜可贺。从鄞州区创造的经验来看，有四点启示，值得我们很好地

---

* 李春生，第十三届全国人大农业与农村委员会副主任。

学习和借鉴。

第一，农村基层党组织在乡村治理方面能否发挥战斗堡垒作用非常关键。目前，从全国来看，农村老龄化、空心化、家庭离散化的趋势并没有从根本上发生改变。村庄人去地荒，乡村失去了生机的现象也是存在的。这给建立现代农村治理体系带来了不小的挑战和难度。现阶段，农村基层党组织占整个党组织总数的30%，农村党员占党员总数的40%，基层党组织软弱涣散，缺乏战斗力的现象比较普遍，农民群众对党组织的认同感、信任度不是很高，这为乡村治理体系建设增加了不小的难度。乡村治理真正实现有效管理，很重要的前提是要把基层党组织抓实建强，充分发挥在乡村治理中的战斗堡垒作用。这方面，各地都有一些有益的探索。比如，一些地方基层党组织强化带头作用，通过助贫富民、调节矛盾等日常工作，随时随地为农民提供服务。还有一些地方通过一片民情责任区、一张民情联系卡、一本民情日记本，第一时间了解农民的难事，了解他们的矛盾，及时帮助他们解决难事和矛盾纠纷，小事解决在村里，大事控制在乡里，增强了人民群众对党组织的认同感和信任度。这方面鄞州区作的非常突出，他们开展乡村全域治理，把强化党组织建设放在重要位置，以党建引领为核心，以党建"百千万工程"为推手，推进乡村治理，推进乡村振兴。建立了村社书记交流的例会制度，村社第一书记选派的机制，先后选派了105名优秀年轻干部驻村。践行以人民为中心的思想，坚持为人民服务的宗旨，增强政治功能，提升组织力，在乡村全域治理中发挥了很好的核心领导作用，这是关键和前提。

第二，乡村集体经济的发展能否提供支撑保障作用非常关键。目前我国实行的是农村劳动群众集体所有制，农村的集体资产无论是经营资产还是资源资产，所有权归属于集体每一个人所有，资产经营产生的收益也应归属于集体的每一个成员，这就明确了乡村集体资产的收益要优先服务保证集体当中每一个成员的利益。当前，农民对集体资产诉求日益强烈，处理好这些利益诉求很重要的前提是发展壮大集体经济，这也是"村两委"推进乡村治理的一个重要抓手。从总体来看，目前农村的集体经济发展比较缓慢，实力还比较弱。全国乡村的集体资产 13600 亿元，58 万个行政村，平均每个行政村 234 万元。这是一个平均数，实际资产总额的 70% 以上都集中在东部地区，全国有一半以上的行政村集体资产是没有收益的。乡村集体经济发展与治理关系非常密切，乡村集体经济发展了、壮大了，处理好农民的利益诉求就有了物质基础，就会为乡村治理提供有效的保障；同时，乡村治理好了，也为集体经济的发展创造了一个好的客观环境。鄞州区湾底村通过产业融合发展书写了乡村传奇。通过工业发展，先人一步，赚到了第一桶金，形成了资本的积累。然后以工补农，打造集农业、观光为一体的都市村庄、城市花园，全村发展的产业产品有百种，净资产超过 8 亿元，村集体一年可支配收入超过了 3000 万元，村集体经济得到很大发展，实力空前壮大，为乡村治理提供了很好的支撑和保障。

第三，农村多元化社会组织能否在乡村经济、社会事务中发挥调解、沟通、协调的作用非常关键。乡村是一个人情社会、熟人社会，人情与道德习俗紧密相连，相关民间组织出面协调非常必要。目前，农村各种类型的社区和民间组织很多，最具有代表性的是农民合作社，现在全国创建了 200 多万家，在组织农民开展生产运营、发展公共事业、协调民间事务方面发挥着重要作用，还有各类协会、公益组织、乡贤民间组织的参与，这对于化解矛盾纠纷、促进乡村和谐有序是非常有益的。鄞州区有的放矢地发展多元化社区民间组织，引领社会组织参与乡村治理，提供专业、志愿服务，充分发挥了反映诉求、化解矛盾的功能，实现共治、共管、共商、共建、共享，有效促进了乡村全域治理体系的建设。

第四，各地方党委、政府能否发挥好领导作用非常关键。党委领导的重要性体现在有效的组织引导上，还有社会参与的各种力量。要加强农村基层的基础工作，将乡村治理的工作重心下移，尽可能将资源、服务、管理下放到农村基层，逐步实现乡村管理的全域治理精细化和精准化，这方面鄞州区确实有很好的作为。比如刚才银良书记介绍的"三民治村"，建设村事民议、村务民定、村权民管，镇村办单，最后农民签单。集中各种资源形成"治理超市"，"最多跑一次"便利了农民办事。组织党员干部走访企业，下到基层驻村。解决问题的办事效率在 90% 以上，这种效果肯定大大提升了农民群众对基层党组织和政府的信任度，他们做得非常精准、非常精细，考虑得非常全面。

要实现乡村有效治理的目标要求，还应建立健全相关的工作运行机制，如党组织领导下的乡村治理协调推进机制、鼓励支持社会力量参与乡村治理的激励机制、乡村治理效果的定期跟踪评估机制等，形成一个管用有效的工作机制来保证，才能收到更好的治理效果。

乡村治理是一个繁杂而坚定的系统工程，相对来说是一个新的课题，也是一个永恒的课题。正如鄞州区情况介绍讲的，只有进行时，没有完成时。鄞州区的乡村治理已经奠定了非常好的基础，为我们提供了可借鉴的经验，从全国来看，如此系统性、全方位的乡村治理模式还不多，应该很好地归纳总结。鄞州区应该按照既定的目标，在现有的治理架构、体系基础上，进一步完善提升，充分调动方方面面的主动性、积极性，增强乡村治理的针对性、有效性以及可持续性，让广大农民群众真正成为受益者，得到更多的获得感、幸福感，在乡村治理中不断走出一片新的天地。

——在 2019 乡村全域治理体系研讨会上的主旨发言

完善乡村治理的几点建议 *

　　大家学习中央文件可以知道，"社会治理"是党的十八大正式提出来的，"乡村治理"是党的十九大正式提出来的。我们党从"社会治理"到"乡村治理"提法和要求上的变化，形式上看是一词之差，本质上却在治理的理念、思路、方法、手段等方面发生了巨大的变化，标志着我们党在社会治理方面的一种探索和升华，最核心的是从原来的主要依靠政府单一管理向社会多元主体共建、共治、共享转变。

　　本轮国务院机构改革后，中央赋予中央农办、农业农村部协调推进乡村治理体系建设的职能，为了切实履行好职能，探索自治、法治、德治"三治"相融合的路径方法，今年以来，中办、国办印发了文件，对当前和今后一个时期加强和改进乡村治理工作作出了全面部署。中央农办、农业农村部、中央组织部、中央宣传部、民政部、司法部6个部门在浙江宁波联合召开了全国乡村治理体系建设试点示范工作会议，学习贯彻"两办"文件，研究部署重点工作。经过研究，

＊　张天佐，农业农村部农村合作经济指导司司长。

今年将联合启动乡村治理试点示范工作，在全国选择 100 个左右的县（市、区）开展试点，探索"三治融合"的路径方法，取得经验后再在面上推广；同时，在全国开展乡村治理示范村镇创建工作，通过创建活动，推出一批在乡村治理方面特色鲜明、成效突出、可借鉴推广的示范村镇，引领全国乡村治理体系建设。

乡村治理工作重在基层，关键靠治理，核心是方法。近年来，一些地方在乡村治理方面下了很大功夫，取得了良好的成效。褚银良书记在乡村治理方面有丰富的经验，他在鄞州任职之前是在宁海工作，宁海小微权力治理方面探索的"36 条"，成为全国乡村治理的典型，入选全国乡村治理 20 个典型案例。今年初，上海电视台专门为此拍了一部电影《春天的马拉松》。褚书记到鄞州以后，在宁海经验的基础上，推行全域治理，成效也很突出。治理方法上"五共联动"，在公共权力管控上采取"三个清单"，包括责任清单、权力清单、负面清单。在矛盾纠纷调解上，推广"老潘警调"调节方法，在全民参与上提出"三民治村"，等等。探索的内容非常丰富，值得很好地提炼和归纳。

针对鄞州区的材料修改完善，我再提点建议：在框架结构上按照背景、做法和成效三个板块再进一步系统化。背景要说透、要讲到位，重点阐述像鄞州这样的区域，乡村治理工作的迫切性、重要性。做法要更条理化，归纳出具体的做法和规律性的东西，让其他地方可学、可借鉴。材料里提出的"五共联动"对话共商、多元共治、清单共管、普惠共享、契约共建等是做法，"三治融合"也是做法，建议把这些突出的做法归纳成一级标题和二级标题，每个标题下的具体做法更聚焦、更清晰、更醒目。成效部分篇幅不一定太长，但要把主要的效果概括出来。"五全联动"就是成效。

鄞州区是典型的半城半乡的社会结构，外来人口非常多，城乡经济社会相互交融，这样的区域面临一些特殊的问题。2010 年，我在鄞州蹲点调查半个月，那个时候经常有一批人在上访，这些人是十多年以前从外省农村到鄞州去务农的，长期驻扎在周边，承包土地经营。十多年过去了，他们的诉求是要享有当地农村人口的社会保障和一定的集体经济收益分配。如何处理原住民与新住户的关系？改革开放已经 40 年了，传统农村的封闭性被打破，靠传统农村熟人社会治理的一些手段，已经力不从心了。在越来越开放的农村社会，采取自治、法治、德治"三治"相融合的方法非常迫切。再比如，随着农户阶层的分化，利益冲突也在不断加剧。农村原来都是普通的农民，经过几十年的发展，有的成了老板，有的成了个体工商户，有的还是普通农民。对同样一件事情，大家因为利益不同，最后态度和诉求完全不同。鄞州这个地区土地的价格越来越高，农村的资源要素潜在的价值和现实的价值越来越凸显。鄞州乡村区域和城市区域围绕着土地利益分配，矛盾也日益加剧。

总之，经济社会发展越快的地区、越开放的地区，面临的新情况、新问题就越多，对改革完善乡村治理就更为迫切。鄞州区作为经济发达地区，半城半乡的地域特点，决定了处理好城乡关系的极端重要性，决定了建立健全城乡融合治理机制的紧迫性。希望鄞州在乡村治理体系建设方面改革创新，大胆探索，多出经验。

——在 2019 乡村全域治理体系研讨会上的主旨发言

鄞州乡村治理模式的思考 *

从党的十六大到十九大，"乡村治理"的话题一直没有变，"乡村治理有效"这句话一直没有变。习近平总书记在党的十九大报告讲到乡村振兴，我理解乡村振兴不是五年规划，也不是近期的一个计划，而是一个至少到 2049 年新中国成立一百周年、长远的中华民族复兴的一个大的规划。

鄞州这个地方很有代表性，宋代王安石变法，其中一个是要减轻农民的徭役赋税，以钱代徭。农村税费改革实际上也是乡村治理的一个方面。鄞州区进行乡村治理应该很久了，值得推广的经验不少。

第一，衡量乡村治理效果有三个硬指标、三个软指标。三个硬指标第一个是农业强，第二个是农村美，第三个是农民富。三个软指标第一个是农民的文明素质素养有提升，第二个是农村法治建设有提升，第三个是乡村和谐稳定。三个软指标在今天乡村全域体系里边更为重要，也更为紧迫。因为硬指标都很好达到，而且鄞州区的 GDP 已经达到 1800 亿元了，农民收入 3 万多元，在宁波市领先，这是乡村治理衡量的一个标准。

第二，乡村治理包括褚书记所讲的"五全联动"，我再加三个

*　王韩民，中华全国供销总社监事会副主任。

"全"，这"全"要单列出来。一是全要素的投入，全要素投入包括人财物投入，教育投入，其他技术、治理等。二是"360 度"的做法，全天候、全程化服务，有些地方供销合作社已经开始为农民提供全程化服务，耕种管收，烘干、储藏、售卖等全天候服务。三是要全方位的监督，发挥人大、政协的作用，发挥社会组织的作用，不管是城市治理、乡村治理，监督工作什么时候都不能缺。乡村治理是国家治理的基础。我们的治理都是从乡村治理开始的。

第三，乡村治理是国家治理的基本，是力量所在。城里人上溯三代都出身于农民，以农为主的社会，农民是社会的主体力量，主导力量和主要力量。2019 年 7 月 1 日公布的党员人数为 9000 多万人，农村占 40%。所以乡村治理不是简单的一个乡村发展，乡村治理应该是乡村的一场革命，革命性措施上可能更好一些。

从古到今，由小到大，从少到多，探索乡村治理的深度和广度，鄞州区的经验确实是值得学习。建议把鄞州区作为全国乡村治理的一个示范点。不管是乡镇层面也好，村一级层面也好，至少得列名。此外，我针对具体实施提几点建议。建议把做法和成绩分开，作为示范点，向全国推荐要把鄞州农村怎么抓治理、街道怎么抓治理、城乡融合交会的地方怎样抓治理再具体化，可能效果会更好。组织建设，党支部是领头羊、是核心，村委会、村监委、村集体经济组织、合作社、合作组织以及其他组织，按照文件要求把鄞州区不同的行政组织进一步健全，特别是村监委组织要加强。农村的事一定要抓实抓细，作为各级政府把小事做好、做到位，小事不出村、大事不出镇，小事不过夜、大事不过周。

——在 2019 乡村全域治理体系研讨会上的主旨发言

（根据录音整理）

鄞州乡村治理的"六特点""四规范"[*]

　　鄞州在乡村治理方面取得很好的成效，创造的经验和进行的积极探索，让人感到振奋。鄞州的经验，体现在求索的精神、求实的态度、求变的勇气和求精的境界。

　　鄞州的工作体现了六个着眼：一是着眼于围绕大局、服务大局。始终牢记习近平总书记对鄞州的嘱托，按照中央、省、市的要求，实干、担当、奋进。二是着眼于工作的连续性、统筹性、实效性，把以前的工作总结提炼，进行统筹，注重整体效果。三是着眼于解决民生、保障民生、改善民生。四是着眼于社会建设、社会服务，以及基层服务。乡村全域治理，也就是基层治理。五是着眼于提高质量、提高水平、提高能力。六是着眼于公正，促进公平、促进和谐、促进稳定。鄞州的"刀法"很准，就是宣传千遍不如切准一点，以人民为中心。

　　在工作步骤上体现了四个注重：一是注重了以往工作的规范；二是注重了对新开展工作的研究；三是注重了整体工作的统筹和现有

---

　　* 汤晋苏，民政部政策法规司巡视员。

资源的整合；四是注重了问题的及时发现和认真解决。

在工作思路上体现了四个结合：一是当前工作与长远发展相结合；二是落实任务与建立长效机制相结合；三是总体要求与分类指导相结合；四是侧重点与整体推进相结合。

在工作中体现了四个关注，即关注与群众利益密切相关的问题、关注具体难点问题、关注中央正在研究和探索的关键问题、关注现阶段亟待解决的问题。

希望鄞州区一手抓推进，一手抓研究，从群众满意的事做起，再吹冲锋号。鄞州的明天，一定会更加美丽。

——在 2019 乡村全域治理体系研讨会上的主旨发言

（根据录音整理）

鄞州乡村治理上的亮点 *

鄞州在乡村治理上的经验值得我们新闻单位关注，主要有以下五个亮点。

一是全区域性。无论是在全区的治理体系上，还是在社会经济文化各个领域都很有亮点，在方法上创新、在模式上创新、在理论体系上创新，值得推广和总结。

二是善治之路。把"最多跑一次"运用在乡村治理上，善治之路才是乡村治理的根本。善治是什么？不仅在法治和德治上，人治恰恰是善治最重要的部分。善治大家满意、群众满意、老百姓满意。

三是全景打造。鄞州是东部经济发达地区的典型代表，半城半乡，提供了经济基础和条件，增强了"活血造血"功能。解决农村矛盾靠什么？经济的发展。经济发展了，就能解决老百姓关注更多的矛盾和利益纠葛。

四是全民参与。老百姓的事交给老百姓，民事民议、民事民办、民事民管。发挥乡贤的作用，他们经常跟老百姓在一块，是老百姓的

---

* 赵泽琨，中国农业电影电视中心党委书记、主任。

优秀代表。

五是全民出征。干部全到基层，同时有一种倒逼机制提升实效。刚才褚银良书记介绍了五个乡村治理的背景，希望在这方面做一些深入调查，配合农业农村部里的工作，好好总结鄞州模式加以推广，用镜头反映鄞州的经验。

同时提一个建议，核心是方法，重点在制度，最后检查效果是善治。社会和谐不仅仅是用法律的手段，或者道德规范的手段，重要的是大家在和谐共处的田园生活中，享受善治最后的效果。

——在 2019 乡村全域治理体系研讨会上的主旨发言

（根据录音整理）

鄞州经验的几点思考建议 *

    鄞州区的做法既符合中央精神,又有很多创新意义,特别是与中办、国办刚刚出台的《关于加强和改进乡村治理的指导意见》很多地方不谋而合,有些已经走在了前面,所以我认为鄞州经验模式特别可贵。

    鄞州区的"五个全",打通了党建与经济、政治、社会、文化、生态文明五方面的建设,通过全域覆盖的方式,实现了党建与"五位一体"发展的连接,体现了从治国理政的高度来推进乡村振兴;打通了县、乡、村行政管理的体制,通过全员出征方式,把干群关系融洽提升到一个新的水平,形成了高效的乡村治理体制机制;打通了乡村治理与老百姓对美好生活的向往追求,通过全景打造做好三篇文章,有力推进了集体经济、人居环境、化解矛盾、平安乡村的建设,取得了一举多得的效果;打通了法治、德治、自治,通过推行"三民治村""三治融合",形成了科学有效的乡村治理体系,走出了乡村治理的善治之路;打通了共管、共治、共商、共建、共享,通过全面创

---

* 雷刘功,中国农村杂志社总编辑。

— 434 —

新、理念创新、方法创新、模式创新实现了"五共联动"治理效果。

农村基层党组织在乡村治理中发挥着引领和战斗堡垒作用。2018年底出台的《中国共产党农村基层组织工作条例》写得非常明确，乡镇党委、村党组织的主要职责，很重要的一条就是"领导本乡镇的基层治理"、"领导本村的社会治理"。《中国共产党农村工作条例》不仅把农村基层党组织组织发动群众的战斗堡垒作用写出来了，而且专门指出要发挥在乡村治理方面的引领作用，农村基层党组织核心引领作用已经上升到党和国家重要法规的层面。

集体经济是乡村治理的重要保障。基层的事只要有钱就好办事，农村集体经济发展好的、壮大的，乡村治理就会做得就比较好；集体经济比较薄弱的，乡村治理一般就相对比较落后。有钱办事才能调动老百姓参与其中。乡村振兴，农民是主体，习近平总书记强调要调动农民参与乡村振兴的积极性、主动性和创造性。此外，加强农村精神文明建设非常重要，加强和改进乡村治理的指导意见明确提出来积极培育和践行社会主义核心价值观，乡风文明、道德模范引领，包括农村文化的建设都很重要。这些都是最基础的支撑，这些方面建设好了，乡村治理才有可持续性。

鄞州治理方式和善治之路的推广价值到底在哪里？建议做进一步的总结和提炼，把主要的做法、经验、模式提炼出来。特别是把"一核""三治""五共"做进一步的提升。为什么乡村治理在鄞州能够取得成功？刚才几位领导都谈到了，农村基层党组织是核心，农村集体经济发展壮大是保证，包括农村精神文明建设是支撑，农民主体地位的提升和主体作用的发挥是基础。国家乡村振兴规划中，在农村人居环境章节里提出"三个美"：建设美、经营美、传承美。建设美体现的是诉求；经营美体现的的机制和体系；传承美体现的是文化，是农民主体意识上的提升。"三个美"，实际上体现的是治理体系和治理能力的现代化。同样道理，要把乡村治理自治、法治、德治联系在一起，有机结合起来，站在这样的视角，把鄞州的经验做进一步挖掘、总结和提升，使其成为引领乡村治理的典范。

——在 2019 乡村全域治理体系研讨会上的主旨发言

积极探索创新模式　完善乡村治理体系[*]

　　针对会议主题，我谈谈自己的粗浅认识，主要有三个方面。

　　第一，乡村治理制度创新和模式探索。近年来，中央对乡村治理工作越来越重视，习近平总书记多次强调要加强社会治理，一些地方按照中央的部署要求，结合自己实际，坚持问题导向，进行了积极探索。比如，有些地方创新基层党建模式，把党组织建设在产业链上，强化党在农村基层的领导核心地位；有些地方推动村民自治中心下沉，以一个小的区域范围或者以村民小组、自然村为单位实施自治，依托熟人社会之间的利益共同约束，使自治回归到村民认同感、归属感更强的传统村落，这是增进群众互信的有效方法；还有些地方积极探索多元共治模式，比如成立乡贤理事会等，把农民吸引到村落建设发展规划上来，充分调动农民参与治理的积极性。好多地方在乡村治理过程中，加强农村公共服务体系建设，加大政府投入力度，发挥政府主导作用，让农民享受实实在在的好处。

　　第二，结合乡村治理发展农村集体经济。我感觉，比较多的农村

　　*　张海阳，农业农村部政策与改革司政策调研处处长。

改革经验出在浙江，浙江是很有创新精神的地方。比如，二三十年前，德清就对农地的"确权确股不确地"进行了探索，嘉兴搞了"两分两换"，浙江很早开展了集体经营性建设用地入市，支持土地经营权作价出资入股发展产业化经营，还有温州的外向型经济和小城镇建设，都给人们留下深刻印象。近年来，浙江按照习近平总书记重要指示精神，走乡村善治之路，助推乡村振兴，坚持党建引领、自治为基、法治为本、德治为先，以党建统揽全局，着力构建"三治融合"的乡村治理体系，取得非常好的效果。在褚书记的介绍中，很多做法非常扎实，充分体现了鄞州在乡村治理方面视野开阔、意识创新、理念先进、思路可行、措施有力。农村区域是多重权力交汇的地方，特别是沿海发达地区像鄞州这样的地方，经济社会分化程度是很高的，熟人社会性质已经在弱化，半熟人社会性质越来越强。在这种地方，加强党对农村工作的全面领导，改进政府支持方式，完善乡村治理体系，通过制度文化创新，可以优化乡村治理结构，拓展一些不同权力的作用空间。村委会、村集体经济组织，以及非正式组织如各种民间经济社会组织、乡贤等，在维护村社共同体内部秩序方面，能够各司其职、有效合作，促进乡村善治。

发展农村集体经济，对于加强和改进乡村治理非常重要。经济基础决定上层建筑，乡村治理本质上讲属于上层建筑范畴。近几年，各地深入推进乡村治理基础完善，增强了农村经济发展活力，但总体上感觉乡村治理、农村经济发展的良性互动局面还有待进一步形成。这是因为，一方面，现阶段农村经济社会分化程度提高，对构建现代化的乡村治理体系、提高乡村治理能力提出新的要求；另一方面，各地农村经济发展不平衡，很多地方农村集体缺乏经济实力，乡村治理、公共服务、社会事业发展很难。

第三，加大制度创新和政策支持力度，加快完善乡村治理机制。

为促进农村经济发展，政府在乡村治理举措上应突出以下六点：一是不折不扣贯彻落实党的农村政策，让农民得到实惠；二是坚持依法治国的理念，提高农村工作的法治化水平；三是引领培育全社会的契约精神，创造良好的市场环境；四是构建新型政商关系，鄞州以群众的明白换干部的清白，就是很好的理念；五是加强农村产权保护，经济发展中，产权保护是基础，有利于稳定投资预期；六是切实维护农民权利，鼓励农民群众参与和支持乡村治理。褚书记的介绍材料很全面、很系统，当地政府和党委做了大量工作。在鄞州乡村治理经验和做法的总结提炼上，可以突出党委和政府在完善乡村治理机制中的作用，包括加强领导、加大投入等。

在农村社会深刻转型的过程中，要健全党委领导、政府负责、社会协同、公众参与、法治保障、科技支撑的现代乡村治理机制，还有很长的路要走。要开展相关问题研究。比如，如何加强农村基层党组织对各类组织的领导；如何强化村级组织的服务功能；如何推动县乡服务功能向村级延伸；如何综合运用传统治理方式和现代治理手段；如何完善政策提高土地集约利用水平；如何通过发展多种形式的农民联合与合作，以利于在乡村治理中更好地处理政府与农民的关系。

在城乡人口流动的大格局下健全乡村治理体系，农民等相关方的利益诉求应该受到重视。特别要研究集体经济组织立法问题，分析发展新型农村集体经济有什么困难，集体组织在乡村治理中发挥什么作用、发挥到什么程度。因为农村集体经济组织是市场主体、特别法人，其成员从集体经济发展中受益，而在一个外来人口较多的地方，很多公共服务是不是要由集体经济组织来提供，还值得研究，这是构建乡村治理体系改革成本分担的问题，政府也要加大投入。要加快建立健全城乡融合体制机制和政策体系，吸引更多人才回流农村，强化乡村治理的主体力量，鼓励社会力量加入乡村治理体系建设。此外，还要统筹推进乡村精神文明建设，宣扬社会主义核心价值观，倡导建设文明乡风。

——在 2019 乡村全域治理体系研讨会上的主旨发言

加强公共法律服务体系建设 服务乡村治理[*]

近些年我去浙江调研了 4 次，主要是围绕全面依法治国，在省域、市域、县域做了初步的了解，在省里面座谈的时候，对浙江的印象主要是三个，就是车俊书记打造的三张名片：红船精神的先驱地、改革开放的先行地、习近平新时代中国特色社会主义思想的萌发地。这三个"地"在今天的经验介绍中都体现出来了，有很多地方都闪耀着这三个"地"的精神和成果。我把个人的体会向大家汇报一下。

第一，体现了以人民为中心的乡村治理理念。在整个发展过程当中能够深刻体会到多地党组织、政府以及乡村自身的建设都体现了人民参与、民主集中，以人民的利益为第一要务发展的理念和思路。

第二，体现了创新发展的新发展理念。虽然中央提出的创新发展战略主要针对的是科技创新以及对经济发展的驱动力上，但是我个人认为，创新发展理念不仅仅体现在技术上，同样体现在理念和模式的创新上。

第三，体现了依法治理的发展理念。从党中央在十八届四中全会

---

* 江澎涛，司法部研究室处长。

上提出推进依法治国以来，法治在社会治理中的地位越来越受到重视。材料中很大篇幅、很大分量体现了在乡村建设中对法治思维的运用，尤其是枫桥经验、警调联合，民主机制、决策，包括围绕法治乡村、平安乡村建设，对我启发特别大。

在整个材料上，目标是总结，以总结促发展，以发展促推广，希望下一步有更好的理念提供出来，建议突出三个结合：第一，把站位跟党中央重大决策部署结合起来，主线突出跟乡村振兴战略的结合。第二，与加强党的基层组织建设结合。第三，将依法治国的国家战略与党代表人民治理国家的方略的落实情况结合。

自治、法治、德治在目前工作中是一个崭新的，也是一个重点研究的领域，现在还没有破题，还在逐个推进中。首先在乡村治理的制度上，治理的主体不是乡村，乡村是对象，治理主体是政府，实际上政府发挥着引领、规范和保障作用。在这个基础上习近平总书记指出，法治政府建设是依法治国的重点工程和任务。地方政府的职责和义务是不能缺位的，建议在材料中把这一块作为一条主线来突出一下。在主题上，目前做的"五全联动"总结得非常好，但是在逻辑上如果以主题式的演进会更好。比如像美丽乡村建设、平安乡村建设、法治乡村建设，这些都是中央提出来的一些比较大的框架。

关于加强公共法律服务体系建设的意见，这里有相当的内容是用来服务乡村治理的。在这个基础上加强和推进乡村治理意见的延伸，包括我自己研究的领域，也与提供依法治国的公共法律服务体系建设方面有很大的关系，这方面如果将来有需要，我也愿意沟通和合作。

——在 2019 乡村全域治理体系研讨会上的主旨发言

（根据录音整理）

鄞州治理有效的启示 *

鄞州的探索很有成效。我们以往在治理表述上和过去的巨大区别是两个字：有效。治理要有效，治理没效就会乱，这是善治的核心。有效性表现在鄞州全域治理促进了鄞州的增长发展。鄞州很好实现了从农业大县到工业大区再到经济强区的三次飞跃发展，GDP 达 1820 亿元，总量居宁波第 1 位、浙江第 3 位，连续 4 年名列全国综合实力百强区第 4 位，居全国中小城市绿色发展百强区第 2 位、科技创新百强区第 3 位，这就是治理模式体现的成果，鄞州的治理很有成效。

鄞州做法对我们有很多启示。

第一，在治理中要处理好政府作用与市场的关系。对现代乡村治理体系要求是从过去的 5 句话 20 个字，扩大到 6 句话 24 个字。咱们千万不能停留在那 5 句话上。党的十九大报告是 5 句话 20 个字，我们这次指导意见是 6 句话 24 个字，加了一句"科技支撑"，这是手段问题。如果没有手段，那治理什么？其实科技支撑也是个纽

---

* 宋洪远，农业农村部乡村振兴专家咨询委员会副秘书长，农业农村部农村经济研究中心主任。

带，包括"三治"，现在有"五治"，浙江也是"五治"，加了"政治"和"智治"，那不就是科技手段吗？6句话24个字，说一千道一万，还是第一个观点，是政府治理的，哪些是政府治理的，哪些是社会治理的，现代治理的概念是从社会治理出来的，这个关系对我们是一个启示。

第二，顶层设计和基层探索之间的关系。顶层设计，中办、国办印发了指导意见，现在关键是靠基层探索，找路子、找办法。指导意见怎么落地，怎么落实，怎么能够学懂弄通、找到办法。最近调查一个人力组织的时候，发现我们国家真是一个国家四个"世界"，有"发达经济体"、有"新型经济体"、有"传统经济体"，还有"落后经济体"，做法完全不在一个层次上，发达地区好多事，都是落后地区多少年以后想的事。

第三，两个关系很重要。一个是治理目标和治理手段的关系，一个是治理架构和治理方式的关系。两个"制"，一个是体制，5句话20个字，现在我们改成6句话24个字；一个是机制，"三治融合"。实际上，体制是架构，机制是方式，两个只有合理创新，才能够形成体系，否则就又不一样了。这是架构体制和创新机制的关系。

第四，目标和手段。现在都变了，目标不一样，手段也不一样。我最近到浙江调研数字乡村振兴新型战略，刚出台文件，人家就把这个列为6个数字化，讲得非常清楚，都有例子讲怎么合作。比如说数字化集成产业，与阿里企业合作，一个模式一套就出来了。目标上，特别要注意手段的改进，手段改进就会有很大的改变。这是政府作用和社会作用的启示，顶层设计和基层探索的启示。

在此给鄞州提几点建议。建议制订新的时间方案和自己的规划决定。这个方案本身很有针对性，我倒是觉得要考虑发展和战略转型的要求。现在到当口了，我们的发展转型是由第一个百年奋斗目标——

全面建成小康社会，到第二个百年奋斗目标——全面建成社会主义现代化强国。在这个大的发展背景下，要求不一样。过去称为小康，是以两个建设为主，即政治建设和社会建设。现在我们的治理有两个现代化的要求，即治理能力现代化和治理体系现代化，既要有能力还要有体系，有了体系没有能力也干不成事，有了能力没有体系形不成合力。所以要从两个建设向两个现代化大背景去转变。那么由于这样一个转变，根据深化乡村治理实践提出的要求，15 年后，到 2035 年，要讲治理能力、治理体系两个现代化，不再讲两个建设，所以两个现代化对实践、对方案设计要求更高了，不一样了。此外要处理好五个总要求中一个要求和另外四个要求的关系，统筹协调而不是治理为主。斯大林讲过："生产不是目的，满足需求是目的"。生产是手段，不能为治理而治理。有的地方就是这种情况，做不到治理有效。所以处理好治理要求和各方面的关系，形成良性互动，才能达到治理有效的目的。

——在 2019 乡村全域治理体系研讨会上的主旨发言
（根据录音整理）

附录：

中国小康建设研究会
2019 年工作实录

中国小康建设研究会
2019 年工作总结及 2020 年工作计划 *

令人振奋的 2019 年即将过去，充满希望的 2020 年即将到来，在此辞旧迎新之际，我谨代表中国小康建设研究会作 2019 年的工作总结和 2020 年的工作安排。

2019 年：团结奋进、卓有成效

2019 年是中华人民共和国成立 70 周年，也是中国小康建设研究会成立 12 周年。一年来，中国小康建设研究会坚持以习近平新时代中国特色社会主义思想为指导，深入贯彻党的十九大和十九届二中、三中、四中全会精神，在民政部、农业农村部的正确领导下，在新一届领导班子的团结带领下，在各界的支持和努力下，团结带领全体员工和各分支机构，凝神聚力，攻坚克难，砥砺前行，各项工作呈现出新气象、实现了新作为、取得了新成绩，为决胜全面建成小康社会作

---

* 白长岗，中国小康建设研究会会长。

出了新贡献。

2019 年主要做了七项工作。

一、主抓乡村振兴战略的实施卓有成效。实施乡村振兴战略，是以习近平同志为核心的党中央对"三农"工作作出的重大决策部署，是做好新时代"三农"工作的总抓手、总纲领、总遵循。

一年来，研究会坚持围绕这个重点，充分发挥自身的特长和优势，先后举办了一系列专题论坛，为推动农业农村高质量发展提供了强有力的智力支持，同时也为有关项目的对接落实创造了条件和机会。主要有：纪念农村改革开放 40 周年暨新时代农业企业家发展大会、全国乡村振兴与扶贫协作（宁波）论坛、2019 消费扶贫与乡村振兴（深圳）大会、现代农业产业化联盟成立大会暨 2019 现代农业产业化发展高峰论坛、2019 乡村振兴暨中国粮食安全战略高峰论坛、2019 乡村文化振兴高峰论坛、第二届中国乡村产业博览会、2019 乡村振兴暨交通产业发展峰会、2019 乡村人才振兴战略高峰论坛、第二届新时代农业企业家发展大会暨乡村产业振兴高峰论坛、2019 健康中国与食品安全高峰论坛、乡村全域治理体系研讨会、"培育新型经营主体，促进小农户和现代农业发展有机衔接"研讨会等。举办场次之多、参会人数之众、媒体报道影响之广、对接和落实项目之实，都是前所未有的，受到社会各界一致的肯定和好评。

二、专题调研推出新成果。调查研究是我们党的优良传统，也是研究会长期形成的专长和优势。

一年来，研究会课题调研组在德高望重、经验丰富的老领导的指导下，组织专家学者、企业家、媒体记者，聚焦建设乡村治理体系等焦点难点问题，多次赴浙江宁波市鄞州区的乡镇、社区实地调研，在总结成功经验、研究存在问题、提出改进意见的基础上，举行了专题研讨会，形成了《实施乡村振兴战略，建设乡村治理体系的成功之路——浙江省鄞州区践行习总书记"湾底嘱托"的艰辛历程》的专题调研报告，现已上报中央。

三、"乡村振兴百县巡回大讲堂"成功开讲。"乡村振兴百县巡回大讲堂"是由中国小康建设研究会发起并主办的全国系列讲座，旨在解读"三农"政策，推介地方经验，具有前瞻性、实效性的特点，首讲即获得了成功。2019 年 3 月 30 日，在"全国乡村振兴与扶贫协作（宁波）论坛"上，"全国乡村振兴百县巡回大讲堂"正式开讲。两位专家分别以"乡村产业振兴的挑战和机遇""加大乡村振兴实施力度"为题作了专题报告，从不同角度深入阐述对乡村振兴战略的新理解，为宁波乡村振兴出谋划策，成效显著。

一年来，研究会聚焦制约乡村振兴发展的突出矛盾和问题，邀请国内知名专家，为多地乡村振兴谋思路、出实招，从而推动了乡村振兴的措施落地生根、开花结果。

四、分支机构为乡村振兴战略实施提供保障。分支机构是社团组织的有机组成部分，是社团组织机构和功能的自然延伸。研究会分支机构是根据开展工作的需要，依据业务范围或会员组成特点设立的专门从事某项业务活动的机构。

一年来，为适应乡村振兴的新形势和新要求，研究会新增设了 5 个分支机构，分别是：乡村产业发展委员会、生态农业健康促进委员会、农业产业化联盟、教育产业委员会、乡村振兴研究院。调整了 6 家分支机构的承办单位，分别是：农业经济研究院（原现代农业促进委员会）、生态环境保护委员会（原环境保护委员会）、名优特产品推进委员会（原优质农产品和食品委员会）、扶贫创业发展委员会（原精准扶贫创业发展委员会）、西柏坡基层干部培训中心（原三农经济委员会）、健康事业发展委员会（原特色农产品贸易委员会），这些分支机构的设立和调整，使研究会分支机构的分布领域进一步拓展，规模不断扩大，布局更加合理，从而保障更专业、更科学、更高效地围绕乡村振兴等重点领域开展工作。

五、开展系列公益活动，奉献爱心，履行社会责任。研究会作为社会团体，自成立以来，一贯坚持把推动公益事业发展、扶贫帮困、兴教助学，作为自己的使命和职责。2019年1月30日，在河北省怀安县举办"小康暖心行"活动，在春节前下乡分组对扶贫村30户困难群众进行了逐户走访慰问，并为每户送去了2000元的爱心善款以及米、面、油等生活必需品；8月19—20日，在吉林省和龙市举办"中国小康建设研究会助学圆梦公益行——走进和龙"活动，共资助50名学生，为受助优秀学子每人发放了2000元的爱心善款；9月19日，在河北怀安头百户中心学校举办了"贫困青少年公益篮球圆梦邀请赛"捐赠活动，向头百户中心学校捐赠了200套篮球服、50个篮球以及50套价值25万元的人工智能课程软件；10月31日，到"爱心苗圃"健康援助中心看望"紧急特困群"部分病友，向"爱心苗圃"带去救助金5000元及篮球和车模等小朋友喜爱的玩具。同时，研究会又在2019年年会当日向"爱心苗圃"捐助5万元善款，以实际行动把党和政府的温暖送到了他们心上。

六、加强战略合作，实现互助、互惠、多赢。研究会始终把拓展战略合作作为强化自身建设的重要举措，通过强强联合、优势互补，为长远发展奠定基础。

一是与全经联签订战略合作协议。2019年5月11日，在北京举办的第二届全经联康养产业创新发展研讨会上，与全经联签订了战略合作协议，有利于充分发挥双方在政策对接、资源共享等方面的优势，共同开拓市场，实现资源共享、互利共赢。

二是与宁波市鄞州区签订战略合作协议。2019年6月23日与宁波市鄞州区签订战略合作协议，将鄞州区作为中国小康建设研究会乡村振兴研究院实践基地，同时推动宁波市鄞州区农村经济、生态与社会建设的全面协调发展。

三是与劳务协作就业扶贫平台建立合作关系。为促进贫困人口就业脱贫，与劳务协作就业扶贫平台签订战略合作协议，与上海儒强企业管理有限公司签订合作意向书，通过劳务协作就业扶贫平台对贫困县进行就业帮扶。

七、内部管理进一步规范、高效。研究会要实现对内运转顺畅、对外协调有方，制度建设是关键。

一年以来，研究会在建章立制上下功夫，在推动制度有效性上做文章，管理科学化、规范化水平进一步提升。

一是规范日常管理。充分发挥制度管人的作用，严格考勤制度，严格请销假制度；严格财务审批制度，开展社会组织财务管理工作学习培训活动；调整办公时间，加强办公室管理，人员面貌焕然一新，精神状态明显改观。

二是建立例会制度。每月召开秘书长办公会，研究重要事项，根据需要，会长不定期召开会长办公会。办公室每周召开例会，总结上周工作，安排本周工作，组织学习国家有关文件精神和管理规定。

三是加强党建工作。研究会坚持党建工作和业务工作一起谋划、一起部署、一起落实，围绕中心抓党建，抓好党建促发展，切实把党建责任扛在肩上、抓在手中、落到实处。今年以来，组织党员干部赴辽沈战役纪念馆、西柏坡革命纪念馆等地开展"不忘初心、牢记使命"主题教育活动，举办主题教育讲座，教育引导广大党员干部将初心使命转化为锐意进取、开拓创新的精气神和埋头苦干、真抓实干的自觉行动。

四是召开分支机构工作会议、开展分支机构专项有效整顿清理工作。2019 年 5 月 15 日、11 月 11 日两次召开研究会专门的分支机构工作会议，总结工作经验，分析存在问题，安排部署分支机构规范、清理工作。对不按照研究会章程和分支机构管理办法开展工作的，进行了整顿、撤销。一年来，共有 6 个分支机构受到了处理。现在，一个充满高效和活力的分支机构团队，正在发挥着重要作用。

五是自办媒体质量进一步提高。《中国小康》杂志和中国小康建设研究会门户网站，是研究会的"窗口"和"名片"，坚持网站天天更新，杂志月月出版。为了使网站办得更有特色，更受读者欢迎，同时调动分支机构、理事会的积极性，及时对网站进行了改版，并开通了信息发布、精品推广、经验介绍、企业品牌等板块，扩大了优质内容产能，发挥了内容引领优势，创新了内容传播手段。

《中国小康》编辑和印刷质量都有了进一步的提高，发行更加精准和实用。

2020 年：决胜小康、充满希望

2020 年是全面建成小康社会、实现第一个百年奋斗目标的收官之年，是推进乡村振兴战略的关键之年。研究会将坚持以习近平新时代中国特色社会主义思想为指导，紧紧围绕全面小康建设，提高站位，夯实责任，树立品牌，继续深入开展基层调查研究，开展农业产业扶贫，加强与地方，特别是贫困地区的战略合作，致力推动乡村振兴战略，全面服务"三农"，集思广益，群策群力，全面推进各项重点工作。

2020 年，中国小康建设研究会的工作重点有以下七个方面。

一、设立"中国小康建设研究会产业引领基金"，为农业科技创新项目的实施支持前沿资金。实践证明，科学技术是第一生产力，科技创新是可持续发展的前提和保证。在 2020 年全面建成小康社会的关键之年，中国小康建设研究会将充分发挥自身平台的优势，整合清华大学、北京大学、中国科学院、农业农村部、中国农业科学院、科技部等部委和高等院校的科技资源和人才优势，设立"中国小康建设研究会产业引领基金"，对接一流的研发平台，具备引领和孵化的功能。

二、继续开展调研和课题研究工作。继续重视乡村振兴战略的实施，围绕乡村振兴产业开发和发展模式、县域合作创新经营、乡村振兴配套服务体系、农业产业升级、农业企业现状与困境、国家粮食安全、乡村养老等相关课题，展开深入调研，推出成果，提供相关部门决策参考。充分依托和发挥中国小康建设研究会乡村振兴研究院的作用，加强与宁波市政府的联系，开展调研和课题研究，推出调研成果 1 项，征集出版《全国乡村振兴优秀案例》；与相关单位密切合作，组织专门力量编辑出版《中国小康县》大型献礼工程系列图书，编辑出版《中国小康之路——乡村振兴与农业农村热点问题探研》。

三、继续举办系列具有社会影响力的论坛，树立品牌。与宁波市政府联合举办 2020 乡村振兴发展大会。同时，做好第三届乡村振兴暨产业发展峰会、第三届民营经济与乡村振兴发展论坛、农业高质量发展博鳌峰会、智慧兴农与产业融合发展论坛、生态农业与健康产业论坛、"金种子"圆梦助学暨产教融合高峰论坛、第六届社会养老创新发展论坛、第二届乡村振兴暨交通产业发展峰会、第三届新时代农业企业家发展大会、生态健康农业高峰论坛等筹备组织工作。

四、继续坚持开展公益活动。2020 年，研究会将继续举办"助学圆梦公益行""小康暖心行"等品牌公益活动，也呼吁更多的爱心人士、爱心单位加入到这一行动中来，去帮助更多的贫困人口。

五、加强对外合作交流。研究会要继续发挥自身优势，加强与全经联、宁波市人民政府、劳务协作就业扶贫平台等单位的合作，建立相互协作机制，为地方政府和企业发展提供智力支持，实现共生共赢。继续开展"乡村振兴百县巡回大讲堂"活动。

六、加强分支机构管理。分支机构是中国小康建设研究会重要的有机组成部分。2020年要严格落实《中国小康建设研究会分支机构管理办法》，依据研究会业务发展需要，科学合理地设立分支机构；继续对现有分支机构进行考核和调整；密切同分支机构的对接、沟通，调动分支机构开展工作的积极性，群策群力，互惠多赢。

七、进一步完善内部建设。继续修订完善研究会各项规章制度，进一步抓好落实；注重团队建设，加强创新管理，提高员工待遇，增强凝聚力；积极向上级主管部门请示汇报，争取国家相关政策支持，加强与其他社团的沟通交流，学习先进经验，取长补短，力争把研究会办成一个有品牌、有影响力的一流社团组织。

回顾即将过去的一年，我们滚石爬坡，砥砺前行；展望新的一年，我们信心百倍，再创辉煌。2020年是实现全面建成小康社会第一个百年奋斗目标之年。我们要以习近平新时代中国特色社会主义思想为指导，统一思想、凝聚共识，坚定信心、抓好落实，为决胜全面建成小康社会、实现中华民族伟大复兴的中国梦作出新的贡献。

——在中国小康建设研究会2019年年会上的讲话

要关注那些可能影响小康建设
圆满收官的因素 *

中国小康建设研究会在成立的时候，我就参加了。这 10 多年来，只要有条件，研究会的活动我都尽量参加。这两年岁数大了，各方面的活动都停止了，但是研究会的活动，我还要参加，同时也是来看看老朋友。

刚才听了白会长的报告，总结了 2019 年一年的工作，并对 2020 年的工作作了安排，我都同意。说实在话，我对研究会 2019 年的工作很满意。作为一个民间的社团组织，能够开展那么多的活动，人手还不多，我看还是很不错的，相信会办得更好。白长岗会长在小康建设研究会成立的时候就参加了，提供资金支持和场地支持。10 多年来，他对研究会下了很大的功夫，一直没有停止。今年当选为会长，所以投入的精力更多，成效也很明显。我很满意，也向研究会的全体同人，向白会长表示感谢。

2020 年是我国全面建成小康社会的收官之年。全面建成小康社会，中国能够做到这一步、能够实现这个目标，那可是了不得。多少

---

* 段应碧，中央农办原主任。

代人为之奋斗，一直到新中国成立 70 周年以后，才达到了这个目标。14 亿人口的大国，半封建半殖民地的国家，那么穷困，资源那么少，人还那么多，现在实现全面小康，中国人在过去做梦都想不到的，这是了不起的成就。所以，我们一定要保证 2020 年全面建成小康社会的任务彻底实现，圆满收官。

我们研究会的名字就叫中国小康建设研究会，成立这个研究会的目的，就是要推动小康建设。在收官之年，我们要更加努力，为圆满收官作点贡献。刚才白会长讲了七个方面，我都赞成。我只想强调一点，要注意关注那些可能影响圆满收官的因素。因为我们是讲全面小康，不是基本小康。对农村来说，那就意味着不能有一个人还处于绝对贫困，不能有一个地方还处于绝对贫困的状态，否则，那怎么能叫全面小康呢？所以，我就想提醒这一点，我们中国小康建设研究会要关注这件事，看看哪些方面有可能影响圆满收官，就要赶快调研，想办法，提出建议把它解决好。

——在中国小康建设研究会 2019 年年会上的发言

（根据录音整理）

研究会工作很有特色和成效 *

我对小康建设研究会一年来取得的富有成效的工作成果和成绩，表示衷心的祝贺！向一年来富有成效地开展工作、守职尽责、付出辛勤劳动的每位同志表示敬意和感谢。

刚才听了白长岗会长对今年一年的工作总结和明年工作安排的情况，印象深刻，感受很多。我有幸参加研究会的一些活动，看到的、听到的、切身感受到的是，研究会一年的工作开展得很好，很有活力，很有特色，很有成果。总结起来，主要有三个特点。

第一，紧紧围绕大局开展工作。研究会作为政府部门的参谋和智库，一年来，紧紧围绕乡村振兴、脱贫攻坚、小康社会建设，紧跟"三农"工作的节拍，紧紧围绕产业发展、粮食安全、环境治理、生态文明、文化振兴、乡村治理以及农民增收等主题，开展了卓有成效的调研、研究工作，开展了一些有分量、有影响的活动。

第二，工作很有特点。一年来，无论是座谈研讨，还是论坛峰会，或者是调查研究，主题都非常鲜明，重点也非常突出，目的也非

＊ 李春生，第十三届全国人大农业与农村委员会副主任。

常明确。研究会十分注重某一个地方、某一方面、某一区域所关注关心的问题，适时举办活动、开展研讨，提出应对的举措。比如，对浙江宁波鄞州区开展的扶贫协作、乡村治理、文化振兴，取得了非常好的效果，得到了地方政府和相关部门的充分肯定。农村交通、大健康食品安全、养老事业等活动开展得也很有特色。

第三，工作很有成效。一年来，研究会工作十分注重实效，为弱势群体、为"三农"、为社会力争多作贡献。比如开展的"助学圆梦公益行""小康暖心行"，还有"养老公益活动"等，有声有色，出彩的地方很多。研究会在行业内的影响力、号召力显著增强，在社会上的形象和地位明显提升。这些成绩的取得，包含着研究会每一位同志努力的汗水、辛勤的付出，特别是李彬选秘书长出色的协调组织能力令人印象深刻。

一年来，大家积极寻找活动项目，游说有关方面给予支持，还要精心策划、安排组织落实，力求尽善尽美，工作实属不易。在工作中研究会每一位同志，充分体现了锲而不舍、艰苦创业的意志和精神，充分体现了辛勤探索、开拓进取的智慧和勇气。这种精神，值得很好地提倡、传承、弘扬。有这样好的团队，我深信，在新的一年里，按照白长岗会长的工作安排，你们的工作一定会做得越来越好。衷心地祝福研究会，在新的一年里，为脱贫攻坚任务的完成、为全面建成小康社会收官作出新的更大的贡献，也衷心地祝福研究会的每一位同志，有更多的成就感、获得感、幸福感！

——在中国小康建设研究会 2019 年年会上的发言

建议做好土地这篇大文章 *

    刚才听了白长岗会长 2019 年的工作回顾和 2020 年的工作安排，很受鼓舞。一年来，中国小康建设研究会工作取得了显著成效，对于 2020 年的工作，作出了详尽的安排。刚才，几位老领导都给了很高的评价，我也是深有同感。这两年，参加了中国小康建设研究会的一些活动，感觉中国小康建设研究会工作越来越扎实，活动办得丰富多彩，已经成为服务行业的重要载体、聚合力量的重要平台、研讨交流热点问题的重要形式。我期望，2020 年中国小康建设研究会取得更大的成效。

    我在这里提出一个建议。农村的土地问题是一个重大的问题。中国小康建设研究会也好，在座的各位会员单位也好，都要高度重视研究土地问题。乡村振兴要靠人、地、钱的投入和聚合。改革开放 40 多年来，城镇化、工业化的推进，经济社会的发展，在某种程度上，盘活利用好土地资源和土地政策，起到了巨大的作用。我们现在实施乡村振兴战略，也要尽可能在土地上做文章。农村的土地、农村的发

---

* 张天佐，农业农村部农村合作经济指导司司长。

展应该优先保障、优先使用，土地的增值收益，应该更多地惠及广大的农民和农村。

大家知道，新的土地管理法修正案已经由全国人大常委会审议通过，2020 年 1 月 1 日正式实施。这次修订有很多的亮点，也有很多的热点。对于农村几种类型的土地，国家给了很多新的政策。

第一种是农村集体经营性建设用地。今后可以和国有土地一样，实行同权同价，同等上市。这种类型的土地全国现有几千万亩，是未来可以盘活利用的一块巨大财富，我们要研究这类土地资源的有效利用问题。

第二种是农民的宅基地。据测算，现在农村的建设用地中，宅基地超过 1.7 亿亩，占到整个农村建设用地的一半以上。随着我国城镇化的推进，农村闲置出来的宅基地和农房越来越多，如何盘活利用好这一块资源是一篇大文章。从近几年各地的实践探索看，盘活利用闲置宅基地和闲置农房潜力很大。今年农业农村部专门印发了文件，明确可以探索就地盘活利用、就地整治利用、复垦利用等多种方式。通过这些闲置农房和宅基地的盘活，可以让想回归田园的城市人口找到归宿，使农民现有资产能够增值，能够致富。

第三种是农村承包地。中央明确要采取"三权"分置的思路推进承包地的改革，在坚持所有权、稳定承包权的基础上，放活经营权。也就是在尊重农民意愿的前提下，可以推进承包地的有序流转，为保证粮食安全和现代农业发展找到更多的途径和办法。建议中国小康建设研究会，包括在座的各成员单位、会员单位，在做好土地这篇文章上多动脑筋、多研究。

预祝中国小康建设研究会在新的一年取得更大的成绩！

——在中国小康建设研究会 2019 年年会上的发言

充分发挥自身的优势 *

在全党深入学习贯彻党的十九届四中全会精神之际，中国小康建设研究会在这里举行年会。我代表全国助老工作委员会，向大会的召开表示热烈的祝贺。

2019 年以来，中国小康建设研究会以促进全面建成小康社会为己任，坚持以习近平新时代中国特色社会主义思想为指导，认真学习贯彻党的十九大精神，加强与地方，特别是贫困地区的战略合作，组织了各方面的专家、企业家以及社会各方面的力量，先后开展了乡村文化振兴、乡村振兴与扶贫论坛等一系列工作，先后举行了"助学圆梦公益行"、"小康暖心行"、社会养老助老等各项公益活动，为决胜全面建成小康社会作出了积极的贡献。

决胜全面建成小康社会是我们大家神圣的责任。我们要把一切可以团结的力量团结起来，把一切可以调动的积极因素调动起来，为全面深化改革、全面建成小康社会、实现中华民族伟大复兴的中国梦贡

---

* 凌先有，水利部离退休干部局党委书记、局长。

献更大的力量。当前，决胜全面建成小康社会还有许多重大的任务和措施需要合力推进，还有许多问题需要深入研究，还有许多中央的战略部署需要落地见效。因此，建议中国小康建设研究会要找准切入点、结合点和着力点，汇集各方资源，努力打造服务平台，为决胜全面建成小康社会贡献智慧和力量。

2020 年是全面建成小康社会的收官之年。建议中国小康建设研究会充分发挥自身优势，进一步凝聚各方面的力量，继续在打好三大攻坚战、实施乡村振兴战略等方面发挥积极作用，也建议中国小康建设研究会能够聚焦中共中央、国务院最近出台的《国家积极应对人口老龄化中长期规划》，发挥养老保障促进委员会、助老工作委员会等分支机构的作用，在联系社会各界对人口老龄化的财富支持、构建老有所学的终身学习体系、完善老年健康服务体系、打造高质量的为老服务产品供给体系、构建养老孝老敬老社会环境等方面搭建平台，凝心聚力，让广大老年人充分分享全面建成小康社会带来的获得感和幸福感。最后，祝愿中国小康建设研究会在新的一年取得更大的成就！

——在中国小康建设研究会 2019 年年会上的发言

对小康建设研究的期待 *

　　我是双重身份。研究会里，我是常务理事；研究会跟我们中心是挂靠关系，所以我是双重身份。听了白会长作的关于 2019 年的工作回顾和 2020 年的工作安排报告之后，我有三句话说：第一句话，对研究会过去一年来的工作和取得的成绩，表示祝贺。第二句话，对 2020 年的工作安排，只能说原则同意。按照规定，研究会还要向我们中心报方案，但是我是原则上同意的。第三句话，对 2020 年的工作做一些研究，因为对中国小康研究会在小康决胜之年所起的作用，我还是充满期待的。

　　借这个机会说一下，在决胜全面建成小康社会收官之年，从我们这个研究会的职能出发，应该关注一些什么样的问题。下面我用三个词来说明中国小康建设研究会 2020 年要研究的问题。

　　第一，一个底线要关注，就是脱贫攻坚。刚才段主任讲了，全面小康有要求：

　　1. 全面小康是全体人民的小康，习近平总书记说，小康路上一个

---

　　* 宋洪远，农业农村部乡村振兴专家咨询委员会副秘书长，农业农村部农村经济研究中心主任。

不能落，一个不能少。

2. 全面小康是城乡区域共同发展的小康，农村地区，尤其是贫困地区，必须完成。

脱贫攻坚的事，有几个事要关注一下。

1. 深贫的问题。现在还有国家确定的深度贫困地区，符合贫困人口多、发生率高和脱贫难度大这三个条件的"插花式"的扶贫任务还有一部分，深度贫困地区脱贫有相当大的阻力。

2. 脱贫后的返贫问题。2018年去了好几个地区调研，脱贫地区很多地方返贫率比第三方评估的要高，这个怎么办？

3. 低收入非建档立卡户的问题。2015年建档立卡的时候，比如说人均2300元建档立卡，但是如果是2350元，高50元，就没有建档，没有立卡。4年下来，所有的政策都往建档立卡的人手里集中，出现了贫困户比低收入户情况好、贫困村比非贫困村的基础设施条件好的情况，这个怎么办？

4. 建立解决相对贫困的长效机制。2020年后怎么办？这个确实要研究，因为直接关系到全面小康，这是个底线。

第二，一个主线，就是供给侧结构性改革。脱贫攻坚也好，全面小康也好，乡村振兴也好，有一个事必须干，就是供给侧结构性改革。大家可以看，连续3年的经济工作会议都写了这句话，供给侧结构性改革是主线。

1. 巩固过去的成果。比如说玉米库存，当时想不到这么容易消化，消化完了怎么补库？

2. 增强微观经济主体的活力。最近在围绕营商环境做研究，发现营商环境上面和下面反映差别非常大，上面世界银行公布的报告，现在的指数好于德国了，连续两年大幅度降位。因为这个评价是根据中央政府发的文件的规定来评价的，选了两个样本，一个是上海，一个是北京。但是到地方看就完全不一样了，地方上的感觉特别明显，他们有一句话：过去是门难进，脸难看，事难办；现在是门好进，脸好看，事不办。

3. 提升产业链水平和竞争能力。农业主要是竞争能力问题和产业链的水平问题。

4. 畅通城乡要素的机制流动。

第三，一个长线，就是乡村振兴。有三个要点。

1. 制度框架，土地是核心。我们搞乡村振兴，地、人、钱怎么办？有四个大举措：第一个是地的问题，第二个是人的问题，第三个是钱的问题，第四个是党的领导。制度框架是一个大事。2020 年如果这个法条能出来，有条例、有法了就可以了，如果出不来，还有一个法的问题。

2. 政策体系的问题。"四个优先"说起来容易，要把"四个优先"形成政策体系，也是要研究的。

3. 乡村治理。这个《决定》出来之后，我们下一步要学习，我对它做了认真梳理，一共六个方面涉及农村。社会治理的基础在乡村，国家治理的基石在乡村。

2020 年必须要有一个交代，实施三年行动计划、全面建成小康社会收官之年，有很多专题要研究。中国小康建设研究会要强化研究功能，活动要搞，研究的功能也要增加一点。我对中国小康建设研究会的研究工作充满期待。

在此对研究会的各个机构的工作人员一年来的辛苦表示感谢，也希望大家在新的一年大吉大利，有更多的收获！

——在中国小康建设研究会 2019 年年会上的发言

（根据录音整理）

乡村振兴研究院的使命和任务 [*]

  为全面落实和贯彻党的十九大报告，以及中央农村工作会议精神，大力推进乡村振兴战略落地实施，2019 年 3 月 31 日乡村振兴研究院正式成立。研究院主要围绕乡村振兴战略理论与实践开展研究，在政策咨询、人才培养、技术支持、科技推广、精准扶贫等方面，整合力量，发挥优势，开展持续深入的科学研究和决策咨询，重点研究产业、人才、文化、生态、组织等几方面的内容，目标是想成为国内知名的乡村振兴战略高端智库，为服务党和国家重要的决策、推动乡村振兴战略更好地落实落地服务。

  研究院自成立以来，在宋洪远院长的领导下，在各位领导的帮助和支持下，先后举办和参与了两个论坛、两个研讨会和多次调研活动。2019 年 3 月 31 日，全国乡村振兴与扶贫协作（宁波）论坛在浙江宁波成功举办，邀请了全国人大、农业农村部、国家发改委、全国供销总社、国务院扶贫办以及京东集团的领导、专家学者、企业代表、基层干部共 300 余人出席。中央电视台财经频道、新华网、《人

  * 田野，中国小康建设研究会乡村振兴研究院主任。

民日报》《经济日报》《农民日报》等主流媒体重点报道，社会反响良好，是全国乡村振兴与脱贫攻坚方面高规格、高质量的论坛。

2019 年 6 月 23 日，中国小康建设研究会乡村振兴研究院与宁波市鄞州区正式签订战略合作协议，并在宁波设立乡村振兴研究院实践基地。2020 年也将在全国相关地区设立实践基地，主要结合中国小康建设研究会的优质资源，在政策咨询、宣传推广、理论研究、项目对接等方面，给予宁波市鄞州区人民政府提供相关智力支持。2019 年 7 月 14 日，中国小康建设研究会和鄞州区人民政府在京联合举办了乡村全域治理体系研讨会，全国人大、农业农村部、民政部、司法部等部委领导和专家学者，对乡村全域治理提出新思路、新办法，中央人民政府官网、新华社、《人民日报》等主流媒体重点关注与报道。出席此次活动的领导和专家，为鄞州区全域治理新模式和全国乡村治理体系建设提出了建设性意见。

2019 年 7 月 28 日，中国小康建设研究会、鄞州区人民政府联合举办了乡村振兴与治理研讨会，重点研究和讨论 2003 年时任浙江省委书记习近平同志在宁波鄞州湾底村调研时，殷切嘱托当地的干部，把村庄整治与发展经济结合起来，与治理保护、与农村生态环境结合起来，走出一条以城带乡、以工促农、城乡一体化发展的新路子，梳理鄞州区 16 年来"三农"经济的发展和乡村振兴的典型做法和经验，将好的做法和经验向全国推广。

2019 年 9 月 1 日，在宁波举办了乡村文化振兴高峰论坛，同样得到中央及主流媒体的重点报道与关注。

2019 年 10 月 27 日，在乡村振兴与交通产业发展论坛上，举办了全国乡村振兴优秀案例的启动仪式。在我们这个案例的申报阶段，各个地方主管部门积极申报。特别是浙江、福建、山东、贵州、广东等地积极踊跃，有些地方每个地级市能报 7—8 个乡村振兴的优秀案例，可以看出来每个地方对于乡村振兴的积极态度。

2020年我国将全面建成小康社会，乡村振兴研究院在2019年工作的基础上，将融合多方资源，计划主要开展以下工作。

第一，一个大讲堂。就是刚才白长岗会长在工作报告里面讲到的"乡村振兴百县巡回大讲堂"。这个大讲堂2019年3月31日在宁波开展首讲，接下来将配合全国乡村振兴的优秀案例、入选单位，开展相应的工作。

第二，一本图书。《2019乡村振兴优秀案例》，出版此书的目的是进一步挖掘各地在乡村振兴领域的新经验、新成就、新典型、新解法，为各级党委政府提供决策参考，为基层单位提供借鉴经验。

《2019乡村振兴优秀案例》将于2020年上半年出版发行并举办全国新闻发布会，拟定在2020年初举办乡村振兴优秀案例专家评审会，公开、公平、公正地筛选出全国30个可推广、可复制的典型案例，希望能得到大家的支持。2020年乡村振兴发展大会期间，我们还将举办乡村振兴优秀案例图片展和优秀案例代表圆桌会议，根据需求，可作为乡村振兴研究院实践基地组织专题调研和互访活动。

第三，一个大会。目前正在筹备，即2020乡村振兴发展大会，希望通过3年努力，办成全国农业农村领域的"达沃斯论坛"，不仅成为国内外涉农领域交流沟通的平台，更变成国内外投资合作的桥梁，为我国的乡村振兴取得决定性进展起到助推作用。

此外，根据需求，有几方面的工作考虑：一是根据需求联合相关机构开展有关规划和咨询服务，作为2020年的重点。二是拟定组织两次国际商务考察农业比较发达的国家，如以色列、荷兰、日本等国。三是根据需求举办不同主题的研讨会交流活动。四是多到基层去做调研工作。希望通过我们共同的努力，为乡村发展做好咨询服务工作，让更多的资源、项目、技术向基层聚集，实现共赢共享。

　　乡村振兴研究院自成立以来，一直秉持务实、创新、服务的原则。今天，能获得优秀分支机构的荣誉，我们深感身上责任重大。希望通过各位领导的支持和大家的努力，未来能为我国乡村振兴战略的实施贡献绵薄之力。

　　"为天地立心，为生民立命"，为全面小康作贡献。祝大家身体健康，心想事成！

——在中国小康建设研究会 2019 年年会上的发言

组织发展应当有分享精神 *

我被评为 2019 年度分支机构突出贡献的代表，感到非常荣幸。在此，非常感谢中国小康建设研究会给我如此的殊荣。

在研究会工作的过程中，我一直在思考这样一个问题：一个组织该如何发展？我觉得，一个组织要想发展得更好，应当有一种分享精神。

怎么样分享？有三个方法，我把它称为"三个意识"。任何的分享，都要抓住分享的三个核心：对象意识、问题意识、交付意识。可能说起来有点抽象，举例来讲，前几天我接触了一个心理学家，他给了我一个公式。四句话：一个时间点，一件小事，润色形容，加上海誓山盟。这个公式来源于很多的男性曾经向他咨询如何回答自己的老婆或者女朋友问自己"你为什么喜欢我"这个问题。然后，这个心理学家给了这样一个公式，于是有人运用到了日常生活里。怎么运用的？有一次，一个男青年的女友问他："你为什么喜欢我？"他是这样回答的："因为在昨天早上，你帮我做了一份早

---

    * 李大伟，中国小康建设研究会法律委员会主任。

点，看着你做早点的时候，绰约的身影无比美丽，于是我发誓，今生今世都要爱你。"这些话就是这个公式的一个套用——我为什么要举这个例子？实际上，它是交付的一种表现。那么交付的对象是谁？是有需求的这一类的人。他的需求是什么？需求是如何解决亲密关系的问题。于是，"三个意识"就出现了：我们要有对象的意识，也就是你这个分享要分享给谁；我们要有问题的意识，了解对象的真正需求是什么；我们还要有交付的意识，一段对话之后，要给到对象具体的方法，这叫交付。所以，我认为未来组织的发展，一定也与"三个意识"有关系。还可以把它更加通俗地表述出来，就是找对人、解需求、给方法，这样组织才能更加蓬勃地发展。

这是我的一点点感受。我也希望，不管是个人还是组织，能够紧紧抓住对象意识、问题意识、交付意识，让组织或者个人有更好的发展。这是我今天的分享。

——在中国小康建设研究会 2019 年年会上的发言
（根据录音整理）

丛书策划：蒋茂凝
责任编辑：刘松弢
装帧设计：周方亚

图书在版编目（CIP）数据

中国小康之路：乡村振兴与农业农村热点问题探研／中国小康建设
　研究会 编 . —北京：人民出版社，2020.6
ISBN 978－7－01－022198－4

I.①中… 　II.①中… 　III.①农村小康建设－研究－中国 　IV.① F323.8

中国版本图书馆 CIP 数据核字（2020）第 097113 号

中国小康之路

ZHONGGUO XIAOKANG ZHILU

——乡村振兴与农业农村热点问题探研

中国小康建设研究会 　编

人 民 出 版 社 出版发行
（100706 　北京市东城区隆福寺街 99 号）

中煤（北京）印务有限公司印刷 　新华书店经销

2020 年 6 月第 1 版 　2020 年 8 月北京第 2 次印刷
开本：710 毫米 ×1000 毫米 1/16 　印张：30.25
字数：401 千字

ISBN 978－7－01－022198－4 　定价：85.00 元

邮购地址 100706 　北京市东城区隆福寺街 99 号
人民东方图书销售中心 　电话（010）65250042 　65289539